Ulrich Nersinger

Schattenkrieg im Haus des Herrn

Katholische Kirche und Spionage

Meiner Mutter Agnes

in Dankbarkeit

Ulrich Nersinger

Schattenkrieg im Haus des Herrn

Katholische Kirche und Spionage

Verlag Petra Kehl
Künzell 2021

Rhönstraße 3, 36093 Künzell
Redaktion: Dr. Petra Kehl
Umschlaggestaltung: Ulrike Christ

E-Mail: info@verlag-kehl.de
www.verlag-kehl.de

ISBN 978-3-947890-04-0

Inhalt

Vorwort 7
Einleitung 9
Die Augen und Ohren des Papstes 19
Von Fischen, Psalmen und Scheiben 29
Informanten, Wanzen und Hightech 39
Kopfgeld auf einen Kardinal 55
Kein Tee mit Ihrer Majestät 61
Seelsorge im Schatten des Galgens 78
Die graue Eminenz 92
Des Papstes kleiner Jakobiner 98
Vergebliche Jagd auf den König der Briganten 112
Die Lady mit dem Schleier 119
Verschwörern auf der Spur 127
Das Trojanische Pferd Gottes 134
Schatten über Sankt Peter 153
In turbulenten Zeiten 166
Operation Pontifex 178
Der Patriarch und seine Neider 188
Im Fadenkreuz deutscher Dienste 194
„Polonia non semper fidelis" 207
Schüsse auf den Papst 219
Eine unendliche Geschichte 229
Ein undurchdringliches Gespinst 242
Ein unblutiger Anschlag 260
Von allerlei Spionage 270
Literaturverzeichnis 286

Vorwort

Autor und Verlegerin sind sich einig: *Schattenkrieg im Haus des Herrn* ist das schwierigste Buchprojekt, das sie bisher zusammen realisiert haben.

Das hat verschiedene Gründe. Zum einen sprangen wir wie Grashüpfer durch die verschiedenen Epochen der Kirchen- und Weltgeschichte. Manchmal fanden wir etwas Interessantes, das aber nicht „genug hergab", um daraus ein eigenes Kapitel zu machen. Anderes hätte umfangreiche Archivstudien erfordert, die uns nicht möglich waren. Dann wiederum gibt es Personen oder Ereignisse, die zwar zum Thema Spionage gehören, jedoch nicht unmittelbar mit Kirche zusammenhängen, sondern nur lose Berührungspunkte bieten, wie etwa Père Joseph oder John Surratt, aber dennoch so interessant sind, dass wir sie ins Buch aufgenommen haben.

Als Nächstes stellte sich uns die Frage, wie viel Kenntnisse in Geschichte und Religion bzw. Vatikan können wir beim Leser voraussetzen. Dem Thema nach richtet sich *Schattenkrieg im Haus des Herrn* an ein breites Publikum. Doch nicht jeder kennt sich in englischer, französischer, italienischer Geschichte aus und selbst regelmäßige Kirchgänger wissen nicht über den Aufbau und die Abläufe in Kirchenstaat und Vatikan Bescheid. Es war daher oft ein Balanceakt, einerseits so viel Infos, wie nötig schienen, in die Kapitel zu packen und andererseits ihren Umfang überschaubar zu halten.

Die größte Schwierigkeit jedoch liegt im Thema selbst begründet. Geheimdienstliche Tätigkeit findet nun mal im Geheimen, im Verborgenen statt. Zu vielen Ereignissen gibt es nur Spekulationen, Gerüchte, Vermutungen. Selbst die Beteiligten oder Betroffenen wissen oftmals nicht, was sich wirklich abgespielt hat. Akten — nicht nur aus jüngerer Zeit — tragen noch immer einen Sperrvermerk oder gelten als verschollen, wurden absichtlich oder unabsichtlich „verlegt". So konnte der Autor — wenn das Buch seriös bleiben sollte — am Schluss einiger Kapitel keine Auflösung der Rätsel bieten.

Eine völlig unvermutete und unvorhersehbare Schwierigkeit trat uns dann ab Frühjahr 2020 entgegen. Nein, es besuchten uns keine zwielichtigen Herren mit Trenchcoat und Schlapphut, die uns rüde aufforderten, unsere Nasen nicht in ihre Angelegenheiten zu stecken. Ein Virus breitete sich aus, der den Namen COVID-19 erhielt. Mit einem Mal waren Bibliotheken so unzugänglich wie Festungen, Archive in Italien so unerreichbar wie der Mond. Selbst Fernleihverkehr war nicht möglich. Autor und Verlegerin mussten sich also mit dem Angebot der heimischen Bücherregale zufrieden geben; einiges wurde auch antiquarisch bestellt.

Die Veröffentlichung weiter hinauszuzögern, war keine Option. Bereits 2019 hatte der Autor mit dem katholischen Privatsender EWTN eine Doku-Sendung in zwei Folgen zum Thema produziert unter dem Titel *Operation Pontifex*. Die Ausstrahlung ist für das 2. Quartal 2021 vorgesehen. Das Buch soll zeitgleich oder zumindest zeitnah erscheinen.

Ulrich Nersinger
Dr. Petra Kehl

Einleitung

Im Hollywood-Blockbuster *Spectre* ist James Bond als „007" zum 24. Mal für den *MI6*, den britischen Auslandsgeheimdienst, in gefährlicher Mission unterwegs. In Rom kommt es zu einem halsbrecherischen Autorennen; der Topagent Ihrer Majestät liefert sich in seinem Aston Martin auf der Via della Conciliazione und in den engen Straßen des Borgo mit einem Jaguar C-X75 ein atemberaubendes Duell.

In dem spektakulären Action-Thriller verbleibt „007" auf italienischem Boden. Die Grenze zum kleinsten Staat der Erde überschreitet er nicht. Kein Erklimmen der hohen Mauern des Kirchenstaates, kein waghalsiger Fallschirmabsprung über den päpstlichen Gärten! Der Vatikan dient James Bond nur als imposante Kulisse. Dabei war der Vatikan in seiner langen Geschichte in weitaus mehr Agenten- und Spionagetätigkeiten verwickelt als die Geheimdienste Großbritanniens. „Der Heilige Stuhl", so ein Mitarbeiter des Päpstlichen Staatssekretariates, „ist eine Institution, die auf eine fast 2000 Jahre alte Existenz zurückblicken kann. Der Vatikan weiß, und hat es auch erfahren, dass Spionage nun einmal zur Geschichte der Menschheit gehört, so wie das Salz in die Suppe. Ein Blick in die Heilige Schrift genügt!".

Der Monsignore hat recht. Bereits das Alte Testament kann eine ganze Reihe von „Spionageaufträgen" vorweisen. So erfährt man im Buch Numeri (13,1-14,45), wie Jahwe in die Rolle von „M“, des obersten Dienstherrn von James Bond, schlüpft. Der Herr spricht zu Mose: „Schick einige Männer aus, die das Land Kanaan erkunden, das ich den Israeliten geben will.“ Von Mose erhalten die „Agenten“ Jahwes nähere Instruktionen: „Zieht von hier durch den Negeb, und steigt hinauf ins Gebirge. Seht, wie das Land beschaffen ist und ob das Volk, das darin wohnt, stark oder schwach ist, ob es klein oder groß ist; seht, wie das Land beschaffen ist, in dem das Volk wohnt, ob es gut ist oder schlecht, und wie die Städte angelegt sind, in denen es wohnt, ob sie offen oder befestigt sind und ob das Land fett oder mager ist, ob es dort Bäume gibt oder nicht. Habt Mut, und bringt Früchte des Landes mit!“

Ein früher Spionagevorwurf findet sich im Buch Genesis. Josef, der Sohn des alttestamentarischen Stammvaters Jakob träumt, dass seine Eltern und Brüder sich einst ehrfürchtig vor ihm niederwerfen werden. Er erzählt seiner Familie den Traum und zieht sich damit den Hass seiner Brüder zu. Seine Brüder versuchen, ihn in einer Zisterne zu ertränken. Doch das Vorhaben misslingt und sie entschließen sich, ihn zu verkaufen. Aber eine vorbeiziehende Karawane kommt ihnen zuvor. Sie ist es, die Josef in das Land der Pharaonen verkauft. In Ägypten steigt Josef vom einfachen Diener zum Vizekönig auf. Das Land wird von einer Hungersnot erfasst, die sich auch auf Palästina erstreckt.

Die Brüder begeben sich zum Ankauf von Getreide nach Ägypten, denn dort waren auf Josefs Anraten Vorratsspeicher angelegt worden. Als sie dort vorsprechen, erkennen sie ihren Bruder nicht. Josef aber weiß um die Identität der Bittsteller und fährt seine Brüder an: „Spione seit ihr. Um nachzusehen, wo das Land eine schwache Stelle hat, seid ihr gekommen" (Gen 42, 9). Die haltlose Anklage wiederholt er mehrfach: „Beim Leben des Pharao, ja, Spione seid ihr!" (Gen 42, 16). Doch die Spionagevorwürfe sind nur eine Prüfung, durch die er erkennt, dass seine Brüder sich geändert haben und ihr einstiges Verhalten ihm gegenüber bereuen. „Ach ja, wir sind an unserem Bruder schuldig geworden. Wir haben zugesehen, wie er sich um sein Leben ängstigte. Als er uns um Erbarmen anflehte, haben wir nicht auf ihn gehört" (Gen 42, 21).

Das Buch Josua erzählt von der Eroberung des Landes, das dem Volk Gottes versprochen ist. Jahwe spricht zu Josua, dem Nachfolger des Mose: „Mein Knecht Mose ist gestorben. Mach dich also auf den Weg, und zieh über den Jordan hier mit diesem ganzen Volk in das Land, das ich ihnen, den Israeliten, geben werde. Jeden Ort, den euer Fuß betreten wird, gebe ich euch, wie ich es Mose versprochen habe" (Jos 1, 1-3). Josua schickt von Schittim, das am Ostrand der Jordansenke gelegen ist, heimlich zwei Kundschafter aus und befiehlt ihnen: „Geht, erkundet das Land, besonders die Stadt Jericho!" (Jos 2, 1).

In Jericho gewährt die Dirne Rahab den Kundschaftern des Josua Unterschlupf und Unterstützung. Doch in der Stadt wird man darauf aufmerksam und teilt dem König von Jericho mit: „Heute Nacht sind zwei Männer hierher gekommen, Israeliten, um das Land auszukundschaften (Jos 2, 2). Der König schickt Boten zu Rahab und fordert sie auf, die Männer, die bei ihr eingekehrt, auszuliefern. Den Boten teilt sie mit: ‚Ja, die Männer sind zu mir gekommen; doch ich wusste nicht, woher sie waren. Als das Stadttor bei

Einbruch der Dunkelheit geschlossen werden sollte, sind die Männer weggegangen; ich weiß aber nicht, wohin sie gegangen sind. Lauft ihnen schnell nach, dann könnt ihr sie noch einholen.'" Sie aber hatte die Männer auf das flache Dach gebracht und unter den Flachsstängeln versteckt, die auf dem Dach aufgeschichtet waren" (Jos 2, 4-6).

Noch auf dem Dach bietet Rahab den Kundschaftern Josuas einen „Deal" an: „Nun schwört mir beim Herrn, dass ihr der Familie meines Vaters euer Wohlwollen erweist, wie ich es euch erwiesen habe, und gebt mir ein sicheres Zeichen dafür, dass ihr meinen Vater und meine Mutter, meine Brüder und meine Schwestern und alles, was ihnen gehört, am Leben lasst und dass ihr uns vor dem Tod bewahrt" (Jos 2, 12-13). Die Männer stimmen zu: „Wir bürgen mit unserem Leben für euch, wenn ihr nur unsere Sache nicht verratet. Wenn uns der Herr das Land gibt, werden wir dir unser Wohlwollen und unsere Treue zeigen" (Jos 2, 1). Dann ließ Rahab sie „mit einem Seil durch das Fenster die Stadtmauer herab; das Haus, in dem sie wohnte, war nämlich in die Stadtmauer eingebaut" (Jos 2, 14).

Die Bedingungen des „Deals" könnten — ein wenig modifiziert — auch in einem modernen Spionageroman auftauchen: „Wenn wir in das Land eindringen, dann musst du diese geflochtene purpurrote Schnur an das Fenster binden, durch das du uns herabgelassen hast, und du musst deinen Vater, deine Mutter, deine Brüder und die ganze Familie deines Vater bei dir in deinem Haus versammeln. Jeder aber, der durch die Tür deines Hauses heraustritt, ist selber Schuld, wenn sein Blut vergossen wird. Wir sind dann ohne Schuld. Doch bei jedem, der mit dir in deinem Haus bleibt, tragen wir die Schuld, wenn Hand an ihn gelegt wird. Auch wenn du unsere Sache verrätst, brauchen wir uns nicht an den Eid zu halten, den du uns hast schwören lassen" (Jos 2, 18-20).

Auch dem Neuen Testament ist das „Nachrichtengewerbe" nicht unbekannt. Im Evangelium des Matthäus (Mt 2,1-12) wird berichtet, wie sich zur Geburt Jesu in Bethlehem (Judäa) Sterndeuter aus dem Osten nach Jerusalem aufmachen und dort die Frage stellen: „Wo ist der neugeborene König der Juden? Wir haben seinen Stern aufgehen gesehen und sind gekommen, um ihm zu huldigen." Als König Herodes davon hört, erschrickt er und versucht, die Weisen aus dem Morgenland zur Ausforschung des neugeborenen Messias zu missbrauchen. „Er schickte sie nach Betlehem und sagte: ‚Geht und forscht sorgfältig nach, wo das Kind ist; und wenn ihr es gefunden habt, berichtet mit, damit auch ich hingehe und ihm huldige.'" Die Sterndeuter ziehen zu dem Ort, wo Jesus geboren wurde, fallen vor ihm nieder und huldigen ihm. Der Evangelist Matthäus weiß zu berichten: „Weil ihnen aber im Traum geboten wurde, nicht zu Herodes zurückzukehren, zogen sie auf einem anderen Weg heim in ihr Land" (Mt 2, 12).

Das Neue Testament schildert den Apostel Judas Ischariot als bezahlten Informanten des Hohen Rates – „‚Was wollt ihr mir geben, wenn ich euch Jesus ausliefere?' Und sie zahlten ihm dreißig Silberstücke" (Mt 26, 15). Das Evangelium des Johannes berichtet über die Verhaftung Jesu: „Judas, der Verräter, der ihn auslieferte, nannte den Ort, weil Jesus dort oft mit seinen Jüngern zusammengekommen war. Judas holte die Soldaten und die Gerichtsdiener der Hohenpriester und Pharisäer, und sie kamen dorthin mit Fackeln, Laternen und Waffen“ (Joh 18, 2-3).

Der Name Judas wird zum Synonym für Verräter; im Englischen wie im Französischen zur Bezeichnung für einen Türspion, für eine Vorrichtung, durch die man von innen unerkannt nach außen blicken kann.

Das Römische Reich bot für die Ausbreitung des Christentums die denkbar günstigsten Voraussetzungen: ein für die Antike einmaliges Straßen- und Verkehrsnetz sowie eine überall verbreitete gemeinsame Sprache. Es sollte zu seiner Lebens- und Wirkungsstätte werden, zum sozialen Umfeld der Kirche. Doch die ersten Christen waren im *Imperium Romanum* eine misstrauisch beäugte religiöse Gruppierung. Sueton, der Biograph der frühen römischen Kaiser, sah in ihnen „eine Menschengattung. die sich einem neuartigen, gemeingefährlichen Aberglauben verschrieben hatte“.

Neben den Römern seltsam vorkommenden Gebräuchen war ihre Weigerung, dem von den Cäsaren geforderten Anspruch auf Göttlichkeit zu entsprechen, ein Scandalum. Obschon sie über Anhänger in allen sozialen Schichten — bis in die kaiserliche Familie hinein — besaßen, mussten sie ihren Glauben in der Regel im Verborgenen ausüben. Um sich gegenseitig als Christen zu erkennen zu geben, nutzten sie geheime Zeichen, Codes. Der berühmteste war wohl das Bild des Fisches, das ein kompaktes Bekenntnis zu ihrem Gott enthielt.

Wo immer es zu Problemen und Konflikten unter Völkern kommt, ist eine besondere Wissenschaft und Kunst gefordert: die Diplomatie. Auf die Frage, was denn eine kirchliche, die päpstliche Diplomatie ausmache, gab der römische Rechtsgelehrte Pinchetti-Sanmarchi zur Antwort: „Die kirchliche Diplomatie ist die Wissenschaft und zugleich die Kunst, die, kraft des Apostolischen Primates und der daraus folgenden notwendigen Beziehungen des Papstes mit der ganzen Kirche, dazu bestimmt ist, die gegenseitigen, aus dem Nebeneinanderbestehen der Kirche mit den verschiedenen Staaten entstehenden Rechte und Pflichten, zu ordnen, während sie, im ständigen Streben nach Vermehrung all dessen, was im Interesse des Heiligen Stuhles ist, den friedlichen Ausgleich der beiden Gewalten fördert und erhält".

Schon auf den Provinzsynoden und Allgemeinen Konzilien der Antike ließ sich der Bischof von Rom durch Gesandte, Kleriker der verschiedensten Weihestufen, vertreten. Bereits im 4. Jahrhundert wissen wir von Botschaftern des Papstes am kaiserlichen Hof von Konstantinopel. Als die Langobarden und Franken politische Verantwortung im weströmischen Reich übernahmen, fanden sich päpstliche Gesandte auch an deren Höfen ein. Während des Mittelalters wirkten sie für die Interessen des Papstes als des obersten Repräsentanten der Christenheit und Souveräns der Päpstlichen Staaten — aber sie alle waren nur *pro tempore*, auf Zeit, und nur aus einem bestimmten Anlass entsandt.

Mit dem Beginn des 16. Jahrhunderts wurden dauernde Vertretungen des Papstes bei den weltlichen Mächten geschaffen. Im Jahre 1500 errichtete Alexander VI. eine erste ständige Botschaft in Venedig. Die päpstlichen Gesandten wurden für den Pontifex Maximus* zu wichtigen „Nach-

* Oberster Brückenbauer; ursprünglich Titel des Oberpriesters im antiken Rom; in christlicher Zeit für den Papst gebraucht

richtenbeschaffern". In den Ländern, in denen sie präsent waren, konnten sie über ein großes Netz von Informanten, Laien wie Kleriker, verfügen. Eine solche „Agententätigkeit" war nötig, um in dem jeweiligen Land Gefahren für die Glaubensausübung und Seelsorge abzuwehren – sowie um frühzeitig Feindseligkeiten und Bedrohungen gegenüber dem weltlichen Hoheitsgebiet des Papstes zu erkennen.

In der Französischen Revolution erfuhr die Kirche des Landes eine blutige Verfolgung und im Nachklang des Umsturzes der europäische Kontinent durch Frankreich, vor allem durch Napoleon, grausame Eroberungszüge. Nach dem Sturz des Korsen stellte der Wiener Kongress (1815) die alte Ordnung größtenteils wieder her. Auch die Päpstlichen Staaten erschienen erneut auf der Landkarte Europas. Doch schon bald weckten liberale und aufklärerisch orientierte Kräfte in Italien ein Nationalbewusstsein, das sich in dem Streben nach staatlicher Einheit äußerte. Der Kirchenstaat blieb von dieser Entwicklung nicht verschont; gegen die weltliche Herrschaft der Päpste wurde zum Kampf aufgerufen.

Die Päpstlichen Staaten wurden durch eine Revolution (1848), Überfälle auf ihre Territorien sowie von umstürzlerischen Bewegungen, Freimaurerlogen und sonstigen Geheimbünden bedroht. Man schreckte auch nicht vor blutigen Anschlägen zurück, die zahlreiche Tote forderten, unter ihnen auch Kinder. Die Päpste sahen sich gezwungen, dagegen mit ihrer Polizei und Armee vorzugehen – durch den gezielten Einsatz von Agenten und gewagte „Undercover-Missionen".

Das Gesandtschaftswesen des Apostolischen Stuhls bestand auch nach dem Zusammenbruch der weltlichen Herrschaft des Papstes (1870) fort. Denn der Kirche kommt auf der Ebene des Internationalen Rechts eine Souveränität zu, die von der territorialen Souveränität eines Kirchenstaates verschieden ist. Die Stellung des Heiligen Stuhls als unabhängiges Völkerrechtssubjekt wurde von nur wenigen Gegnern angefochten. So genoss er weiterhin das aktive und passive Gesandtschaftsrecht. Seine einzigartige Stellung in der Völkergemeinschaft wurde geschätzt und benötigt: So als er 1885 einen Streit zwischen dem Deutschen Reich und Spanien um die im Südpazifik gelegene Inselgruppe der Karolinen erfolgreich schlichtete.

In den beiden Weltkriegen des 20. Jahrhunderts demonstrierte der Heilige Stuhl seine Neutralität. Zu allen Beteiligten Beziehungen aufrecht zu erhalten, sah er als unbedingte Pflicht an. Seine Botschafter setzte er als „Agenten des Friedens“ ein. Auch und vor allen in den Ländern, die von faschistischen, nationalsozialistischen und kommunistischen Machthabern beherrscht wurden. Diesen war durchaus der Wert der päpstlichen Diplomatie bewusst.

Georgij Wassiljewitsch Tschitscherin, der Außenminister der Sowjetunion, hatte sich zu Beginn des Jahres 1924 in einem Brief über die Qualität der päpstlichen Diplomatie geäußert: „Wir Kommunisten sind ganz sicher, über den Londoner Kapitalismus triumphieren zu können. Doch Rom wird sich als härtere Nuss erweisen. Wenn es Rom nicht gäbe, könnten wir mit all den verschiedenen Spielarten des Christentums fertig werden. Aber Rom entsendet zur Pflege seiner Religion Vertreter sämtlicher Nationalitäten. Sie sind wirksamer als Kanonen und Armeen. Der Ausgang dieses Kampfes, mein Freund, ist ungewiss. Gewiss ist, dass er lange dauern wird."

Die Zeit nach dem II. Weltkrieg brachte den Vatikan verstärkt auf das Parkett der internationalen Politik. Dank seines moralischen Renomees und einer jahrhundertealten Erfahrung im diplomatischen Metier konnte er in manch heikler politischer Lage seine Dienste erfolgreich zur Verfügung stellen. Doch um dies zu erreichen, bedurfte und bedarf es erfahrener „Kundschafter" und herausragender „Nachrichtenbeschaffung" — einer Agententätigkeit im Guten.

In der jüngeren Vergangenheit geriet die *National Security Agency* (NSA) in die Schlagzeilen. Als größter Auslandsgeheimdienst der USA hatte sie weltweit illegal Telefongespräche abgehört. 2013 schrieb die *Hannoversche Allgemeine*, Theologen würden sich über Spione fast so selten äußern wie Spione über Theologen. Margot Kässmann jedoch, eine Medien erprobte und in ihnen stets präsente Frontfrau der evangelischen Kirche, betrat hierzu nun das bisher jungfräuliche Neuland. Hannovers frühere evangelische Landesbischöfin zeigte sich über die „NSA-Spähaffäre" und den Lauschangriff auf das Handy der deutschen Kanzlerin Angela Merkel empört und ließ verlautbaren: „Andere auszuschnüffeln und bloßzustellen ist unchristlich. Die Zehn Gebote verbieten Spionage".

Ihre Sicht der Dinge muss aber nicht zwangsläufig von allen geteilt werden. Die *Hannoversche Allgemeine* merkte an, Spione könnten bei der Suche nach der Rechtfertigung für ihre Tätigkeit durchaus in der Heiligen Schrift fündig werden, denn „Wer Ohren hat zu hören, der höre"(Mt 11,15).

Die Augen und Ohren des Papstes

Offizielle „Spione" im geistlichen Gewand

Am 24. Juni 1969 erlässt Papst Paul VI. eine Verfügung über die Aufgaben der päpstlichen Legaten, das Motu proprio *Sollicitudo omnium ecclesiarum*. Das Schreiben leitet er mit den Worten ein: „Die Sorge um die Gesamtkirche, die Uns Gott nach seinem geheimen Ratschluss auferlegt hat und über die Wir ihm Rechenschaft schulden, macht es erforderlich, dass Wir als Stellvertreter Christi für die ganze Kirche in den verschiedenen Teilen der Welt in angemessener Weise gegenwärtig sind und die Verhältnisse der einzelnen Kirchen genau kennen."

„Durch Unsere Legaten, die bei den verschiedenen Nationen weilen, nehmen Wir selbst teil am Leben Unserer Kinder, gliedern Uns gleichsam in ihre Gemeinschaft ein und werden leichter und sicherer mit ihren Anliegen und tiefsten Wünschen bekannt", gibt der Papst als Sinn und Zweck des kirchlichen Gesandtschaftswesens an. Er hebt hervor: „Die ordentliche Aufgabe des päpstlichen Legaten besteht darin, den Apostolischen Stuhl regelmäßig in Wahrheit und Billigkeit zu informieren über die Verhältnisse der Kirchen, zu denen er entsandt wurde, wie auch über alles, was sich auf das kirchliche Leben und das Wohl der Seelen bezieht."

In der Regel sind die Legaten des Papstes Geistliche im

Rang von Erzbischöfen, so genannten Titular-Erzbischöfen, die nicht einer Ortskirche vorstehen, sondern auf eine längst untergegangene Diözese geweiht wurden. Sie tragen die Bezeichnung „Apostolischer Nuntius" (Botschafter). In vielen Ländern der Erde sind sie aufgrund einer alten Tradition sogar der Doyen, der Sprecher des Diplomatischen Korps.

Ihre Ausbildung erfahren die päpstlichen Diplomaten in der Regel an der *Accademia Ecclesiastica Pontificia* in Rom, einer Institution, die ihren Sitz an der Piazza S. Maria sopra Minerva unweit des Pantheons hat. Gegründet worden war diese im Jahre 1701 als *Accademia degli ecclesiastici nobili*. Die Heranbildung junger Adeliger zu Diplomaten Roms hatte damals Sinn, da deren Herkunft die Beziehungen des Heiligen Stuhls zu den Königs- und Fürstenhöfen erleichterte. Die Ausbildung umfasst heute ein Spezialstudium sowie ein Praktikum im Päpstlichen Staatssekretariat. Zudem müssen die Kandidaten, die noch nicht über ein Doktorat im Kirchenrecht verfügen, dieses während ihres Studiums an einer der Päpstlichen Universitäten erwerben.

Zu den Aufgaben eines päpstlichen Nuntius zählt das kirchliche Gesetzbuch von 1983 vor allem, „dem Apostolischen Stuhl Nachrichten zu übermitteln über die Lage, in der sich die Teilkirchen befinden, und über alles, was das Leben der Kirche und das Seelenheil betrifft" sowie „die Befugnisse auszuüben und die übrigen Aufträge zu erfüllen, die ihm vom Apostolischen Stuhl übertragen werden"; im besonderen hat er „sich darum zu mühen, dass die den Frieden, den Fortschritt und das gemeinsame Mühen der Völker betreffenden Angelegenheiten gefördert werden" (can. 364).

Im Namen und Auftrag des Papstes in der Welt „vor Ort“ zu sein, ist kein Zuckerschlecken. Cocktail-Empfänge auf diplomatischem Parkett in angenehmer Gesellschaft sind eher die Ausnahme, ebenso die begeisterte und ungeteilte Aufnahme im Leben der Ortskirche. Die Gesandten des Heiligen Stuhls sind gefordert, sich innerkirchlichen Schwierigkeiten gekonnt zu stellen. Auf die oft schwierigen politischen Anforderungen ihres jeweiligen Gastgeberlandes haben sie mit großer Geschicklichkeit zu reagieren. Und immer wieder sahen und sehen sich die Diplomaten des Papstes dramatischen Situationen gegenüber. Und dies selbst in der Neuzeit.

Als der I. Weltkrieg zu Ende ging, riefen in München die Spartakisten die *Bayerische Arbeiter- und Soldatenrepublik* aus und terrorisierten die Stadt. Der König floh, die ausländischen Botschafter reisten ab. Der einzige Diplomat, der verblieb, war der Vertreter des Papstes, Monsignore Eugenio Pacelli. Mehrfach drang die Soldateska der neuen „Republik“ in die Apostolische Nuntiatur ein. Man setzte dem Nuntius den Revolver auf die Brust, erzwang die Herausgabe des Botschaftswagens und forderte den Prälaten als „Spion des Imperialismus“ zum Verlassen des Landes auf, was dieser jedoch verweigerte.

1921 wurde der Apostolische Nuntius in Polen, Monsignore Achille Ratti, der spätere Pius XI., regelrecht aus seinem Arbeitsbereich „verjagt“, weil er sich um einen Ausgleich zwischen der polnischen Bevölkerung und der deutschen Minderheit bemüht hatte. Die Unparteilichkeit des päpstlichen Nuntius erregte den Zorn polnischer Politiker und führte zu einer diplomatischen Krise

Ein sozialdemokratischer Abgeordneter forderte das Parlament auf, die Beziehungen zum Heiligen Stuhl durch die Abberufung des polnischen Gesandten in Rom und die Übergabe der Pässe an den „deutschen Spion“ zu unterbrechen. Nur zwei Stimmen fehlten an der Mehrheit, die nötig gewesen wäre, um die Ausweisung des Nuntius zu erzwingen. Am 2. Dezember 1920 reiste Monsignore Ratti nach Rom ab, ohne formell abberufen zu sein. Im Mai des folgenden Jahres fuhr er noch einmal kurz nach Warschau, um seine Pässe einzufordern. Sein Abschied vollzog sich ohne irgendeine Feierlichkeit; nicht einmal die sonst übliche Ordensverleihung wurde vollzogen.

Im Juni 1921 ernennt ihn der Papst zum Erzbischof von Mailand und zeichnet ihn mit dem Kardinalspurpur aus. Sieben Monate später erlebt die Ewige Stadt eine Szene, die einem Treppenwitz der Geschichte gleichkommt. Am 2. Februar 1922 machen sich die Kardinäle nach dem Tod des Papstes auf, in das Konklave einzuziehen. Da geschieht etwas Unerwartetes. Aus der Menge der Zuschauer löst sich eine Person. Ein Mann im Frack nähert sich rasch Kardinal Ratti und versperrt ihm den Weg. Es ist der polnische Gesandte, der Achille Ratti mit einem Schwall französischer Worte überschüttet. Dann sieht sich der Kardinal unversehens mit der höchsten Dekoration Polens, dem Weißen-Adler-Orden, ausgezeichnet. Der ehemalige Apostolische Nuntius in Warschau lässt sich seine Überraschung nicht anmerken. Hätte er die Möglichkeit gehabt, in den folgenden Tagen polnische Zeitungen in die Hand zu nehmen, wäre er noch überraschter gewesen: Darin ist von ihm als dem „großen und geschätzten Freund unserer Nation“ zu lesen.

In den Ländern Osteuropas, die nach 1945 unter kommunistische Herrschaft gerieten, wurden päpstliche Gesandtschaften immer wieder mit kritischen Momenten konfrontiert. So verwies Rumänien am 7. Juli 1950 den Apostolischen Nuntius Gerald Patrick O'Hara wegen „Spionage" des Landes. O'Hara wie auch sein Vorgänger Andrea Cassulo waren durch „Zeugenaussagen" bezichtigt worden, Agentennetze in dem Balkanland aufgebaut zu haben. Die *Securitate,* der gefürchtete rumänische Geheimdienst, veranlasste unter anderem den Dompropst von Temeswar, Iosif Waltner, zu der Anschuldigung, Nuntius Cassulo habe ihn 1934 als Spion angeheuert. Jedoch war der *Securitate* entgangen, so der rumäniendeutsche Publizist William Totok, dass Monsignore Cassulo „erst im Jahre 1937 seinen Posten als Botschafter des Heiligen Stuhls in Bukarest angetreten hatte".

Manchmal sind vatikanische Diplomaten unbeabsichtigt auch Tabubrüchen besonderen Ausmaßes ausgesetzt. So als ein päpstlicher Gesandter im Rang eines Legaten im Jahre 1977 an der Festtafel aus Anlass der „Kaiserkrönung" des zentralafrikanischen Diktators Bokassa I. Platz nahm. Dem Potentaten wurde später Kannibalismus vorgeworfen — was heute als bestätigt gilt. Auch bei den „Krönungsfeierlichkeiten" soll den Gästen Menschenfleisch serviert worden sein. Ein westlicher Geheimdienst, vermutlich der französische, hatte das Päpstliche Staatssekretariat über die absonderlichen Essgewohnheiten Bokassas informiert, dieses aber hatte es scheinbar nicht für nötig befunden oder es ganz einfach versäumt, seinerseits den Vertreter des Papstes bei den Feierlichkeiten in Zentralafrika darüber in Kenntnis zu setzen.

Während der politischen Umwälzungen in Afrika und Asien wurden päpstliche Gesandtschaften mit kritischen Momenten konfrontiert. Bewaffnete Auseinandersetzungen waren für die Vertreter des Papstes niemals ein Grund, auf dem kürzesten Weg das betreffende Land zu verlassen. Während des ersten Golfkrieges verblieb nur eine Handvoll ausländischer Gesandter in der irakischen Hauptstadt; unter den wenigen traf man den Apostolischen Nuntius, Erzbischof Marian Oles, an. Noch heute wird sein Name von der Bevölkerung Bagdads in Ehren gehalten — „Vater Nuntius war unser Freund!"

Auch demokratische Staaten scheuen sich nicht, am Ende des 20. Jahrhunderts das Völkerrecht zu verletzen und gegen diplomatische Vertretungen des Heiligen Stuhls vorzugehen. Im Dezember 1989 erlebt Panama eine US-amerikanische Invasion. Dem Staatschef des Landes, General Manuel Noriega, gelingt am Heiligabend die Flucht in die Apostolische Nuntiatur, wo er um Asyl ansucht. Truppenverbände des *US Southern Command* umstellen binnen weniger Stunden das Gebäude der päpstlichen Vertretung. Da die amerikanischen Soldaten es aus verständlichen Gründen nicht wagen wollen, in das exterritoriale Gebiet einzudringen, entscheiden sie sich für eine sehr perfide Art des Terrors. Riesige Lautsprecher und Gettoblaster werden aufgestellt und die Nuntiatur mit ohrenbetäubender Rockmusik beschallt. Als erstes Musikstück ertönt Guns'n'Roses' *Welcome to the jungle*, dann folgen *Crying in the Chapel* und *Go to Hell.* Soldaten zerschießen sämtliche Laternen und Lampen rund um das Nuntiaturgebäude. Der Heilige Stuhl legt offiziellen Protest ein und weigert sich, Manuel Noriega an die USA auszuliefern. Der Apostolische Nuntius, Erzbischof José Sebastián Laboa Gallego, teilt der Presse in Panama mit, die US-Generäle Marc Cisneros und Maxwell Reid Thurmann hätten versucht, ihn zur Herausgabe Noriegas zu nötigen. Die Situation scheint aus dem Ruder zu laufen. Doch nach zehn Tagen verlässt General Noriega von sich aus die Nuntiatur.

Sogar seit Jahrzehnten außer Dienst gestellte päpstliche Vertretungen können noch zu einem Symbol gegen staatliche Willkür werden. In Nordvietnam fordern Katholiken im Jahre 2008 vom kommunistischen Regime die Rückgabe illegal beschlagnahmter kirchlicher Güter, darunter eine Reihe von Gotteshäusern und das Gebäude der ehemaligen Apostolischen Nuntiatur in Hanoi. Das Ansuchen des Erzbischofs von Hanoi und die friedlichen Proteste vietnamesischer Katholiken erregten den Zorn der kommunistischen Machthaber. Gegen die Demonstranten ließ das Volkskomitee von Hanoi Parteimitglieder und den Ho-Chi-Min-Jugendverband aufmarschieren. Heiligenbilder und Kreuze wurden zerstört, Betende brutal geschlagen und Priester in aller Öffentlichkeit bespuckt. Im September beschloss das Volkskomitee den Abriss der Apostolischen Nuntiatur, um auf dem Gelände einen öffentlichen Park anzulegen.

In Venezuela ist die katholische Kirche eine der wenigen Institutionen des Landes, die dem linkspopulistischen Regime, das seit Jahrzehnten viele demokratische Rechte beschränkt, noch widersprechen kann. Der mittlerweile verstorbene Staatschef Hugo Chávez setzte bei der Verwirklichung seiner Politik auf Demagogie und Unterdrückung, er verstaatlichte die Schlüsselindustrien und entzog regierungskritischen Medien — Fernsehsendern, Rundfunkstationen und Zeitungen — die Lizenz. Im Januar 2009 dringen militante Anhänger des venezolanischen Staatspräsidenten in die Apostolische Nuntiatur ein. Nach Angaben der Tageszeitung *Diaro catolico de Venezuela* zündeten die *Chavistas* in dem Gebäude sechs Tränengasgranaten.

Innerkirchlich stieß das päpstliche Nuntiaturwesen oft auf harsche Kritik und massive Ablehnung. Auf dem II. Vatikanischen Konzil (1962-1965) verstieg sich der Schweizer Missionsbischof Joachim Ammann zu der unberechtigten Einschätzung: „Es sind nicht wenige, denen diese Institution, insofern sie den diplomatischen Institutionen der weltlichen Macht nachgebildet ist, heute eher zu jenen Schatten zu gehören scheint, die den Menschen unseres Zeitalters das wirkliche Gesicht der Kirche verhüllen." Er wünsche die Nuntiaturen „an jenem Sammelplatz zu deponieren, wo man Geschichtsakten und ehrwürdige Reliquien konserviert".

Noch schärfer, im Grunde sogar beleidigend, äußerte sich der belgische Kardinal Leon-Joseph Suenens im Mai 1969 — er verglich die Nuntiaturen mit den Geheimdiensten der Regierungen. Sie seien „ständige Aufseher neben dem Episkopat", „eine Art negative Polizei", Männer, bei denen „man seine Klagen einreicht — Briefkästen für Angebereien", die „Menschen und Situationen aus der kurialistischen Theologie" beurteilen würden.

Furore machte 1973 eine Aktion des Apostolischen Nuntius in der Bundesrepublik Deutschland. Am 26. August des Jahres hatte der Vertreter de Papstes, Erzbischof Corrado Bafile, einen vertraulichen Brief an Kardinalstaatssekretär Jean Villot geschrieben. *Der Spiegel* berichtete damals: „In dem Schreiben machte Bafile seinem Dienstherrn im Vatikan einen ‚bescheidenen Vorschlag': Er möge Limburgs Bischof Wilhelm Kempf, 67, Oberhaupt von einer Million Katholiken, so schnell wie möglich zum Rücktritt zwingen. Das Schreiben wurde vergangene Woche bekannt, weil es ein unbekannter Vatikanbeamter einigen Priestern des Kempf-Bistums zugespielt hatte – um aufzudecken (so sein Begleitbrief), ‚wie der Nuntius mit schlechteren als den sowjetischen Methoden' arbeite".

Bafile hatte in Kempf einen Gegner der Zölibatspflicht ausgemacht. Das deutsche Nachrichtenmagazin schrieb dazu: „Tatsächlich hat der Limburger Bischof sich öffentlich für die Weihe verheirateter Männer zu Priestern ausgesprochen und in der Bischofskonferenz angeregt, in dieser Sache beim Papst vorstellig zu werden. In seine Diözese, laut Bafile ein ‚Zentrum der Ausbreitung von Unordnung', nahm er häufig Priester auf, die in anderen Diözesen Schwierigkeiten hatten. Priester, die ihr Amt aufgaben, fanden bei Kempf stets Unterschlupf, etwa als Religionslehrer oder in der Diözesanverwaltung". Wilhelm Kempf blieb Bischof von Limburg; Corrado Bafile wurde 1975 Präfekt der Kongregation für die Heiligsprechungsverfahren und 1976 in das Kardinalskollegium aufgenommen.

Auch Papst Franziskus will auf Beschaffung von Informationen durch die päpstlichen Gesandten nicht verzichten. Im Juni 2019 sagte er in einer Begegnung mit ihnen, als sein Vertreter habe der Nuntius „die Pflicht, den Papst beständig auf den neuesten Stand zu bringen und über die verschiedenen Situationen und die kirchlichen, gesellschaftlichen und politischen Veränderungen des Landes, in das er gesandt ist, zu informieren. Dafür ist es unverzichtbar, eine gute Kenntnis der Gebräuche und möglichst auch der Sprache des Landes zu haben und die Tür der Nuntiatur sowie die Tür seines Herzens immer für alle offen zu halten".

Von Fischen, Psalmen und Scheiben

Geheime Nachrichtenübermittlung in päpstlichen Diensten

Späher haben die kleine Gruppe von Mönchen erblickt, die sich aufgemacht hat, den Bergpass in den französischen Alpen zu überschreiten. Soldaten – das Lilienwappen auf der Brust macht sie als Männer kenntlich, die in den Diensten des französischen Königs stehen – versperren den Ordensleuten den Weg. Der Anführer des Trupps, ein altgedienter Sergeant, verlangt von den Mönchen, sich auszuweisen und alles, was sie bei sich tragen, vorzuzeigen. Ein königlicher Schreiber, der sich bisher im Hintergrund gehalten hat, tritt nun heran. Der Sergeant überreicht ihm die Korrespondenz, die Bücher und die Pergamente, die er den Ordensleuten abgenommen hat.

Auf prächtig verzierte Blätter mit den Gesängen der Psalmen wirft der Schreiber nur einen kurzen, gelangweilten Blick, dann gibt er sie zurück. Wenn es gewünscht worden wäre, hätten ihm die Mönche die Psalmen vorsingen können – und die Melodie hätte mit der Notenfolge auf den Pergamenten haargenau übereingestimmt. Dennoch, die kunstvoll gesetzten Noten sind nicht für das Lob Gottes und seiner Wohltaten niedergeschrieben worden, sie enthalten vielmehr eine verschlüsselte Botschaft der päpstlichen Kanzlei für den Vertrauten des Papstes am Hof des französischen Königs.

Der gebräuchlichsten Form der so genannten Musikchiffre „liegt als Schüssel ein Schema von sieben neunstelligen Notenreihen zugrunde, dem noch eine kleine Zahl Doppelnoten beigefügt sind, welche häufig wiederkehrende Worte bezeichnen. Jeder Note entspricht ein Buchstabe, jedem Vokale sollen mindestens drei, jeder Liquida* mindestens zwei verschiedene Noten entsprechen. Den Noten der geheimen Depesche wird, um irrezuleiten, ein falscher Liedtext unterlegt“ (Aloys Meister).

Die Methode, Musik als einen Code zu nutzen, wird noch im 19. Jahrhundert in abgewandelter Form erfolgreich Verwendung finden. So versteckten die afroamerikanischen Sklaven in den USA Botschaften an ihre Leidensgenossen in doppeldeutigen Liedern. Oberflächlich betrachtet, handelten diese von religiöser Erlösung. Für ein geübtes Ohr hingegen enthielten sie Anweisungen, wie man den Weg in die Freiheit findet. Einer dieser Gesänge ist „das Code-Lied ‚Follow the Drinking Gourd‘ (Folgt der Kalebasse). Eine Kalebasse ist ein Wasserbehälter, doch auch ein Code-Name für das Sternbild Großer Wagen, der am Himmel in nördlicher Richtung zu finden ist – Richtung Kanada“ (Stine Grynberg).

Und auch in der Filmwelt trifft man auf die Musikchiffre. In Alfred Hitchcocks berühmtem Spionagethriller *The Lady Vanishes* (Eine Dame verschwindet) aus dem Jahr 1938 agiert Miss Froy, eine ältliche Musiklehrerin und Gouvernante, als Geheimagentin Seiner Majestät, um mit einer eingängigen Melodie dem britischen *Foreign Office* (Außen-

* Laterallaut, Fließlaut

ministerium) eine wichtige Nachricht zukommen zu lassen.

Die angeführte Episode in den französischen Alpen ist nur ein Beispiel für den Einfallsreichtum des Heiligen Stuhls bei der Übermittlung geheimer Botschaften. Denn oft musste die Korrespondenz des Papstes mit seinen Gesandten auch dann verschlüsselt werden, wenn sich die Apostolischen Nuntien in einem Land befanden, das dem katholischen Glauben zutiefst verbunden war, ja sich selbst sogar als „die älteste Tochter der Kirche" bezeichnete. Frankreich nahm diesen Titel für sich in Anspruch.

Die Nutzung von Geheimschriften hat in der Kirche übrigens eine lange Tradition. Schon die ersten Christen haben sich geheimer Erkennungszeichen bedient. Die Anhänger Jesu haben sich in Zeiten der Verfolgung durch das Zeichen des Fisches einander offenbart. Die Buchstaben des griechischen Wortes *ICHTHYS* (Fisch) standen für *Iesous Christos, Theou Yios, Soter* (Jesus Christus, Gottes Sohn, Erlöser).

Erkennungszeichen unter Christen waren in der christlichen Antike auch die *Litterae formatae* — „Sie verdanken einer Sitte des klassischen Altertums ihre Entstehung, der Gepflogenheit nämlich, daß ein Gastfreund bei dem anderen Eintritt erhielt durch Vorzeigen der ‚Tessera hospitalis' für christliche Priester. Die Jungkirche knüpft ja so gern an römische oder griechische d. i. oströmische Gebräuche an; bei der Aussendung der Geistlichen war Vorsicht am Platze, ein geheimes Erkennungszeichen musste Vorhanden sein, da entstanden die *Litterae formatae* als Empfehlungsschreiben" (Aloys Meister).

Aber nicht nur im Umfeld des Neuen Bundes waren Verschlüsselungen präsent. Schon das Volk des Alten Bundes hatte sich im 6. Jh. vor Christus einer Geheimschrift, des „*Atbash*", bedient. Die Bezeichnung *Atbash* findet ihre Ableitung von den beiden ersten und letzten Buchstaben des hebräischen Alphabets und gibt schon in ihrem Namen Auskunft über die Art der Verschlüsselung: der erste Buchstabe (*Aleph*) wird mit dem letzten Buchstaben (*Taw*) vertauscht, der zweite (*Beth*) mit dem vorletzten Buchstaben (*Schin*) und so weiter. So wurde beispielsweise im Buch Jeremia 25,26 das Wort *Babel* zu *Sheshak* veschlüsselt.

Die Päpste nutzen für ihre Korrespondenz schon sehr früh Geheimschriften; sie greifen auf solche zurück, die aus der vorchristlichen Antike überliefert sind. Julius Cäsar hatte Briefe, in denen er etwas vertraulich übermitteln musste, stets verschlüsselt. So heißt es in den Berichten zum Gallischen Krieg, in den *Commentarii de Bello Gallico* (5.48): „Er überredete hierauf einen gallischen Reiter durch große Belohnung, einen Brief zu [Quintus Tullius] Cicero zu bringen, den er griechisch schrieb, damit die Feinde seine Absichten nicht erfuhren, falls sie das Schreiben abfingen." Die Methode, eine Sprache zu nutzen, die nicht jedermann bekannt, wohl aber dem Empfänger geläufig ist, wurde von den US-Amerikanern noch erfolgreich im II. Weltkrieg angewandt; damals setzte man Navajo-Indianer als Funker ein.

Der Staatsmann und Feldherr verwendete in seinen Briefen, deren Inhalt er geheim halten wollte, eine weitere Verschlüsselungsmethode, die als „Cäsar-Code" bekannt wurde. Der römische Biograf Sueton schrieb in seinem Werk *De vita Caesarum* über sie: „*Si qua occultius perferenda erant, per notas scripsit, id est sic structo litterarum ordine, ut nullum verbum effici posset; quae si qui investigare et persequi velit, quartam elementorum litteram, id est D pro A et perinde reliquas commutet* ... Wenn etwas Geheimes zu überbringen war, schrieb er in Zeichen, das heißt, er ordnete die Buchstaben so, dass kein Wort gelesen werden konnte: Um diese zu lesen, tauscht man den vierten Buchstaben, also D für A aus und verfährt ebenso mit den restlichen" (*Vita Divi Julii* 56, 6).

Die Verschiebeschrift des Römers, den so genannten „Cäsar-Code", übernimmt die päpstliche Kanzlei aber nicht einfach, sondern sie modifiziert sie. Dies war unbedingt erforderlich, denn ausgerechnet durch die Beschäftigung mit einer religiösen Schrift, dem Koran, wurde eine Entschlüsselung chiffrierter Schreiben, die nach dem „Cäsar-Code" erfolgte, erheblich erleichtert. Um das Jahr 800 hatten muslimische Gelehrte große Anstrengungen unternommen, um herauszufinden, ob die Worte des Propheten in der heiligen Schrift Hadith Mohammed selbst zuzuschreiben seien. Sie unterzogen den Text einer genauen Analyse und wurden bald darauf aufmerksam, dass es in der Häufigkeit der verwendeten Buchstaben gravierende Unterschiede gab. Manche Buchstaben kamen zehnmal so häufig vor wie andere. Durch diese Methode, die man „Frequenzanalyse" nennt, wurde es möglich, die Verschlüsselung geheimer Botschaften zu „knacken".

Die Entwicklung des kirchlichen Chiffrierwesens ist eng verbunden mit der Entwicklung der päpstlichen Diplomatie, die seit dem Spätmittelalter rasanten Aufschwung nimmt. Im Laufe der Jahrhunderte entwickeln Männer der Kirche beständig die Chiffriermethoden weiter oder verfeinern sie.

Das erste Buch in Europa, das sich mit der Lehre von den Geheimschriften beschäftigt, stammt aus der Feder des Mathematikers und Franziskaners Roger Bacon, der im 13. Jahrhundert lebte. Eine Geheimschrift, die Gabriele de Lavinde am Ende des 14. Jahrhunderts für einen Gegenpapst, Klemens VII., geschaffen hatte, fand später auch an der Römischen Kurie Verwendung. Als „Vater der Kryptographie" gilt Leon Battista Alberti, der im 15. Jahrhundert als *Abbreviator* (Schreiber) in päpstlichen Diensten steht. Er entwickelt eine Vielzahl von Verschlüsselungsmethoden. Mit der nach ihm benannten „Alberti-Scheibe" schuf er einen einfachen, aber effektiven Chiffrierapparat. Zwei gegeneinander drehbare Scheiben mit Alphabeten ermöglichten Verschlüsselungen. Sie fußten auf dem schon genannten Cäsar-Code. Absender und Adressat mussten sich nur auf einen Zeigebuchstaben geeinigt haben. Die „Alberti-Scheibe" fand bis in die Neuzeit hinein Verwendung. Noch im amerikanischen Bürgerkrieg wurde eine Variante von ihr, der „Code-o-Graph", von der Armee der Südstaaten genutzt. Und die heutige Nationale Sicherheitsbehörde der USA, die in die Schlagzeilen geratene *NSA*, führte die Scheibe jahrzehntelang in ihrem Siegel und Emblem.

Sogar im Vergnügungssektor nahm der „Code-o-Graph" seinen Platz ein. So bediente sich *Captain Midnight*, der legendäre Held einer der frühen, äußerst beliebten amerikanischen Radioserien, des ursprünglich in päpstlichen Diensten stehenden Apparates – „die Hörer erhielten eine solche Chiffrierscheibe, wenn sie an den Sponsor der Serie, das Unternehmen *Ovaltine*, schrieben und einen Coupon von einer Schachtel Kakaopulver beilegten. Gelegentlich endete die Sendung mit einer geheimen Botschaft von *Captain Midnight,* und die treuen Hörer konnten sie mit ihrem Code-o-Graphen entschlüsseln" (Simon Singh).

Gegen Ende des 16. Jahrhunderts wirken Giovanni Battista und Matteo Argenti — Onkel und Neffe — als päpstliche Chiffrensekretäre in Rom. Sie setzen weitere Hürden für die Dechiffrierung von Texten ein. In ihrem „Familienbuch" und im berühmten Chiffrentraktat von Matteo Argenti werden die damals genutzten Verschlüsselungstechniken ausführlich dargestellt. So Geheimschriften, die durch Verwendung von Ziffern entstanden und der Umgestaltung der Zahlen durch Punkte, Striche, Haken, Halbkreise, Kreuze u. ä., die dann oberhalb, unterhalb, zu beiden Seiten oder innerhalb der Ziffern angebracht wurden.

Ferner werden erwähnt: die *Cifra a mente,* die aus dem Gedächtnis aufgelöst werden konnte, wenn man um das entsprechende Losungswort wusste. Die Parole war beispielsweise nach vorheriger Absprache im Briefschluss im Namen des Absenders verborgen. Endete man das Schreiben mit „*Mario vi saluta* — Mario grüßt Euch", so war „Mario" das vereinbarte Losungswort, nachdem der Brief von seinem Empfänger sodann zu lesen war.

Des weiteren gab es die *cifra di caselle o fenestrelle,* die Netz- oder Gitterchiffre (auch „Fensterchiffre" genannt): Man benutzte zwei gleichgroße Bogen Papier mit gleichem Zeilenabstand, wobei auf dem einen eine größere Anzahl von Drei- oder Vierecken ausgeschnitten wurde. Auf in den Lücken zum Vorschein kommenden Zeilen des darunter liegenden Blattes schrieb man die Buchstaben der geheimen Nachricht in einer verabredeten Reihenfolge; die leer gebliebenen Zwischenräume wurden mit nichts bedeutenden Trugbuchstaben aufgefüllt.

Im Vatikan kam oft die so genannte Schlüsselchiffre zur Anwendung. Man schrieb die Buchstaben eines Schlüsselwortes senkrecht untereinander, vervollständigte dann in waagerechter Linie das gewöhnliche Alphabet, mit dem jeweiligen Buchstaben des Schlüsselwortes beginnend, bis zu seiner Wiederkehr und setzte dann über die entstandenen senkrechten Buchstabenreihen je eine Zahl, einen Buchstaben oder eine Figur. Die Schrift war um so schwieriger zu entziffern, je länger das Schlüsselwort war.

1814 werden die Aufgaben des Chiffrensekretärs einem Prälaten im Päpstlichen Staatssekretariat übertragen, der im Rang eines Erzbischofs steht. Amt und Titel werden nach dem Zweiten Vatikanischen Konzil, das von 1962 bis 1965 tagte, abgeschafft. Chiffrierung und Dechiffrierung als Verschlüsselung und Entschlüsselung der vertraulichen Korrespondenz der Päpste bleiben jedoch weiterhin dem Staatssekretariat anvertraut.

Nicht weniger wichtig als die Verschlüsselung war die sichere Übermittlung der Nachrichten. Hier beschritt man in früheren Jahrhunderten manchmal recht einfache, aber effiziente Wege. So überbrachte im 12. Jahrhundert die heilige Hildegund von Schönau eine geheime Botschaft des Erzbischofs von Köln an Papst Urban III. in Verona; das vertrauliche Dokument war in ihrem Pilgerstab versteckt. Ringe, Brustkreuze und sogar Reliquiare wurden in dieser Zeit zu Behältnissen chiffrierter Nachrichten. An der römischen Kurie nutzte man auch eine Technik aus der Antike, die Skytale, die in Sparta angewandt worden war. Die Skytale war ein Holzstab, den man mit einem Streifen Pergament oder Leder umwickelte. Die entsprechende Mitteilung wurde der Länge des Stabes nach aufgechrieben und dann abgewickelt. Der Adressat konnte die Botschaft nur dann entziffern, wenn er über eine Skytale mit dem selben Durchmesser verfügte, wie er von dem Absender verwendet worden war.

Immer wieder berichten die Medien von dramatischen Zwischenfällen in Flugzeugen und auf Flughäfen. Drogenkuriere kommen dort nicht selten unter grauenhaften Umständen zu Tode. Ihr Schmuggelgut haben sie in Kondome verpackt und unmittelbar vor ihrem Abflug verschluckt. Es passiert dann jedoch gar nicht so selten, dass ein Kondom im Magen des Betreffenden platzt und ihn unter heftigen Schmerzen sterben lässt. Diese Schmuggelmethode geht auf eine Geheimdienstpraxis im alten China zurück, die aber für ihren Nutzer keine gesundheitlichen Gefahren barg. Im Reich der Mitte schrieb man vertrauliche Nachrichten auf ein dünnes Stück Seide und rollte es zu einem Kügelchen zusammen, das man mit Wachs überzog und dann verschluckte. Auch päpstliche Kuriere sollen sich dieser Methode bedient haben,

Nach der Gründung des Vatikanstaates im Jahre 1929 schuf Papst Pius XI. 1931 *Radio Vatikan*. Von Anfang an nutzte er seinen vom Nobelpreisträger Guglielmo Marconi geschaffenen, für die damalige Zeit modernsten Rundfunksender auch als Möglichkeit, um die Apostolischen Nuntien und diplomatischen Vertreter des Heiligen Stuhls überall auf der Erde schnell und sicher zu instruieren. Jede päpstliche Vertretung im Ausland erhielt eine festgesetzte Zeit zugewiesen, in der man ihr via Radio verschlüsselte Nachrichten mitteilte.

Die Jahre des II. Weltkriegs kann die Chiffrier-Abteilung des Päpstlichen Staatssekretariates nicht als Ruhmesblatt in ihrer Geschichte verbuchen. Kein einziger Code des Vatikans war vor der Entschlüsselung sicher. Depeschen gehen aus Versehen mit einem veralteten oder als unsicher geltenden Code an die Apostolischen Nuntiaturen und übrigen diplomatischen Vertretungen des Heiligen Stuhls in aller Welt. Und viel zu vielen Personen außerhalb der Chiffrier-Abteilung ist der jeweils verwendete Code bekannt. Zudem finden sich im Päpstlichen Staatssekretariat, unter den Angestellten des Telegrafenamtes und bei *Radio Vatikan* Informanten, die für ausländische Geheimdienste arbeiten.

Nach dem Ende des Krieges versucht man aus den Fehlern der Vergangenheit zu lernen. Insider berichten 1973 über das Vorgehen im Staatssekretariat: „Die Chiffre wird gegenüber der restlichen Kurie streng geheim gehalten. Sie ist nur den Beamten des Staatssekretariates und den Nuntiaturen bekannt. Erst nach ihrer Vereidigung wird sie neuen Mitarbeitern mitgeteilt. Wollen andere Kurienbehörden chiffrierte Meldungen durchgeben, so müssen sie sich an das Staatssekretariat wenden. Auch den Bischofskonferenzen steht die Chiffre nicht zur Verfügung. Größere Außenposten besitzen moderne Anlagen zur Chiffrierung und Dechiffrierung".

Heute hält sich das Päpstliche Staatssekretariat bei Anfragen nach der Arbeit seiner Chiffrierabteilung bedeckt — zu Recht.

Informanten, Wanzen und Hightech

Das Konklave in Abwehrstellung

Die Wahl eines Papstes ist ein zentrales Geschehen im Leben der katholischen Kirche. Das Besondere an ihr – der Brauch, die Wähler des Nachfolgers Petri in einem Raum einzuschließen, das Konklave – geht in seinen Ursprüngen auf das 13. Jahrhundert zurück. Auch nach mehr als 700 Jahren hat die Art und Weise, der katholischen Kirche ein neues Oberhaupt zu geben, nichts an Faszination eingebüßt. Das Interesse an dieser archaisch anmutenden Wahlversammlung ist groß. Das Konklave gibt sich als ein geheimnisumwittertes Geschehen, das die ganze Welt in seinen Bann zu ziehen vermag – und zum Terrain von „Kundschaftern", von Spionen, wird.

Die Einrichtung dieser Institution dürfte im Jahr 1216 ihren Anfang genommen haben. Auf einer Reise nach Oberitalien war Innozenz III. am 16. Juli 1216 in Perugia gestorben. Die Bürger der Stadt handelten unverzüglich; sie erzwangen die sofortige Einschließung der Kardinäle. Schon zwei Tage später stand der neue Papst fest. Ähnliches geschah 1241, als man die Kardinäle nach dem Tode Gregors IX. im *Septizonium* des Septimus Severus auf dem Palatinhügel in Rom einschloss. 1271 wurde dann auch Tedaldo Visconti als Gregor X. auf den Stuhl des heiligen Petrus erhoben, nachdem man die Kardinäle in Viterbo von der

Außenwelt abgeschirmt hatte. Drei Jahre später berief Papst Gregor X. das XI. Ökumenische Konzil ein; auf der Kirchenversammlung, die in Lyon (Frankreich) tagte, erließ der Papst die Apostolische Konstitution *Ubi periculum*, die das Verfahren bei Papstwahlen regelte. Durch diese päpstliche Verfügung wurde das Konklave verbindlich.

Detaillierte Schilderungen über die vorgenommenen Absicherungen eines Konklaves erhalten wir durch Berichte von der Wahl Papst Martins V., Oddone Colonna, auf dem Konzil von Konstanz im Jahre 1417.

Zum Ort der Wahl bestimmt man das alte Kaufhaus der Freien Reichsstadt am Bodensee. Es wird zu einer regelrechten Festung ausgebaut. Alle Fenster und Türen werden sorgfältig vermauert. Zum See hin ist das Gebäude mit hohen Balken abgesperrt; so „hoch wie ein Kriegsspieß", heißt es in einer Chronik. Diese stehen so dicht nebeneinander, dass niemand eine Hand hindurchstrecken kann. Zwölf Söldner des Rates der Stadt und die gleiche Anzahl von königlichen Soldaten halten hier Tag und Nacht Wache. Kein Schiff darf sich auf dem Bodensee weiter als auf Pfeilschussweite dem Haus nähern. Zum Schutz vom Wasser her sind in dem See, „soweit eine Armbrust reicht", große, aneinander gebundene Holzstämme eingelassen worden, die eine Fahrt zu dem Kaufhaus unmöglich machen.

Nur eine einzige Tür führt in das Gebäude. Sie wird von 24 Bewaffneten gesichert. Die Tür kann mit einem gewaltigen Schloss versperrt werden. Drei Schlüssel sind nötig, es zu öffnen oder zu schließen. Einen hat der römisch-deutsche König in Verwahrung, einen anderen das Konzil, den dritten das Domkapitel von Konstanz. Wer in das Kaufhaus eintritt, gelangt an eine zweite Tür mit einer viereckigen Durchreiche, die ebenfalls mit einem Vorhängeschloss versperrt werden kann. Türhüter und Verwahrer des Schlüssels ist der Hochmeister des Hospitalordens der Ritter von Rhodos, der Johanniter. Bei diesem Zugang halten sich Tag und Nacht zwei Bischöfe und Abgesandte des Konzils auf. Auch drei Fürsten und Grafen sind dort postiert. Sie alle sind für die Überwachung der Verpflegung der Konklaveteilnehmer zuständig.

Zu den Essenszeiten bringen zwei Knechte jedem der Papstwähler eine Gelte (hölzerne Truhe). Sie ist aus Holz und mit dem Wappen des Adressaten bemalt. In ihr befinden sich Brot, Fleisch, Fisch und Gemüse. Ein weiterer Knecht trägt der Gelte zwei durchsichtige Gefäße voran, eines mit weißem, das andere mit rotem Wein gefüllt. Die Bischöfe, Prälaten, Fürsten und Grafen öffnen dann die Gelten, zerschneiden die Lebensmittel und überprüfen, ob sich darin irgendwelche Nachrichten befinden. Das Gemüse und die Getränke probieren sie mit Löffeln. Wird alles für unbedenklich befunden, reicht man es dem Hochmeister, der es durch die Durchreiche in der Tür an denjenigen weitergibt, für den es bestimmt ist.

Kein Sonnenstrahl, kein Licht von draußen dringt in die ehemalige Kaufhalle. Im Erdgeschoss würden große Laternen mit mehreren Kerzen brennen, berichtet Ulrich von Richental in seiner Konzilschronik, ebenso im ersten Stock. Dort, im ersten Stock des Gebäudes, bei der Treppe, haben Zimmerleute eilends eine kleine Kapelle mit drei Altären errichtet. Auch sie muss ohne Tageslicht auskommen, und die Zelebranten sind gezwungen, die heilige Messe allein bei Kerzenschein zu feiern. Spione, welcher Couleur auch immer, haben in Konstanz keine Chance.

Spionagetätigkeit mit Blick auf die Papstwahl wird die Kirchengeschichte seit Einrichtung des Konklave begleiten – und nicht nur von außen. Auch innerhalb der Wahlversammlung ist sie festzustellen.

Rodrigo Borgia, Dekan des Heiligen Kollegiums der Kardinäle und Vizekanzler der Heiligen Römischen Kirche, zieht nach dem Tode Papst Innozenz' VIII. am 6. August 1492 mit 22 weiteren Purpurträgern in das Konklave ein. Er hat sich fest vorgenommen, aus der Abgeschlossenheit des Konklave auf dem päpstlichen Tragstuhl herausgetragen zu werden. Der Borgia hat sein Vorhaben akribisch geplant. In verborgenen Winkeln des Apostolischen Palastes sind zahlreiche Brieftauben versteckt, die Nachrichten nach außen schaffen können. Spalten in den Mauern und Öffnungen an den Fenstern sollen es ermöglichen, Beobachtern vor den Mauern des Vatikans geheime Zeichen zu geben. Auf diese Weise will er bei Bedarf Bestechungsgelder besorgen.

Dem Willen und der Überzeugung, in einem Konklave dem würdigsten Kandidaten die Stimme zu geben, stehen im 17. Jahrhundert die ehrgeizigen Ambitionen der weltlichen Mächte entgegen. Im Kampf um den Stuhl Petri erhalten die Fürsten von so mancher absonderlichen Gestalt Hilfe und Rat. Eine dieser Gestalten ist der Italiener Atto Melani (1626-1714). In der Toskana geboren und von bescheidener Herkunft, begeistert er als Kind durch seine glockenhelle Stimme. Und so wird der Junge schon früh verschnitten, um ihm eine Karriere als Kastratensänger zu ermöglichen. Überall, wo Atto Melani auftritt, feiert er Triumphe. Auch Kardinal Mazarin, der Nachfolger des berühmten Kardinal Richelieu als Erster Minister des Königs von Frankreich, zeigt Interesse an dem Kastraten, jedoch nicht an dessen meisterhaft gesungenen Arien. Mit seinem Adlerblick erkennt er in dem Italiener vielmehr ein anderes, verborgenes Talent. Für ihn steht fest, dass in dem Kastraten das Potential eines Spions schlummert. Der Purpurträger nimmt Melani unter seine Fittiche und führt ihn in die Kunst der Spionage und des Intrigierens ein. Er lässt seinen Schützling an den Höfen ganz Europas auftreten, mittels der Arien verschlüsselte Botschaften mitteilen und bei Empfängen das Gift des Misstrauens und der Denunziation verbreiten.

Mit dem Tod Kardinal Mazarins verliert Melani jedoch seinen wichtigsten Protektor. Der Kastrat wird am französischen Hof in Skandale verwickelt – und aus dem Reich des Sonnenkönigs verbannt. Zuflucht findet er in der Ewigen Stadt bei Kardinal Giulio Rospigliosi. Der hoch gebildete Purpurträger hat ein Hobby, dass ihn für den Sänger empfänglich macht. Er ist ein Literat, liebt Melodramen und tritt als begabter Textdichter und Librettist hervor. Als Papst Alexander VII. im Mai des Jahres 1667 stirbt, eröffnet sich für den Kastraten und Spion der Blick auf eine ganz neue Welt. Giulio Rospigliosi nimmt ihn als Helfer, als *Conclavista,* mit ins Konklave.

Seine Beobachtungen wird Melani sorgsam notieren und seine Schlüsse daraus ziehen. In seiner Analyse der Kandidaten bei der Wahl eines Papstes schreibt er: „Begegnungen, Vereinbarungen und Versprechungen bilden zu schwache Fundamente, um einen Mann kennen zu lernen. Man muss sich auf seinen Charakter und seinen Geist stützen. Unter veränderten Bedingungen und sich wandelndem Geschick wechselt jeder seine Zuneigungen und Gefühle. Niemand aber ändert seine Wesensart, nicht einmal nach fünfzig Jahren. Das Klügste also ist, das Gesinde des Betreffenden auszufragen: Hausdiener, Kämmerer und Lakaien kennen seine guten oder bösen Seiten besser als jeder andere."

Zum Vorgehen der weltlichen Mächte im Konklave merkt der Kastrat unter anderem an: „Es obliegt den Botschaftern, die Wahl von Personen zu verhindern, die ihren Herrschern wenig willkommen sind. Also müssen sie die Zwietracht zwischen den Fraktionen schüren und alle jene einschüchtern, die es wagen, sich ohne die Zustimmung ihres Königs zur Wahl zu stellen, indem sie ihnen mit einem offenen Veto drohen, das sehr schmachvoll ist! Schließlich müssen sie das Kardinalskollegium dazu bewegen, zunächst jene ihrem König unerwünschten Kardinäle zu wählen, die nicht bereit waren, ihre Kandidatur zurückzuziehen. So werden diese sich ein offenes Veto einhandeln, von dem sie sich nie wieder erholen können. Sind jene unerwünschten Kandidaten einmal beseitigt, ist die Bahn frei für diejenigen, die man fördern möchte."

Darüber, inwieweit Atto Melani die Wahl Giuli Rospigliosis, Papst Klemens IX., beeinflusste, kann nur spekuliert werden. Tatsache ist, dass Ludwig XIV. mit dem Ergebnis des Konklave mehr als einverstanden war. Dank seiner Dienste für Frankreich wurde für Atto Melani das Exil nach der Papstwahl aufgehoben.

Spätestens seit dem Jahr 1585 war der äußere, militärische Schutz des Konklave ausschließlich dem *Marescallus*

Sanctae Romanae Ecclesiae – Marschall der Heiligen Römischen Kirche, einem Mitgied des römischen Adels, anvertraut. Der Titel des Marschalls wurde damals ergänzt um die Bezeichnung *Custodis Conclavis* – Kustode des Konklave. Das Kardinalskollegium stellte dem Marschall einen Geistlichen als *Gubernator Conclavis* – Gouverneur des Konklave zur Seite.

Beim Eintritt der Sedisvakanz bestimmte der Konklavemarschall zunächst die *capitani delle ruote*. Die seltsam klingende Bezeichnung erklärt sich aus dem Dienst, den diese Hauptleute an den *ruote* zu versehen hatten. Die Ruote waren in die Absperrungen des Konklave eingelassene, zu einer Seite hin offene Drehbehälter, über die es in bestimmten Fällen möglich war, mit den Eingeschlossenen in Kontakt zu treten. Durch sie konnten Lebensmittel und Medikamente gereicht werden. Unmittelbar danach hob der Marschall eine Streitmacht von gut 500 Mann aus. Waren die Zeiten unsicher, ließ der Konklavemarschall den ganzen Borgo, das Stadtviertel rund um Sankt Peter, mit seinen Truppen umstellen. Auf dem Petersplatz befand sich dann ein regelrechtes „Feldlager". Sogar Kanonen wurden aufgefahren.

Den Einwohnern des Borgo war das Tragen von Waffen auf das strengste untersagt. Überall sorgten Patrouillen für die Einhaltung dieser Anordnung. Auch die Wagen und Kutschen der hohen Geistlichkeit und des Adels wurden durchsucht. In der Vatikanischen Bibliothek finden sich Abbildungen, die zeigen, wie die Brücken, die über den Tiber führen, durch eiserne Gitter versperrt werden konnten. Der Konklavemarschall verfügte über eine eigene Reiterabteilung, die ihm als eine Art „schnelle Eingreiftruppe“ diente. Sie war nötig, falls es in der Stadt zu Unruhen kam oder die Gefahr der Plünderung der Paläste der Kardinäle und vor allem des neugewählten Papstes bestand. Denn es war der Brauch entstanden, sich am Hab und Gut des Kardinals schadlos zu halten, der vermeintlich zum neuen Pontifex Maximus erhoben worden ist. Nach dem Ende des Kirchenstaates im September 1870 war es dem Marschall nicht mehr möglich, eigene Truppen auszuheben oder sich Einheiten der päpstlichen Armee zu bedienen. Ihm standen nur noch die Palastwachen des Papstes zur Verfügung.

War der Papst verstorben, hatte der Marschall im Apostolischen Palast Wohnung zu nehmen. Am Abend des Tages, an dem man die Schließung des Konklave vornahm, wurden alle Verstecke und Winkel des Wahlortes sorgfältig durchsucht. Alle, die bei der Papstwahl von Rechts wegen anwesend sein durften, hatten sich zu diesem Zeitpunkt in der Kapelle einzufinden. Jeder Einzelne von ihnen wurde prüfend gemustert, damit sich kein Unberechtigter im Konklavebereich ohne Erlaubnis aufhielt.

Dann erfolgte der Befehl, die Wahlversammlung von innen einzuschließen. Zeitgleich erfolgte auch die Schließung von außen, und zwar durch den Gouverneur und den Marschall des Konklave. Die Schlüssel verwahrte der adelige Schutzherr der Papstwahlversammlung in einer Burse, die er – befestigt am Gürtel seines Gewandes – ständig bei sich trug.

Als Papst Leo XIII. im Jahre 1903 verstirbt, wird die Wahl des Nachfolgers zu einem medialen Großereignis. Bei der Abschirmung des Konklave vertrauen die Verantwortlichen auf die traditionellen Maßnahmen. Im Vatikan unterschätzt man jedoch, wie wichtig für die Reporterschar der Zeitpunkt ist, an dem sie den Ausgang der Wahl und vor allem den Namen des Papstes erfahren. Im Wettbewerb der Zeitungen ist jede Minute entscheidend. Recherchen über vatikanische Interna und Kontakte in den Apostolischen Palast sind nun gefragt und unverzichtbar. Baupläne des Konklave von 1878 sind öffentlich. Sie liegen sogar in gedruckter Form vor, detailliert gezeichnet und mit allen wichtigen Angaben versehen.

Der Journalist einer italienischen Nachrichtenagentur hat sie eingehend studiert und nach Schwachstellen sondiert. Er wird fündig. Ein Gang im Apostolischen Palast ist so gelegen, dass dessen Fenster zu einer günstigen Stelle im Innern des Vatikans zeigen. Vom Chef des Korrespondentenbüros ist dem findigen Reporter ein beträchtliches Budget zur Verfügung gestellt worden. Der Journalist weiß, dass jeder, der ein Siegel an den Fenstern erbricht, ein hohes Risiko eingeht. Nur ein Geldbetrag von beträchtlicher Höhe kann jemanden zur Verletzung des Konklavegeheimnisses verleiten.

Neben der Person, die vom Fenster aus ein Zeichen gibt, muss eine zweite gefunden werden, die eine Nachricht aus dem Vatikan nach draußen schafft. Dem Reporter gelingt es, die notwendigen Komplizen anzuwerben. Bei jedem Wahlgang steht der Journalist vor den Toren des Vatikan und wartet. Am Morgen des 4. August, kurz nach 11.00 Uhr, sieht er seinen Verbindungsmann aus dem Vatikan kommen. Komplize Nummer 2 ist ein römischer Monsignore. Der Priester kann dem Journalisten nicht nur den erfolgreichen Ausgang der Wahl vermelden, was 50 Minuten später offiziell verkündet wird, sondern auch den Namen des neuen Papstes. Als sich das Fenster für einen kurzen Augenblick öffnete, habe er eine Hand erblickt, die eine Schere und ein Schneiden mit ihr andeutete. Der Journalist lächelt. Ein Schneider — *un Sarto*, Giuseppe Sarto, der Kardinalpatriarch von Venedig, hat die Nachfolge des heiligen Petrus angetreten!

Unmittelbar nach dem Tode Pius' XII. im Oktober 1958 hatte man im Vatikan schmerzliche Erfahrungen mit einem Würdenträger des Päpstlichen Hofs und den Medien gemacht. Von Professor Ricardo Galeazzi-Lisi, dem Leibarzt, waren Fotos des sterbenden Pacelli-Papstes gemacht worden; diese Bilder und minutiöse Beschreibungen des päpstlichen Todeskampfes hatte er an Medien im In- und Ausland meistbietend verkauft.

Kurz vor Beginn des Konklave erhält der Vatikan von dem Redakteur eines italienischen Wochenblattes eine Warnung: Seine Zeitung habe den Plan gefasst, jemanden in den abgeschlossenen Bereich der Wahlversammlung einzuschleusen. Pressevertreter hatten bereits mehrmals Bestechungsversuche unternommen.

Der Konklavemarschall und seine Hauptleute nehmen diese Vorfälle nicht auf die leichte Schulter. Sie verstärken die Sicherheitsmaßnahmen und verdoppeln die Wachen an den Drehtüren und weiteren gefährdeten Orten. Sie scheinen nicht vergeblich gehandelt zu haben. In der Nacht vor dem Einzug der Kardinäle ins Konklave kommt es zu einem dramatischen Zwischenfall. In der Dunkelheit nähert sich eine unbekannte Person dem Zugang beim Cortile del

Belvedere. Sie bewegt sich fast lautlos auf die Absperrung zu. Dann durchbricht ein Schrei die Stille des Innenhofs. Der gezückte Degen des diensthabenden *Capitano delle ruote* ist auf die Gestalt gerichtet, die ein schwarzer Mantel umhüllt. Als er die Identität des Eindringlings feststellt, ist der Hauptmann verblüfft. Vor seiner Degenspitze steht nicht der erwartete sensationslüsterne Paparazzo, sondern ein „braver" Monsignore. Monsignore Federico Callori di Vignale, der Governatore des Konklave, hat in dieser Nacht keinen Schlaf finden können und ist, den Rosenkranz betend, durch die Gänge und Höfe des Apostolischen Palastes gewandelt.

Die Reformen, die nach dem II. Vatikanischen Konzil die Römische Kurie und den Päpstlichen Hof ereilen, schaffen das Amt des Konklavemarschalls zwar nicht ausdrücklich ab, doch die neue Papstwahlverordnung von 1975 sieht eine Neuerung vor. Paul VI. überträgt die Schließung und den äußeren Schutz des Konklave einem „Triumvirat" – einem Geistlichen und zwei Laien. In den neuen Bestimmungen heißt es: „Ist die Überprüfung der Konklaveräumlichkeiten sorgfältig durchgeführt worden, muss das Konklave von innen und außen zugleich abgeriegelt werden, und zwar außen durch den Präfekten des Päpstlichen Hauses, den Sonderdelegierten der Päpstlichen Kommission für den Vatikanstaat und den Kommandanten der Päpstlichen Schweizergarde ... Die Schlüssel werden anschließend dem Sonderdelegierten der Päpstlichen Kommission für den Vatikanstaat in Verwahrung gegeben".

In der Nachkriegszeit, besonders mit dem Aufkommen einer vatikanischen Ostpolitik, werden vermehrt „Wanzen" im Apostolischen Palast entdeckt. Über die Methoden der Auffindung und die Anzahl der Abhörgeräte wird nur wenig publik. Ab den siebziger Jahren bestand vor allem für die Konklaveversammlungen auf diese Weise die Gefahr illegaler Nachrichtenbeschaffung. Techniker, die in den Diensten der Verwaltungsbehörde des Vatikanstaates stehen, gehen im August 1978 ihrem Auftrag, die Sixtinische Kapelle und die Unterkünfte der Kardinäle vor Lauschangriffen zu schützen, mit Akribie nach. Jeden Raum, jede Ecke des Konklavebereichs unterziehen sie einer Durchsuchung – und dies nicht nur einmal, sondern täglich. Nur wenige Stunden vor dem Einzug der Kardinäle in das Konklave werden sie fündig. In der Sixtina entdecken sie die befürchteten „Wanzen". Die winzigen Abhörgeräte modernster Bauart werden entfernt und sichergestellt.

Die Herkunft der gefundenen „Wanzen" will man mit Hilfe Italiens, so der damaligen Geheimdienste *SISDE* (Inland) und *SISMI* (Militär), ermitteln. „Und wenn einer von ihnen an der Aktion beteiligt ist?", fragt man sich wohl nicht ganz zu Unrecht im Vatikan. Doch dem Kirchenstaat fehlt damals noch das notwendige Know-how, um dem Ursprung der Abhörgeräte selbst auf die Spur zu kommen, und man ist auf die Amtshilfe des benachbarten „Auslands" angewiesen.

Das Konklave nach dem Tod Johannes Pauls II. im Jahre 2005 wird auf dem Gebiet der Vatikanstadt abgehalten, aber nicht mehr ausschließlich im Apostolischen Palast. Johannes Paul II. hatte Anfang 1992 entschieden, das alte Gästehaus des Vatikans abzureißen und einen modernen Nachfolgebau errichten zu lassen. Er soll erneut als Gästehaus zur Verfügung stehen, aber auch Bedienstete der Römischen Kurie als Dauermieter aufnehmen, und vor allem bei einem Konklave den wahlberechtigten Kardinälen als Unterkunft dienen.

Vom Papst war 1996 angeordnet worden, dass bei einer künftigen Papstwahl die Verantwortlichen darauf zu achten haben, dass die Geheimhaltung in den Wohnbereichen der Kardinäle und in der Sixtinischen Kapelle gesichert ist, „indem sie sich vergewissern, dass kein Aufnahme- oder audiovisuelles Sendegerät, von wem auch immer, in die genannten Räume eingeführt wird". Den Schutz des Konklaves wird die Päpstliche Schweizergarde unter Mithilfe der vatikanischen Gendarmerie – vor allem deren technischen Möglichkeiten – gewährleisten. Außerhalb des vatikanischen Hoheitsgebietes werden Sicherheitskräfte des italienischen Staates (Polizei und Karabinieri) bereitstehen.

Allgemein gibt es die Vermutung, in manchen Bereichen der für das Konklave bestimmten Räumlichkeiten seien Störsender installiert worden. Beim Bau des Gästehauses, des *Domus Sanctae Marthae,* hatte man von vornherein solche Maßnahmen eingeplant; in Rom kursierte das Gerücht, die Frequenzen, die hierzu hatten eingesetzt werden sollen, hätten ursprünglich auch solche umfasst, die einem ordnungsgemäßen Funktionieren von Herzschrittmachern abträglich gewesen wären – und vermutlich eine beträchtliche Dezimierung des Wahlkollegium zur Folge gehabt hätten.

Einige Journalisten und Fernsehteams haben die Bereiche besuchen dürfen und sich von der Absicherung des Konklave überzeugen können. Stephan Kulle, der für das

ZDF und *Phoenix* über die Papstwahl berichtet, teilt über die Besichtigung der Sixtina mit: „Ein paar Gardisten in Zivil mit Knopf im Ohr standen am Eingang der Sixtina. Jetzt durfte kein Fehler mehr gemacht werden. Ein Moment der Unachtsamkeit, und es gelang doch noch jemandem, Abhörgeräte einzuschmuggeln. Mir war klar, dass wir nun auch unter Beobachtung standen ... Ich sah mich noch einmal um, denn wir sollten schon wieder gehen. Die Kameraleute hatten bereits alle nötigen Bilder gedreht. Jetzt testet der Kameraassistent den Handyempfang. Eine gute Idee! Sein Handy zeigte: null Empfang! Also hatten die Techniker des Vatikans die Störsender tatsächlich unter dem Doppelboden eingebaut. Dieser Punkt der Geheimhaltung konnte schon mal funktionieren“.

Der erste Wahlgang des Konklave am 18. April 2005 verläuft ergebnislos; die zweite und dritte Abstimmung, die am Morgen des folgenden Tages ebenfalls. Am Nachmittag, um 17.50 Uhr, verkündet weißer Rauch – und eine viertel Stunde später das Glockengeläut der Vatikanischen Basilika – , dass sich die Kardinäle im vierten Wahlgang auf ein neues Oberhaupt der katholischen Kirche geeinigt haben. Um 18.43 Uhr gibt Kardinalprotodiakon Jorge Arturo Medina Estévez das Ergebnis der Papstwahl bekannt.

Stephan Kulle ist kurz vor der offiziellen Verkündigung des Wahlausgangs durch einen Informanten im Vatikan über den Namen des Papstes in Kenntnis gesetzt worden: „Um 18 Uhr 38 vibrierte mein Handy. Eine Kurzmitteilung: Qatzinger. Ich sah nochmal drauf. Was? Ja, da stand es. Den Absender kannte ich. Da stand ‚Qatzinger‘, mit ‚Q‘“. Kulle gibt die Information sofort an den Sender weiter, denn „ich wusste, dass ich mich auf diese Quelle verlassen konnte". Monate später fragt ihn *Die Zeit* in einem Interview „Wer ist Ihr Spion im Vatikan?" Der Journalist gibt hierauf keine Antwort. Der Vatikan leitet intern eine Untersuchung ein, über deren Verlauf und Ergebnis jedoch offiziell nichts verlautbart wird.

Im Vorfeld der Papstwahl von 2013 betont der italienische Abhörspezialist Francesco Polimeni gegenüber dem ARD-Hörfunkstudio Rom, dass der Technologiesprung seit dem vergangenen Konklave enorm sei: „In der Mikroelektronik gab es eine riesige Entwicklung. Inzwischen hat die kleinste Wanze auf dem Markt eine Größe von 0,8 Millimeter mal einem Zentimeter. Die könnte man sogar in einem Zuckerwürfel verstecken, wenn man ein Loch hinein bohrt." Ein deutsches Nachrichtenmagazin lässt den US-Amerikaner James Atkinson zu Wort kommen, dessen Firma sich auf das Auffinden elektronischer Spione spezialisiert hat. Atkinson berichtet, dass moderne Laser-Mikrofone akustische Signale aus einer Entfernung von 400 Metern registrieren können, indem sie winzige Vibrationen von Fensterglas oder anderen Oberflächen erfassen und in Sprachdateien umwandeln.

Die Techniker des vatikanischen Gendarmeriekorps stellen sich den Herausforderungen. „Wir sind überzeugt, einen illegalen Funkverkehr zu hundert Prozent verhindern zu können", versichert man selbstbewusst der Presse. Es werden unterschiedliche Abwehrmaßnahmen, zumeist aus dem Bereich des Militärs, ergriffen. Nicht alle werden bekannt, aber vor allem „GSM-Jammer" kommen zum Einsatz. Jammer sind leistungsstarke Störsender, die das *Global*

System for Mobile Communication, einen internationalen Standard für Mobilfunknetze, außer Kraft setzen. Die Wirkung dieser Geräte wird als so gravierend gesehen, dass sich der Vatikan gezwungen sieht, ihren Einsatz auch den Verantwortlichen für die Überwachung des Luftraums über Rom mitzuteilen.

Zwar darf der Vatikan nicht ohne Erlaubnis überflogen werden, aber man möchte jede Eventualität von vornherein ausschalten. Ein Rettungshubschrauber über dem päpstlichen Gästehospiz oder in der unmittelbaren Nähe der Sixtina könnte mit seiner Steuerung massive Schwierigkeiten bekommen. Die Effizienz der Störsender dürfen auch die Mitarbeiter der Römischen Kurie, die sich in der Nähe des Gästehospizes und der Sixtina aufhalten oder dort arbeiten, erfahren. Ihre Handys sind nicht zu gebrauchen. Es gibt Monsignori, die sich bei den päpstlichen Ordnungshütern über die Blockade ihrer Mobiltelefone und Internetzugänge via Satellit beklagen. „Ein geringer Preis für ein erfolgreiches Konklave", kommentieren die Gendarmen mit einem höflichen Lächeln die Beschwerden.

Kopfgeld auf einen Kardinal

Reginald Pole und die königliche Ehescheidung

Eheprobleme sind immer eine unangenehme Sache; königliche Eheprobleme ein Politikum, das nicht nur einen Kopf kosten kann, wenn es auch in der Regel nie so drastisch wurde wie bei König Heinrich VIII. von England (1509-1547). Er drängt auf die Lösung seiner Ehe mit Katharina von Aragón, um sich mit der Hofdame Anne Boleyn zu verbinden. In der Regel war eine außereheliche Liebschaft für einen König kein Problem, kein Grund, eine Ehe zu lösen, mit all den Problemen, die dies mit sich brachte. Doch Anne Boleyn will sich mit dem Status der Mätresse nicht zufrieden geben und Heinrich hofft auf den männlichen Erben, der ihm bisher verwehrt geblieben ist. So ist dem selbstherrlichen Monarchen jedes Mittel recht, um seinen Willen durchzusetzen. Er geht gegen jeden vor, der sich ihm zu widersetzen wagt.

Eines der prominentesten Opfer Heinrichs wird Reginald Pole, der als jüngster der vier Söhne von Sir Richard Pole und dessen Frau Margaret am 3. März 1500 in Strounton in der Grafschaft Staffordshire geboren wurde. In Poles Adern fließt das Blut der vornehmsten Geschlechter Englands; er ist mit den Herrscherhäusern Frankreichs und Spaniens verwandt. Über seine Mutter stammt er aus dem Haus Plantagenet, dessen bekanntestes Mitglied Richard Löwenherz gewesen ist. Der Großvater mütterlicherseits ist George Plantagenet, der erste Herzog von Clarence. Margaret Pole trägt den Titel einer *Countess of Salisbury,* ist eine der wenigen *Peeress* des Landes und eine Kusine Elisabeths von York, der Ehefrau König Heinrichs VII. Und Sir Richard Pole ist sogar ein Cousin Heinrichs VII. In Anerkennung der königlichen Abstammung Reginald Poles zahlt Heinrich VIII. dem Jungen, der schon mit fünf Jahren den Vater verloren hat, die Ausbildung an den Universitäten von Oxford und Padua. Reginald ist zum geistlichen Stand bestimmt.

Nach einem Aufenthalt in Rom kehrt Pole 1525 nach England zurück, das er 1529 – Heinrichs Eheprozess wirft seine Schatten voraus – wieder verlässt, um in Paris seine Studien fortzusetzen und auf diese Weise möglichen Gewissenskonflikten und einer Konfrontation mit dem König aus dem Weg zu gehen. 1530 wird Pole vom König zurückbefohlen. Ihm werden sowohl das Erzbistum York als auch das Bistum Winchester angeboten. Heinrich möchte unbedingt die Unterstützung des jungen Gelehrten in seiner Eheangelegenheit gewinnen. Doch obwohl Pole dem König zugetan ist und sich dessen Gunst nicht verscherzen will, ist er nicht bereit, gegen sein Gewissen zu handeln. Sowohl im persönlichen Gespräch als auch durch eine kurze schriftliche Abhandlung ermahnt Pole Heinrich, von seinem Vorhaben abzulassen. Seine Argumente machen den König fast geneigt, den Wunsch nach einer Lösung seiner Ehe fallen zu lassen. Doch sein Vertrauter und Schatzkanzlers Thomas Cromwell bestärkt ihn, die Scheidung weiterzuverfolgen. Pole erkennt, dass er gegen Cromwells Einfluss nicht ankommen kann und verlässt England erneut.

Er weilt sicher auf dem Kontinent, als Heinrich Königin Katharina verstößt, seine Tochter Maria für illegitim erklärt, die schwangere Anne Boleyn heiratet und sich selbst zum Oberhaupt der Kirche in England macht.

Im Juli 1536 bittet der Papst Reginald Pole nach Rom zu kommen. In der Ewigen Stadt erfährt er von einer Ehre, die ihm Paul III. zuteil werden lassen möchte: das Kardinalat. Der Engländer bittet darum, davon abzusehen. Pole fürchtet eine Gefahr für seine Familie, denn der Tudor-König wird dies als Provokation auffassen. Mit der Erhebung zum Kardinal würde Pole klar die Autorität des Papstes anerkennen und die Kirchenhoheit des Königs ablehnen. Doch schließlich muss Pole sich fügen. Am 22. Dezember 1536 wird er zum Kardinaldiakon von SS. Nereus und Achilleus erhoben. Und am 7. Februar 1537 erfolgt ein weiterer Karrieresprung, die Ernennung zum Legaten *a latere** für England.

Wie Pole befürchtet hat, bringt die Erhebung zum Kardinal Heinrich gegen ihn auf, zumal dieser gerade mit einem Aufstand im Norden des Landes zu kämpfen hat. Dort haben sich die Menschen erhoben, weil sie die Protestantisierung ablehnen. Nach der Niederschlagung der Rebellion geht der König gegen jeden Widersacher mit äußerster Härte vor. Damit wird für Pole eine Reise in seine Heimat zu gefährlich. Er wird daher von Rom gebeten, auf dem Kontinent für die Sache der Kirche und des Papstes zu werben. Heinrich VIII. setzt nun 100.000 Pfund Kopfgeld auf ihn aus – selbst „gekrönte Häupter fürchten, den Legaten zu empfangen, so ruchlos funktionierten des Königs

* unmittelbar Beauftragter des Papstes

Spizeleien und Drohungen" (Marc Stegherr). Überall, ob in Paris, Cambray oder Lüttich, ist Pole von Spionen umgeben und folgen ihm von Heinrich gedungene Meuchelmörder. 1539 entgeht er in Toledo (Spanien) nur deswegen knapp einem Mordanschlag, weil er seine Reiseroute ändert.

1541 erfährt er vom Märtyrertod seiner Mutter auf dem Tower Hill in London: „Was mich betrifft, so scheint die Art dieses Todes meine Ehre nur vermehrt zu haben; bin ich doch von nun an der Sohn einer Blutzeugin und dessen werde ich mich ewig rühmen; denn wahrlich, dies ist ehrenvoller als die Abstammung vom erhabensten Königsgeschlechte." Ihr entschiedener Katholizismus und ihre königliche Abstammung (damit verbunden eine Möglichkeit der Thronfolge) waren für Heinrich VIII. eine zu große Gefahr. Papst Leo XIII. wird Margaret Pole, die achte *Countess of Salisbury*, am 28. Dezember 1886 als Märtyrerin in das Verzeichniss der Seligen der katholischen Kirche aufnehmen. Ihr liturgischer Gedenktag ist der 28. Mai.

Auf dem 1545 anberaumten Konzil von Trient soll Pole im Namen des Papstes gemeinsam mit den Kardinälen Giovanni del Monte und Marcello Cervini den Vorsitz führen. Zu der Kirchenversammlung erscheint er einen Monat zu spät, da er, vom dortigen Bischof vor gedungenen Mördern gewarnt, seine Reise inkognito und auf vielen Umwegen angetreten hat. In Trient und sogar im unmittelbaren Umfeld des Konzils werden die Spione Heinrichs gesichtet.

Am 10. November 1549 stirbt Paul III. Reginald Pole, obschon Ausländer, gilt als der aussichtsreichste Kandidat für den päpstlichen Thron. Das Konklave entbehrt nicht einer gewissen Dramatik. Letztendlich fehlt dem Engländer nur eine Stimme, um der Nachfolger des heiligen Petrus zu werden.

Dem am 28. Januar 1547 verstorbenen Heinrich VIII. folgt dessen Sohn Eduard, den der König mit Jane Seymour gezeugt hatte, auf den englischen Thron. Als der erst 15-jährige Monarch 1553 im Sterben liegt, bestimmt er seine Verwandte Lady Jane Grey zu seiner Nachfolgerin. Jane Grey ist jedoch nur eine neuntägige „Herrschaft“ beschieden. Ihr Anspruch auf die Königswürde wird annulliert, sie selbst hingerichtet. Heinrich VIII. hatte im *Third Succession Act* seine Töchter Maria und Elisabeth in die Thronfolge eingereiht, und Eduard VI., noch minderjährig, war nicht zu einer Änderung berechtigt gewesen.

Nun keimt Hoffnung unter den Katholiken Englands auf. Maria, die Tochter Heinrichs VIII. mit Katharina von Aragón, wird die neue Königin. Maria ist eine überzeugte Anhängerin des katholischen Glaubens. Der Papst entsendet Reginald Pole nach England. Am 20 November 1554 setzt der Kardinal in Dover seinen Fuß auf heimatlichen Boden. Mit ihm wird die Rekatholisierung Englands erfolgreich vorangetrieben. Im März 1556 erfolgt seine Ernennung zum Erzbischof von Canterbury.

Pole, der sein ganzes Leben für Papst und Kirche eingesetzt hatte, gerät in Rom in den Strudel politischer Eifersucht und falscher Anschuldigungen der Häresie. Tief betrübt neigt sich 1558 seine irdische Existenz dem Ende zu. Am 17. November stirbt Königin Maria I. – „Er überlebte seine Jugendfreundin und Verwandte nur um wenige Stunden, demselben schleichenden Fieber erliegend wie die Königin – zu seinem Glücke vielleicht, denn Elisabeth Tudor hatte, wie ihr Vater, nichts übrig als Haß für die Poles, und eine ihrer ersten Regierungshandlungen war, den jüngsten Bruder des Kardinals, Sir Arthur Pole, gefangen zu nehmen und ihn auf Lebenszeit im Tower schmachten zu lassen" (E. von Aldersfeld-Ballestrem).

Kein Tee mit Ihrer Majestät

England und Rom im Spiel der Spione und Verschwörer

Die Piazza di Spagna und ihre unmittelbare Umgebung sind ein Touristenmagnet Roms. Aber auch die Bewohner der Ewigen Stadt flanieren gerne auf dem sonnenverwöhnten Platz und in den belebten Straßen, die von ihm wegführen. Die weltberühmte Treppe, die hinauf zur französischen Nationalkirche, der Santissima Trinità dei Monti, führt, lädt zu einem faszinierenden Ausblick auf das elegante Ambiente des Platzes und Stadtviertels ein. Die Piazza erfreute sich schon in der Vergangenheit einer besonderen Beliebtheit, sowohl bei Einheimischen, wie auch bei Fremden. Und so gut wie kein Kinofilm, der in Rom spielt, kommt ohne eine Kamerafahrt über die Piazza di Spagna aus.

Gegen Ende des 19. Jahrhunderts bot sich den Römern auf der Piazza di Spagna ein Anblick, den sie mit wohlwollendem Schmunzeln begleiteten: Englische Aristokraten gingen mit ihren Spazierstöcken über den Platz und suchten für eine Tasse *Earl Grey* und wohlschmeckende *Scones Babington's Tearooms* am Fuße der Spanischen Treppe auf. Diese typisch britische Institution lag damals in den bewährten Händen zweier junger engagierter Engländerinnen: Miss Anna Maria Babington und Miss Isabell Cargill. Mit einem Kapital von 100 Britischem Pfund hatten die beiden Ladies am 5. Dezember 1893 einen Tee-Salon in der Via Due Macelli 66 eröffnet.

Der große Erfolg, den sie mit ihrem Etablissement verbuchen konnten, ließ sie schon kurze Zeit später zur Piazza di Spagna übersiedeln. *Tea-Rooms* waren im Rom der damaligen Zeit noch etwas ganz und gar Unbekanntes, eine misstrauisch beäugte Neuheit. Für die zahlenmäßig doch recht starke englische Kolonie und die nicht wenigen Besucher aus Großbritannien in der Ewigen Stadt wurde das *Babington* jedoch schnell zu einem Stück Heimat. Unter den Gästen des erlesenen Tee-Salons waren viele Prominente, so unter anderen Oscar Wilde. So manchen geschichtskundigen englischen Gast wird auch die Abstammung von Anna Maria Babington neugierig gemacht haben.

Einer ihrer Vorfahren – Anthony Babington (1561-1586) – ging durch das „Babington-Komplott" in die Geschichte Englands ein. Der eifrige Katholik war der Anführer einer Verschwörung gewesen, die zum Ziel die Ermordung Königin Elisabeths I. hatte; das Komplott führte letztendlich zum Prozess gegen Maria Stuart, die Königin von Schottland, und deren Hinrichtung.

Verschwörungen gegen das englische Königshaus sind bedingt durch die brutale, unerbittliche Verfolgung von Katholiken, die seit der Regierung Heinrichs VIII. oft in Blutbädern ausartet. Eine kurze Entspannung bringt die Regierungszeit von Maria I. mit dem Beinamen „die Katholische". Doch nach ihrem Tod wird das Ruder des Glaubens erneut herumgerissen. Marias Halbschwester Elisabeth, eine fanatische Protestantin, besteigt den Thron. Am 25. Februar 1570 erlässt Papst Pius V. die Bulle *Regnans in Excelsis*, mit der er den Kirchenbann über Elisabeth I., die „vorgetäuschte Königin von England und Dienerin des Verbrechens“, verhängt. Der Pontifex sieht sich zum Handeln gezwungen, „da Wir sahen, dass Unverschämtheiten und Verbrechen sich gegenseitig vervielfachten“ und dies „offenkundig und berüchtigt unter allen Nationen“ wurde. „Wir erklären deshalb“, so der Papst, „kraft Unserer Apostolischen Autorität, dass die genannte Elisabeth eine Häretikerin und eine Begünstigerin von Häretikern ist. Durch ihre Taten hat sie das Urteil der Exkommunikation auf sich gezogen und ist ausgeschlossen aus der Gemeinschaft des Leibes Christi“. Pius V. erklärt, dass alle „die ihr in irgendeiner Weise Eide geschworen haben, von einem solchen Eide und jeder Pflicht“ nunmehr entbunden seien. Elisabeth I. versteht dies als Kriegserklärung. Jeder Katholik, besonders die katholischen Adligen, ist von nun an verdächtig. Die englische Regierung trifft Maßnahmen.

Ein Kupferstich aus dem Jahre 1655 von William Faithorne zeigt Königin Elisabeth I., flankiert von zwei Männern: William Cecil, dem ersten Baron Burghley, und Sir Francis Walsingham. Gemeinsam mit William Cecils Sohn Robert wird man sie in späteren Zeiten — bis in die Gegenwart hinein — als Gründer der britischen Geheimdienste ansehen. William Cecil (1521-1598) diente den Tudors, mit Ausnahme von Maria I., als Staatssekretär, Minister und Lordschatzmeister. Als fanatischer Protestant wird er zur Geißel der Katholiken, die er systematisch ausspionieren lässt. Bevor sein Stern gänzlich zu sinken beginnt, kann er seinen Sohn Robert (1563-1612), den späteren Earl of Salisbury, als Staatssekretär etablieren.

Zu Elisabeths *Spymaster* (Spionagechef) wird Sir Francis Walsingham (1532-1590). Walsingham hatte sich auf dem europäischen Festland die Kenntnisse fremder Sprachen angeeignet und weitgehende Kontakte geknüpft, die er für den Aufbau eines effizienten Spionagenetzes nutzt. Allen drei Schöpfern eines englischen Geheimdienstes war eine Praxis zu eigen, die wir heute aus James-Bond-Filmen kennen — sie gewähren ihren Agenten in gewissen Fällen die „Lizenz zum Töten".

Die päpstliche Bulle *Regnans in Excelsis* betrachten manche englische, aber auch ausländische Katholike als einen Freibrief, das Land von der letzten Tudor zu befreien. Roberto Ridolfi (1531-1612) ist der Spross einer einflussreichen Florentiner Familie und ein erfolgreicher Bankier. In London verfügt er über eine Niederlassung. Er beschreibt sich selbst als einen *nuntio segreto* Papst Pius' V. und sieht sich mit der Rolle eines „Spions Seiner Heiligkeit" beauftragt. Doch bei Worten bleibt es nicht, er agiert. Sein Beruf macht es ihm möglich, die wichtigsten Länder Europas zu bereisen, ohne als päpstlicher „Geheimagent" aufzufallen — sieht man davon ab, dass man in protestantischen Ländern jeden Katholiken als Spion seines obersten Seelenhirten ansieht.

Von Ridolfis Bemühungen um den Sturz Elisabeths spricht man selbst in katholischen Kreisen als „großspurig": Ein spanisches Heer unter der Führung des Herzogs von Alba soll eine Invasion Englands unternehmen, der Herzog von Norfolk eine inländische Rebellion anführen, Elisabeth gefangennehmen, Maria Stuart ehelichen und mit ihr gemeinsam den Thron besteigen. Alba, der Statthalter der spanischen Niederlande, steht jedoch im Krieg mit Wilhelm von

Oranien, und so sind seine menschlichen und finanziellen Ressourcen gebunden. Zudem ist der spanischen Krone ein solches Unternehmen viel zu riskant.

Die Spione Walsinghams fangen Briefe an Maria Stuart ab, die über eine Beteiligung des Herzogs von Norfolk Auskunft geben und Spaniens Wissen darum offenlegen. Anfang September 1571 wird Norfolk verhaftet und Ende des Jahres der spanische Gesandte Gueran de Espes des Landes verwiesen. Im Juni 1572 werden der Herzog und an der Verschwörung beteiligte Männer hingerichtet. Der Initiator des gescheiterten Unternehmens befindet sich jedoch auf dem europäischen Festland: Roberto Ridolfi wird hochbetagt, über 80 Jahre alt, eines natürlichen Todes sterben.

Die Absicht Sir Francis Throckmortons, Elizabeth I. im Jahre 1583 zu ermorden und Maria Stuart auf den Thron von England zu setzen, führt zum *Bond of Association*, einem Schriftsatz, der von den Geheimdienstlern William Cecil und Sir Francis Walsingham aufgesetzt ist. Die Unterzeichner verpflichten sich, jeden, der versucht den Thron an sich zu reißen oder ein Attentat auf die Königin unternimmt, seiner Hinrichtung zuzuführen. Sie geloben und versprechen, „dass wir und jeder von uns mit unseren ganzen Kräften, Leibern und Gütern und mit unseren Kindern und Dienern unserer souveränen Herrin, Königin Elisabeth, treu dienen und demütig gehorchen", ebenso ihre Feinde „mit unseren gemeinsamen und vermehrten Kräften zu Tode zu verfolgen und an ihnen äußerste Rache zu üben". Auch Maria Stuart hat ihre Unterschrift zu leisten.

Die „Babington-Verschwörung" des Jahres 1586 wird weitreichende politische Folgen haben. Sie schreibt Geschichte und besiegelt das Schicksal der schottischen Königin Maria Stuart. Die Herrscherin hatte aufgrund zahlreicher politischer und persönlicher Affären abdanken müssen und war zur ihrer Verwandten Elisabeth nach England geflohen. Der katholische Glaube Maria Stuarts und deren Weigerung, auf ihre Ansprüche auf den englischen Thron zu verzichten, bewogen Elisabeth, ihre Verwande festzusetzen, zunächst noch in einer ehrenvollen Gefangenschaft.

Doch eine Reihe von Verschwörungen und Attentatsversuche auf Elisabeth verschärfen die allgemeine Lage – und die Haft der Schottin. Die Gerüchte verdichten sich, dass Maria in die Umsturzbestrebungen verwickelt sei. Der Katholik Anthony Babington ist offiziell der Kopf einer Gruppe, die die Zukunft ihres Landes in die Hände Maria Stuarts legen möchte. Babington entstammt einer wohlhabenden adeligen Familie. Er kam 1561 als dritter Sohn von Sir Henry Babington auf die Welt. Nach Babington wird die Verschwörung ihren Namen erhalten, doch ihr wahrer Kopf dürfte der Jesuitenpater John Ballard gewesen sein. Ballard hat sich in der Ewigen Stadt im *Englischen Kolleg* und mit Papst Gregor XIII. über die Rechtmäßigkeit eines Komplottes gegen die Königin beraten. Wie das Komplott auszusehen und es von statten zu gehen hat, darüber gibt es eine geteilte Meinung. „Es gibt viele Mittel, um das Tier (*the beast*) zu entfernen, das die Welt beunruhigt“, wird später einer der Verschwörer zu Papier bringen.

Nach England zurückgekehrt, nimmt Pater Ballard verschiedene Alias-Namen an und gibt sich am königlichen Hof als Offizier aus. Er konspiriert mit Bernadino de Mendoza, dem Botschafter Spaniens, und wirbt eine Reihe von

Verschwörern an, unter ihnen auch Anthony Babington und John Savage. Savage nimmt er sogar den feierlichen Eid ab, die Königin zu töten. Zu Maria Stuart, auf Charley Manor in der Grafschaft Staffordshire festgesetzt, ist kein persönlicher Kontakt möglich. Jede Kontaktaufnahme mit ihr muss auf dem Briefweg erfolgen.

Die Korrespondenz der Schottin wird von ihrem Chiffrensekretär Gilbert Curle verschüsselt und in Bierfässern geschmuggelt. Die Schreiben befinden sich, mit einer wasserdichten Hülle versehen, in dem ausgehöhlten Spund eines Fasses. Jeder Brief, der an die Königin gerichtet ist, wird jedoch von Gilbert Gifford, einem katholischen Doppelagenten, abgefangen. Welchen Charakter Gifford besaß, offenbart ein Brief, mit dem er Sir Francis Walsingham seine Dienste anbot: „Ich habe von Ihrer Arbeit erfahren und möchte Ihnen dienen. Ich besitze keine Skrupel und habe keine Angst vor Gefahren. Was auch immer Sie befehlen, ich werde es in Angriff nehmen". Die abgefangenen Briefe werden von Thomas Phelippes entschlüsselt, kopiert, erneut versiegelt und dann an die vorhergesehenen Empfänger weitergeleitet. Phelippes war von Sir Francis Walsingham in Cambridge angeworben worden und galt als dessen führender „Codebrecher".

Am 6. Juli 1586 verfasst Anthony Babington ein ausführliches Schreiben an Königin Maria und enthüllt ihr Einzelheiten einer geplanten Verschwörung. Er erbittet von der Monarchin ihren Rat und ihre Zustimmung für *the dispatch of the usurping Competitor* — die Ermordung Elisabeths I: „Ich selbst werde mit zehn Herren und Hundert unserer Anhänger die Befreiung Eurer königlichen Person aus der

Hand Eurer Feinde übernehmen. Für die Entsendung [Ermordung] der Usurpatorin, von deren ihr zu schuldendem Gehorsam wir durch die Exkommunikation befreit sind, gibt es sechs edle Herrn, alle meine persönlichen Freunde, die im Eifer, mit dem sie sich der katholischen Sache und dem Dienst für Eure Majestät verschrieben haben, die tragische Hinrichtung übernehmen werden."

Am 17. Juli antwortet Maria Stuart auf den Brief Babingtons. Grundsätzlich stimmt sie den Plänen ihrer Befreiung zu. Sir Francis Walsingham fordert Phelippes auf, das Schreiben um einen Zusatz zu erweitern: „*I will be glad to know the names and qualities of the six gentleman, which are to accomplish the designment* – Gern würde ich Namen und Stand der sechs Gentlemen erfahren, die das *Designement* durchführen sollen." Der Brief der Königin endet mit den Worten: „*Let the great plot commence. Mary* – Schreiten Sie zur Tat. Maria."

Die Finte Walsinghams wird zwar erkannt, doch die Vorbereitungen für das Komplott gehen trotzdem weiter. Babington schreibt noch am 3. August: „Meine Souveränin, bei der Liebe Gottes, der Euch in seiner Obhut hält und bei unserem gemeinschaftlichen Heil, verzagt nicht! Es ist die Sache Gottes, der Kirche und Eurer Majestät; es ist ein ehrendes Werk vor Gott und den Menschen. Wir haben es gelobt und werden es ins Werk setzen, oder das Leben dafür lassen."

Doch die Sache der Verschwörer ist verloren. Schlag auf Schlag folgen die Verhaftungen. Zunächst wird Pater John Ballard am 4. August festgenommen, dann Babington und seine Männer. John Ballard, Anthony Babington und John

Savage werden am 20. September gehängt, ausgeweidet und gevierteilt. Elisabeth ist von dieser barbarischen Art der Hinrichtung zutiefst erschrocken und befiehlt, die noch ausstehenden Exekutierungen rascher zu vollziehen.

Maria Stuart wird zunächst nach Tixhall, dann nach Fotheringaw Castle (Northamptonshire) gebracht und im Oktober vor Gericht gestellt. Ihr wurde jeder Rechtsbeistand verweigert; sie durfte weder Beweise gegen sich prüfen, noch Zeugen aufrufen. Während des gesamten Verfahrens betont sie stets ihre Unschuld. Nach monatelangem Zögern unterzeichnet Elisabeth I. am 1. Februar 1587 das Todesurteil. Sieben Tage später wird Maria Stuart in der großen Halle von Fotheringaw Castle enthauptet. Ihre letzten Worte lauten: „*In manus Tuas, Domine, commendo spiritum meum* — In Deine Hände, o Herr, befehle ich meinen Geist".

In England ist *Remember, remember the fifth of November* zu einem geflügelten Wort geworden. Die beiden ersten Verse eines bekannten Kinderreims, die landauf und landab an dem Novembertag in den Straßen zu hören sind, rufen ein dramatisches Ereignis ins Gedächtnis:

„Remember, remember
the Fifth of November.
Gunpowder, treason and plot;
I see no reason
why gunpowder treason
Should ever be forgot."

„Erinnert euch, erinnert euch
an den fünften November.
Schießpulver, Verrat und Verschwörung;

Ich sehe keinen Grund
wieso der Schießpulver-Verrat
jemals vergessen werden sollte."

Der Tag ist untrennbar mit dem Namen Guy Fawkes verbunden. Dem katholischen Offizier Guy Fawkes wird vorgeworfen, am 5. November 1605 geplant zu haben, das englische Parlament mit Sprengstoff in die Luft zu jagen und so den protestantischen König Jakob I., dessen Familie sowie die Mitglieder des Parlaments zu töten. Jedes Jahr wird in der *Bonfire Night* der Vereitlung des Anschlages mit Fackelzügen und der Verbrennung von *Guy-Fawkes* gedacht. Kinder tragen ausgestopfte Puppen des Verschwörers mit sich, die dann, begleitet von prächtigen Feuerwerken, hoch aufgeschichteten Scheiterhaufen übergeben werden.

Doch der eigentliche Kopf der so genannten „Pulververschwörung" ist Robert Catesby. Catesby ist ein Landadeliger aus der mittelenglischen Grafschaft Warwickshire, der durch seine Mutter mit den wichtigsten katholisch-oppositionellen Familien verwandt ist: Throckmorton, Tresham und Monteagle. Der Jesuit Oswald Tesimond schrieb über ihn: „Sein Auftreten war würdevoll, doch auf eine einnehmende Art. Er wurde als einer der schneidigsten und kühnsten Reiter des Landes angesehen. Freigebig und leutselig, weshalb man ihn allseits liebte. Catesby war seiner Religion sehr ergeben, wie man es von einem Manne erwarten würde, der jeden Sonntag das Abendmahl empfängt. Sein Eifer war tatsächlich so groß, dass er nach seiner eigenen Meinung Zeit verschwendete, wenn er nicht etwas tat, um die Bekehrung des Landes voranzubringen. Auf diese Weise, teils durch Vorbild und teils durch Überzeugung, hatte er dem katholischen Glauben zahlreiche Gentlemen zurückgewonnen, die zu den wichtigsten zählten, die sich in London und den Hofkreisen bewegten".

Catesby wirbt Männer für sein Unternehmen an. Einer von ihnen ist Guy Fawkes. Geboren in York im Schoß einer protestantischen Famile, konvertierte er mit 15 Jahren zum katholischen Glauben, vielleicht animiert durch seinen katholischen Stiefvater, den seine Mutter nach dem frühen Tod des leiblichen Vaters geheiratet hatte. Fawkes geht auf das europäische Festland und kämpft in Flandern auf Seiten der Spanier. Er erweist sich als brillianter Militär, der sich den Respekt seiner Vorgesetzten erwirbt und gilt als ein ausgewiesener Sprengstoffexperte. Pater Oswald Tesimond charakterisiert ihn als „angenehm und fröhlich, Streit vermeidend und loyal gegenüber seinen Freunden".

Im März des Jahres 1604 finden sich die Hauptverschwörer in einem Londoner Gasthof ein, dem *Duke and Drake Inn*. Sie schwören einen Treueeid und vor allem absolute Geheimhaltung. Durch Zufall und ohne Kenntnis der Verschwörung feiert in einem Nebenraum Pater John Gerard SJ die heilige Messe, zu der die Verschwörer stoßen und dann die Kommunion empfangen. Die Vorbereitungen dauern bis in das kommende Jahr hinein. Zudem wird die Parlamentseröffnung immer wieder verschoben. Grund ist nicht zuletzt die in London wütende Pest. Am 25. März 1605 mieten die Verschwörer im Palace of Westminster einen unter dem *House of Lords** liegenden Lagerraum an. Der Palast war

* Oberhaus des englischen Parlaments

damals leicht zugänglich. Anwälte, Kaufleute und Gewerbetreibende besaßen dort Niederlassungen und Räumlichkeiten, in denen Lebensmittel und Brennholz gelagert waren.

Woche für Woche, Monat für Monat schaffen die Verschwörer nach und nach 36 Fässer mit weit mehr als zwei Tonnen Schwarzpulver dorthin. Guy Fawkes wird beauftragt, die Lunten zu legen und sie am 5. November zu zünden. Doch dann geschieht Unvorhergesehenes: Am 26. Oktober wird William Parker, dem 5. Baron Monteagle, einem Katholiken, ein anonymer Brief überreicht. Wer der Verfasser ist, wird bis heute diskutiert: Stammt er von seinem Schwager Tresham, einem der Mitverschwörer? Will ein anderer aus dem Kreis um Catesby das Leben des *Peer*, der über einen Sitz im *House of Lords* verfügt, retten? Oder hat ihn etwa Monteagle in Kenntnis des Komplotts sogar selbst verfasst? In dem Schreiben heißt es: „Ich rate Ihnen dringend, die Teilnahme an der Parlamentseröffnung mit einer Entschuldigung abzusagen. Die Anwesenden werden einen gewaltigen Schlag erhalten, niemand wird wissen, wer sie verletzt hat." Monteagle legt das Schreiben umgehend Lord Salisbury vor.

Zunächst geschieht nichts. Der König befindet sich in Cambridgeshire auf der Jagd. Salisbury zögert. Erst nach der Rückkehr des Königs nach London gibt er am 4. November die Order, das Parlamentsgebäude — „oben und unten" — zu durchsuchen. Eine erste Begehung findet durch Thomas Howard, den Earl of Suffolk und Lordchamberlain, sowie Lord Monteagle statt. Die beiden Lords stoßen auf den Lagerraum der Verschwörer und seinen Bewacher Guy

Fawkes, wundern sich, erkennen jedoch noch nicht die drohende Gefahr. Jakob I. bleibt besorgt und befiehlt nun eine erneute Untersuchung.

Gegen Mitternacht unternimmt ein königlicher Beamter, Sir Thomas Knyvett, eine weitere Inspektion der Räumlichkeiten. Bei ihm erregen der Lagerraum und die Person Guy Fawkes sofort Verdacht. Für Knyvett ist der Mann, auf den er trifft, nicht wie ein Wächter angezogen: er trägt einen Umhang und Stiefel mit Sporen, eine Kleidung, die für einen Pferderitt geeignet ist. Dann entdeckt man bei dem „Wächter" eine große Anzahl von Zündhölzern und Zündschnüren. Fawkes wird umgehend verhaftet, seinen Namen gibt er später im Verhör mit „John Johnson" an. Der königliche Beamte befiehlt seinen Männern, das Holz beiseite zu räumen. Nun kommen die Fässer mit dem Schwarzpulver zum Vorschein.

König Jakob I. gibt die Order, Johnson-Guy Fawkes zu foltern, um die Namen seiner Komplizen zu erfahren. Nach anfänglichem Schweigen verrät Fawkes seine Kumpane. Eine Reihe von ihnen, an ihrer Spitze Robert Catesby, flieht nach Holbeche House (Staffordshire), das einem Mitverschwörer, Stephan Littleton, gehört. Am 8. November umstellt Richard Walsh, der Sheriff von Worchester, mit seinen Soldaten das Haus. Es kommt zu einem heftigen Feuergefecht; Robert Catesby und ein Großteil seiner Männer sterben im Kugelhagel. Am 30. Januar 1606 werden weitere Verschwörer, unter ihnen der Priester John Grant, vor der St. Paul's Kathedrahle bis zum Eintreten der Bewusstlosigkeit aufgehangen, dann ihnen die Gedärme herausgerissen und die Körper gevierteilt, *„hanged, drawn and quartered"*.

Am darauffolgenden Tag soll auch Guy Fawkes exekutiert werden. Er verkürzt seine Hinrichtung, indem er unmittelbar vor dem Hochziehen am Galgen mit der Schlinge um den Hals einen Sprung unternimmt – und sich das Genick bricht.

Eine zeitgenössische Einschätzung der „Gunpowder-Verschwörung" findet sich in den Aufzeichnungen von Pater John Gerard SJ. Er beschreibt, „wie sich unsere Situation nach der Thronbesteigung des Königs keineswegs entspannte, sondern eine neue Verfolgung anhob, bitterer und kummervoller als die vorige. Die Katholikengemeinde sah voraus – und einige wussten es sicher – , dass im nächsten Parlament wiederum Gesetze gegen sie erlassen werden sollten, welche die bestehenden an Schärfe und Grausamkeit noch übertrafen. An eine Lockerung der Zügel war also nicht zu denken. Das Joch, das die Katholiken unter Elizabeths Herrschaft so lange auf müden Nacken getragen, sollte nun desto schwerer werden. Eine Reihe junger, eifriger Glaubensbrüder erkannte, dass man sie nun statt mit der Peitsche mit Skorpionen züchtigen wollte. Nach menschlichem Ermessen sahen sie keine Hoffnung mehr außer in der Selbsthilfe."

Doch „vergaßen diese Männer, so möchte ich sagen, dass friedfertige Duldsamkeit uns vorgeschrieben ist. Sie konnten es nicht länger mit ansehen, wie man geheiligte Dinge mit Füßen trat, die Gläubigen ihrer Habe beraubte und ihnen zahllose Übeltaten auflud. Täglich wurden auf die beklagenswerteste Art viele Seelen vernichtet. Daher beschloss jenes Häuflein junger Katholiken, das Volk Gottes aus seiner tiefen Bedrückung emporzuheben und in aller

Heimlichkeit die Widersacher ihrer Seelen und Leiber, die Feinde der katholischen Sache, zu bekämpfen. Ich sage ‚heimlich', da an offene Opposition oder gar an einen Aufstand der Katholiken gar nicht zu denken war. Denn man kann es nicht leugnen: die Kraft unserer Glaubensgemeinde war zersplittert, sämtliche Waffen hatte man ihr genommen. So kam es, dass die Männer, von denen ich hier spreche, jene Verschwörung anzettelten, um sich selbst und andere mit ihnen aus der furchtbaren seelischen wie körperlichen Knechtschaft zu befreien. Sie sahen keinen anderen Weg als den: mit einem einzigen Streich ihre Gegner, die zugleich die Hauptfeinde des Katholizismus waren, samt und sonders zu beseitigen."

Pater Gerard berichtet, wie von (höchst)kirchlicher Seite ein solches Blutbad nicht gutgeheißen wurde und man es unter schwierigsten Bedingungen zu verhindern suchte: „Als alles zur Durchführung des Planes fertig war, enthüllte einer von ihnen [Willam Catesby] das Vorhaben einem Pater unseres Ordens in der Beichte. Dieser schreckte vor einer solchen Verantwortung zurück und bat um die Erlaubnis, es unter dem Siegel des Beichtgeheimnisses dem Superior zu unterbreiten. Als Pater Garnet von der blutigen Verschwörung erfuhr, trug er jenem Pater auf, er müsse sein Beichtkind mit den äußersten Mitteln von dem Plan abbringen. Er selbst schrieb sofort an den Papst und bat Seine Heiligkeit inständig um einen Erlass, der den Katholiken jegliche Gewaltanwendung verbieten sollte."

Pater Garnet hatte alles unternommen, um Catesby in seinen Unternehmungen zu zügeln, da ihm jedes bewaffnete Vorgehen für die Katholiken des Landes als verhängnisvoll erschien; in Briefen nach Rom hatte er nachdrücklich um eine päpstliche Unterstützung angesucht. Er erhielt sie. Der Heilige Stuhl teilte ihm mit, dass er jedes gewalttätige Vorgehen verurteile. Garnet konnte das entsprechende Schreiben des Papstes Robert Catesby zeigen. Der Jesuit hatte alles, was — unter strikter Wahrung des Beichtgeheimnisses — möglich war, getan.

2016/17 präsentiert die *BBC* ihren Zuschauern eine dreiteilige Serie über Queen Elisabeth I. und ihre Geheimagenten (*Elizabeth I's Secret Agents*). Die Ausstrahlung erregte die Gemüter und verärgerte die englischen Katholiken. Michael Maslinski, ein Neffe Pater Gerards in der zehnten Generation, hatte sich bei dem öffentlich-rechtlichen Sender über die Darstellung seines Verwandten beschwert. Die *BBC* hatte behauptet, dass Pater Gerard nicht nur über die Verschwörung im Voraus Bescheid gewusst, sondern sie sogar unterstützt, gesegnet und eine führende Rolle in ihrer Ausarbeitung gespielt habe. Der Protest wirkte. Die *BBC* entschuldigte sich öffentlich für die falschen Behauptungen und ließ zwei Folgen der Serie grundlegend überarbeiten, um Pater Gerard zu rehabilitieren.

Der britische Schauspieler Christopher „Kit" Catesby Harington wurde vor allem durch seine Verkörperung des *Jon Snow* in der Fantasy-Serie *Game of Thrones* bekannt. In der *BBC*-Miniserie *Gunpowder* (2017) übernahm er die Rolle seines Vorfahren Robert Catesby. Der schauspielernde Adelige ist der Sohn des 15. Baronett Harington und dessen Frau Deborah Jane Catesby. Die Serie ist für *BBC*-Verhältnisse ungewöhnlich ausgewogen. Sie folgt nicht den üblichen antikatholischen Resentiments, sondern bemüht sich um eine sachliche Darstellung der Ereignisse.

„Wir haben eine Gruppe junger Männer, die verbittert und wütend sind. Und das zu Recht, weil sie ausgegrenzt und verfolgt werden, von ihrer Regierung und ihrer Gesellschaft. Und deshalb begehen sie eine gewalttätige, extreme Tat", erläutert Kit Harrington Catesby die Aussage der Verfilmung. Und Ollie Madden, ausführender Produzent der Serie, erklärt: „Man muss moralisch nicht gutheißen, was die Verschwörer getan haben. Aber zu verstehen, was sie dazu getrieben hat, was eine Minderheit dazu treibt, eine verfolgte Minderheit, eine solche Verzweiflung zu spüren, um zu terroristischer Gewalt zu greifen, damit wollten wir uns näher befassen."

Die „Pulver-Verschwörung" ist nicht vergessen, sie lebt in der Gegenwart fort. Nicht nur in Fernsehdokumentationen, Verfilmungen und Vergnügungen britischer Kinder. Die jährliche Parlamentseröffnung in London – die *State Opening of Parliament* – beginnt noch heute traditionell mit der förmlichen Inspektion der Kellergewölbe unterhalb des *House of Lords* durch die *Yeomen of Guards*, die zeremonielle Leibwache des britischen Monarchen. Die von dem Comiczeichner David Lloyd für die Graphic-Novel *V for Vendetta* (1982, verfilmt 2006) entworfene Guy-Fawkes-Maske wurde weltberühmt. Sie dient dem Internetphänomen *Anonymus* und der *Occupy-Wall-Street-Bewegung* als Erkennungszeichen.

Seelsorge im Schatten des Galgens

P. John Gerard SJ auf geheimer Mission in England

„Die Vorschriften der Oberen kommen von Gott her, von dem alle Macht ausgeht. Auf ihr Geheiß schreibe ich in einer schlichten Erzählung alles treulich nieder, was mir nach Gottes Ratschluss während der achtzehn Jahre widerfahren ist, da ich bei der englischen Mission tätig war. Doch halte man meinen Bericht nicht für bemerkenswert und außergewöhnlich."

Der Verfasser dieser Zeilen, Pater John Gerard SJ, irrt; seine Aufzeichnungen sind bemerkenswert und außergewöhnlich. Noch bemerkenswerter und außergewöhnlicher allerdings ist, dass er die geschilderten Ereignisse überlebte und überhaupt darüber berichten konnte. Den meisten seiner Mitbrüder war dies nicht beschieden.

John Gerard wird am 4. Oktober 1564 als zweiter Sohn von Sir Thomas Gerard of Bryn in Ashton-in-Markfield (Lancashire) geboren. Als Zwölfjähriger wird er nach Oxford ins renommierte Exeter College geschickt. Doch sein dortiger Aufenthalt wird nicht einmal ein Jahr dauern – „um die Osterzeit wollte man uns nämlich zum Kirchgang und Empfang des protestantischen Abendmahls zwingen".

Gerard wird zu Hause unterrichtet. Längere Aufenthalte in Frankreich folgen – in Clèremont, Paris und Rouen. 1584 wird er seines katholischen Glaubens wegen für einige

Monate inhaftiert. Ende Mai 1586 verlässt er England und begibt sich über Paris nach Rom, wo er Anfang August im *Englischen Kolleg* Aufnahme findet. Zwei Jahre später erteilt man ihm die Priesterweihe. Am 15. August 1588 tritt er in die *Gesellschaft Jesu* ein. Dann bereitet er sich darauf vor, in geheimer Mission in seine Heimat zurückzukehren. Ein äußerst gefährliches Unterfangen. Jeder Jesuit wird in England als Spion und Verräter betrachtet; wird er gefangen, ist ihm eine grausige Hinrichtung gewiss. Manche von ihnen werden schon gleich nach der Landung in der Heimat aufgegriffen, weil man sie erwartet hat – vorab informiert durch Spione und Informanten der Regierung, die ihren Weg in die Priesterseminare auf dem Kontinent gefunden haben.

Mit drei weiteren Geistlichen landet er unter abenteuerlichen Umständen im November 1588 an der Küste Englands. Zu der Schiffsfahrt und ihrer „Ladung" merkt er an: „Es war eine Gott wohlgefällige Fracht, wenn ich mich selbst ausnehme. Denn meine Unwürdigkeit beraubte mich der Märtyrerkrone. Den drei anderen wurde sie zuteil". Zweien der Priester wird kein langer Aufenthalt auf der Insel beschieden sein. Sie kommen schon bald ins Gefängnis und werden brutal gefoltert und hingerichtet. Der dritte „arbeitete noch achtzehn Jahre im Weinberg des Herrn, bis auch er dieses Feld mit seinem Blut tränkte".

Zu den Aufgaben Pater Gerards und seiner Mitbrüder gehört es, für die der Kirche treu gebliebenen Engländer das Messopfer zu feiern. Gottesdienste können jedoch nur im Geheimen stattfinden. Für den Fall, dass sich ein Geistlicher bei einer Hausdurchsuchung schnell verstecken musste, gab es in herrschaftlichen Häusern so genannte Priesterlöcher (*priest holes*). Die Priesterlöcher waren von hölzernen Vertäfelungen an den Wänden verdeckt oder befanden sich in Kaminen, manchmal sogar in Aborten. Sie waren so angebracht und eingerichtet, dass sie vor den Augen Uneingeweihter verborgen blieben. Der Priester konnte sich auf diese Weise innerhalb des Hauses verstecken, wenn eine Flucht unmöglich war, und das notfalls auch für viele Tage. Diese Verstecke lassen sich zurückführen auf einen Maurer und Laienbruder der Jesuiten, den 1970 als Märtyrer heilig gesprochenen Nicholas Owen, der viele dieser Orte geplant und ausgeführt haben soll.

„Es war gegen fünf Uhr am Morgen. Pater Southwell begann soeben die Messe, ich war beim Betrachten*, die übrigen beteten. Da erhob sich ein Getümmel vor dem Haupttor. Gleich darauf vernahm ich, wie jemand laut wetternd einen Diener anfuhr, der die Eindringlinge abwehrte. Es waren tatsächlich Priesterverfolger, sogenannte ‚Perservanten'. Vier an der Zahl, mit gezogenen Schwertern, wollten sie sich Einlass erzwingen. Der treue Diener hielt sie auf, sonst hätte man uns allesamt geschnappt.

Auch Pater Southwell hörte den Lärm. Er erriet, was im Gange war, schlüpfte aus dem Messgewand und räumte den Altar ab. Währenddem packten wir rasch unsere persönliche Habe zusammen: nichts blieb zurück, was die Anwesenheit eines Geistlichen verraten hätte. Sogar unsere Stiefel und Schwerter ließen wir verschwinden – es hätte Verdacht erregt, wenn keine Eigentümer zu finden gewesen

* Gebetsübung

wären. Ein weiteres Problem stellten unsere Betten dar. Sie waren noch warm und in der üblichen Weise flüchtig zugedeckt, aber noch nicht für den Tag frisch aufgeschichtet. Einige von uns machten sich jetzt gleich ans Wenden der Unterlagen, mit der kalten Seite nach oben, um den zu täuschen, der sie etwa mit der Hand befühlen sollte.

Die Rohlinge draußen wüteten und tobten, doch die Diener hielten die Türe fest zu. Die Hausherrin, eine Witwe, sei noch nicht aufgestanden, sagten sie, werde aber gleich herunterkommen und Rede stehen. Dadurch gewannen wir Zeit und konnten uns selbst samt unserer Habe in einem äußerst geschickt angelegten, höhlenartigen Unterschlupf verstauen. Schließlich wurden die Panther hereingelassen. Wie Verrückte rannten sie durch das Haus, durchsuchten alles, leuchteten mit Kerzen in die finstersten Ecken. Vier Stunden brachten sie damit zu, gerieten aber glücklicherweise an nichts Auffälliges. Sie bewiesen nur, wie hündisch und gehässig sie sein konnten, wie langmütig dagegen Katholiken. Dann machten sie sich davon, aber erst, nachdem man sie für ihre ‚Mühe' entlohnt hatte."

Es war üblich, dass die Perservanten, die in die Häuser der Katholiken eindrangen, den Lohn für ihre „Untersuchungen" von ihren Opfern einforderten und nicht von ihren Auftraggebern. Hatten die Perservanten einmal Zutritt zu einem verdächtigen Haus erhalten, achteten sie auf nur jede mögliche Spur der Anwesenheit katholischer Geistlicher und der Abhaltung der heiligen Messe. „Die Eindringlinge spürten noch den Geruch der rasch ausgedrückten Kerzen; sicheres Zeichen, dass sie einem Priester auf die Spur gekommen waren", berichtet John Gerard von einem

Zwischenfall in London, der trotz dieses untrüglichen Indizes glimpflich verlief. „So durchsuchten sie alles mit größter Sorgfalt, fanden aber nicht eines der drei Geheimkabinette im Haus."

Eine weitere Aufgabe John Gerards ist es, junge Katholiken in Priesterseminare auf dem Kontinent zu schicken: „Einige sind jetzt bei der englischen Mission tätig, während andere in den Seminarien bleiben und dort den Nachwuchs für unsere schwere Arbeit heranbilden." Doch auch diese Unternehmungen sind mit Gefahren verbunden. Es ist den Katholiken verboten, England zu verlassen, um auf dem Kontinent ihrer geistlichen Berufung zu folgen.

„Einmal schickte ich zwei junge Männer mit Empfehlungsschreiben nach Saint-Omer. Ich hatte die Briefe, für Uneingeweihte nicht lesbar, mit Zitronensaft geschrieben und das Papier zum Schein um einen Halskragen gewickelt, wie man es eben macht, damit der Kragen nicht schmutzig wird." Die jungen Männer hatten die Weisung, nach Ostende überzusetzen. Dies war jedoch nicht die übliche Route – sie verlief ansonsten via Gravesend-Dünkirchen. Beide werden aufgegriffen.

„Beim Verhör", so berichtet Gerard, „gestanden sie, ich hätte ihnen die Briefe mitgegeben; drüben in Frankreich sollten sie auf dem Weg nach Saint-Omer ein bestimmtes Jesuitenkolleg aufsuchen und den Patres sagen, man müsse das Papier anfeuchten, dann würden meine Mitteilungen sichtbar. Nun las sie also nicht ein Freund, sondern ein Widersacher unseres Ordens."

Man bringt Gerard vor William Wade, den Staatssekretär des Geheimen Kronrates. Der hält ihm das weiße Blatt hin, das man den beiden Männern abgenommen hat. Er fragt den Jesuiten, ob er es wiedererkenne, was dieser verneint: „Das war nicht gelogen, denn bis dahin ahnte ich noch nichts von ihrer Festnahme. Wade legte das Stück Papier in einen Behälter mit Wasser, worauf das Geschriebene mit meinem vollen Namen zum Vorschein trat". Dann droht ihm William Wade: „Tatsache ist jedenfalls, dass Ihr viel zu große Bewegungsfreiheit genießt. Das wird bald anders werden".

Im April des Jahres 1597 wird Pater John Gerard in den Tower von London verbracht. Die erste Nacht verbringt er in einem geschichtsträchtigen und ihn sehr berührenden Raum: „Ich untersuchte mein Zelle und entdeckte beim dämmrigen Licht den in die Wand gemeißelten Namen des seligen Paters Henry Walpole*. Dicht daneben sein Betplatz: eine kleine, jetzt zugemauerte Nische, die wohl früher ein schmales Fenster enthielt. Mit Kreide hatte er zu beiden Seiten die Ordnungen der Engel aufgeschrieben. Ganz oben, über den Cherubim und Seraphim, stand der Name der Muttergottes, darüber der Name Jesu und über diesem der Name Gottes in lateinischen, griechischen und hebräischen Buchstaben. Es gab mir viel Trost, mich an so geheiligter Stätte wiederzufinden, wo man diesen bedeutenden Märtyrer mehrmals gefoltert hatte — dem Vernehmen nach vierzehnmal; denn weil die Häufigkeit der Prozedur geheim bleiben sollte, war es hier geschehen und nicht wie sonst in der offiziellen Folterkammer. Dass er so oft gemartert worden ist, erscheint mir durchaus glaubwürdig, da er

* Henry Walpole (1558-1595), Jesuit und Märtyrer, 1970 heilig gesprochen

zuletzt den Gebrauch seiner Finger ganz und gar einbüßte."

Doch schon am nächsten Tag wird er in die Zelle im Stockwerk darüber verlegt. Am dritten Tag, unmittelbar nach dem Mittagsmahl, teilt ihm sein Wächter mit, der Kronanwalt sei mit einer Abordnung gekommen, er müsse nun vor den Lords erscheinen: Richard Berkeley, dem *Queen's Lieutenant* des Towers; Kronanwalt Edward Coke, Thomas Fleming, dem späteren Generalstaatsanwalt und Obersten Richter beim Königlichen Oberhofgericht; Francis Bacon (!)*; William Wade, Staatssekretär des Geheimen Kronrats. Zunächst wird er nicht nach einzelnen Katholiken gefragt, sondern zu politischen Themen. Er antwortet, dass es den Mitgliedern des Jesuitenordens verboten sei, sich mit Angelegenheiten des Staates zu befassen und dass er mit solchen Dingen nie zu tun gehabt hätte. Dies habe man doch wohl in den drei Jahren seiner Gefangenschaft erkennen müssen. Nun aber wird er dennoch zu Namen und Aufenthalten von Katholiken befragt. Den Lords entgegnet er: „Wenn ich es wüsste, würde ich's Euch nicht sagen."

Damit scheint sein weiteres Schicksal entschieden. Ihm droht die Folter: „Dann werden wir Euch auf andere Weise zum Reden bringen, noch ehe wir diesen Ort verlassen". Sie reichen ihm die schon zuvor ausgefertigte Vollmacht zu seiner Folterung, die er durchlesen und unterschreiben muss. Im Tower wurde hierfür ein besonderes Schriftstück verlangt. Gerard setzt seinen Namenszug unter die Urkunde und erklärt: „Mit Gottes Hilfe werde ich nie ein Unrecht begehen und niemals gegen mein Gewissen oder den ka-

* Francis Bacon (1561-1626), Philosoph, Jurist und Staatsmann

tholischen Glauben handeln. Ihr habt mich in Eurer Macht. Ihr könnt mit mir tun, was Gott zulässt – mehr aber nicht".

Gerard wird aufgefordert, er solle sie nicht zu Maßnahmen zwingen, „die ihnen selber ekelhaft seien". Denn sonst müssten sie ihn, so lange er am Leben bliebe, Tag für Tag foltern lassen, bis er die verlangten Aussagen gegeben hätte. Der Geistliche aber bleibt standhaft. „In einer feierlichen Prozession, voran die Dienerschaft mit brennenden Kerzen, begaben wir uns nach der Folterkammer. Der weitläufige Raum lag unter der Erde und war dunkel, vor allem in der Nähe des Eingangs. Er enthielt jegliche Marterinstrumente und Vorrichtungen zum Quälen menschlicher Wesen. Einige zeigte man mir mit dem Bemerken, ich werde sie sämtlich ausprobieren müssen." Der Jesuit wird nochmals gefragt, ob er gestehen wolle. Er verneint.

Nachdem er sich zu einem kurzen Gebet niedergekniet hatte, „führte man mich zu einem der hölzernen Pfosten, welche die Decke jenes riesigen unterirdischen Raumes trugen. Er war oben mit Eisenkrampen zur Befestigung von schweren Lasten versehen. Ich bekam eiserne Stulpen um die Handgelenke, musste zwei bis drei Sprossen aus Weidengeflecht erklimmen und die Arme hochheben. Jemand steckte einen dicken Eisenstab durch die Ringe an meine Stulpen sowie dazwischen durch die oberste Krampe und befestigte ihn mit einem Bolzen, damit er nicht abrutschen konnte. Dann wurden mir die Weidenruten eine nach der anderen unter den Füßen weggezogen. Ich hing nun an Händen und Armen, berührte aber mit den Zehenspitzen noch den Grund. Die Folterknechte mussten also die Erde unter mir fortschaufeln, denn sie hatten mich bereits an der höchsten aller vorhandenen Klammern aufgehängt."

Die Folter ist unmenschlich und die Schmerzen sind kaum zu ertragen: „Am meisten zog es in der Brust und im Unterleib, außer natürlich an Händen und Armen, wohin alles Blut in meinem Körper hochzuquellen schien; ich dachte, es müsse wohl an den Fingerspitzen aus den Poren dringen. Dieses Gefühl wurde aber nur dadurch verursacht, dass mir die Hände über den eisernen Stulpen so stark anschwollen. Zu dem fast unerträglichen physischen Schmerz kam erschwerend der innere Zweifel. Dennoch trieb es mich nicht, den Männern dort unten die verlangte Auskunft zu erteilen. Mit gnädigen Augen sah der Herr auf meine Schwäche und ließ nicht zu, dass ich über meine Kraft hinaus in Versuchung käme, sondern sandte mir gleichzeitig Trost."

Seine Qualen, sowohl die des Körpers als auch die der Seele, zielen auf einen Gedanken: „Das Äußerste und Schlimmste, was sie dir zufügen können ist der Tod; und wie oft hast du dir gewünscht, du könntest dein Leben für Gott Deinen Herrn hingeben! Gott der Herr sieht, was du erduldest – und Ihm ist kein Ding unmöglich. Du bist in Gottes Hut. Zugleich mit solchen Erwägungen schenkte mir Gott die Gnade des Verzichtens. In dem Wunsche zu sterben (auf dessen Erfüllung ich zugegebenermaßen hoffte) befahl ich mich Seinem Willen. Von diesem Moment an war der Konflikt in meiner Seele ausgelöscht, und selbst die physische Pein schien erträglicher als zuvor, obwohl ich sicher bin, dass sie sich mit meiner zunehmenden Anspannung tatsächlich verstärkte."

Für den 4. Oktober 1597 plant Gerard für sich und einen

Mitgefangenen die Flucht. Der Ordensmann weiß, wie dicht einer der Gefängnistürme am äußeren Festungsgraben steht und überlegt, es müsse doch möglich sein, sich mit einem Strick vom Turmdach auf die Mauer jenseits des Walls hinunterzulassen. Er beschließt, möglichst wenige Leute einzuweihen, denn wenn die Sache herauskäme, wäre alles verloren. Seine Wärter kann er mit Geldstücken bestechen. Es gelingt ihm, Kassiber mit genauen Anweisungen an seine Freunde zu übermitteln. Er bittet sie, an einen abgelegenen Teil des Festungsgrabens zu kommen, gegenüber einem von ihm bezeichneten niedrigen Turm: „Einen Strick sollten sie mitbringen und diesen an einer langen Stange befestigen. Wir würden sie auf dem Turmdach erwarten und eine Eisenkugel an stabilem Bindfaden hinabwerfen. Sobald sie diese in der Dunkelheit auf dem Boden aufprallen hörten, müssten sie unsere Kordel suchen und mit dem losen Ende ihres Seils zusammenknüpfen; dann würden wir es an unserer Schnur hochziehen. Ich bat sie auch, ein Stück weißes Papier oder ein Taschentuch vorn an ihren Jacken zu befestigen, damit wir ihrer Identität sicher wären, ehe wir die Schnur auswarfen. Ferner möchten sie ein Ruderboot mitbringen, weil wir uns ja nachher sehr rasch davonmachen müssten."

Gegen Mitternacht taucht das Boot mit den Freunden auf. Doch widrige Umstände machen den Fluchtversuch unmöglich. Erst Tage später kann er unternommen werden. Gerard wirft die Eisenkugel mit der Schnur hinunter. Die Helfer knüpfen die Schnur mit einem Strick zusammen. Das Hinaufziehen des Seils erweist sich als äußerst mühsam. Zunächst schwingt sich der Mitgefangene nach unten.

Dann ergreift der Jesuit das Seil, um sich hinunterzulassen: „Ein paar wenige Ellen hatte ich so zurückgelegt, als plötzlich mein Körper um seine Achse schwang und ich fast abgestürzt wäre. Ich war noch sehr schwach, kam daher in diese Hängelage an dem schlaffen Seil nur unter großen Anstrengungen weiter. In der Mitte blieb ich vollends stecken. Meine Kraft versagte, der schon beim Start zu kurze Atem schien gänzlich aufgebraucht. Unter dem Beistand der Heiligen und wohl auch von der Macht der Gebete meiner Freunde gezogen, legte ich noch eine kleine Strecke zurück, um dann abermals steckenzubleiben. Aber ich war fest entschlossen, nicht in den Graben zu fallen. Ich sammelte also meine Kräfte, nahm beide Arme und Beine zu Hilfe und drang bis zur jenseitigen Grabenmauer vor. Doch nur mit den Fußspitzen berührte ich die Mauerkrone, während der übrige Körper noch fast horizontal an dem immer mehr nachgebenden Seil pendelte, der Kopf nicht höher als die Beine."

Dann packen ihn die Freunde an den Füßen und ziehen ihn hinüber. John Gerard kann vor Schwäche nicht mehr aufrecht stehen. Man muss ihm ein stärkendes Getränk einflößen. Erst jetzt ist es ihm möglich — von hilfreichen Händen unterstützt — sich zu dem Ruderboot zu schleppen. „Vor dem Einsteigen schnitten sie ein Stück vom Seil ab und ließen das übrige baumeln. Wir hatten es ursprünglich ganz wegziehen wollen und deshalb droben auf dem Dach nur um eine große Kanone geschlungen, ohne festen Knoten. Jetzt bekamen wir es aber nicht los — zu unserem Glück, denn es wäre wohl sicher mit lautem Klatschen in den Graben gefallen und hätte uns verraten."

Die folgenden Jahre ist Gerard unentwegt auf der Flucht und stets in Gefahr, erneut verhaftet zu werden. Nach der „Pulververschwörung" des Jahres 1605 wird er fälschlicherweise der Mittäterschaft beschuldigt. Robert Cecil, der Sohn des legendären Sir William Cecil, hat nach dem Tod seines Vaters und dem Ableben des *Spymasters* Sir Francis Walsingham, das Aufspüren und Verfolgen der *Papisten* mit Akribie aufgenommen. Er hält P. John Gerard für den gefährlichsten Mann im Königreich. Nach heutigen Verhältnissen stände er an der Spitze der *Most wanted fugitives*, der meist gesuchten Schwerverbrecher. Und so sieht Robert Cecil die Ergreifung des Jesuiten als unabdingbar und vornehmlichstes Anliegen der Regierung Seiner Majestät. Doch er scheint mit dem Ordensmann seinen Meister gefunden zu haben: „Sobald uns die Nachricht erreichte, man habe eine Verschwörung aufgedeckt, einige von unseren Freunden seien bereits hingerichtet und andere im Kerker, da wussten wir, dass nun Schlimmes bevorstand. Wir hatten uns jedoch gut gewappnet. Obwohl die Hausdurchsuchung viele Tage dauerte, fand man nichts, bis meine Gastgeberin dem Anführer der Rotte freiwillig ein Versteck zeigte, das nur ein paar Bücher enthielt. Sie hoffte dabei, er würde die Razzia abblasen, wenn er dort keinen Priester aufstöberte. Aber die Häscher blieben im Haus bis zum neunten Tag. Ich saß unterdessen in meinem Winkel, der freilich kaum Platz zum Aufstehen bot. Hungern musste ich dort nicht, denn man brachte mir insgeheim jeden Abend etwas zum Essen. Nach vier oder fünf Tagen, als die Emsigkeit unserer Verfolger schon ein wenig abflaute, holten meine Freunde mich nachts zu kurzem Aufwärmen heraus. Es war Winter, dicht vor der Adventszeit. Am Abend des neunten Tages zogen die Männer ab. Sie hielten meine Anwesenheit jetzt für völlig ausgeschlossen."

Eine sinnvolle Seelsorge ist für Pater Gerard nicht mehr möglich — und birgt für die Gläubigen eine viel zu große Gefahr. 1606 muss er letztendlich bekennen: „In der Einsicht, dass man als Priester jetzt stillgelegt war und keinerlei Arbeit mehr verrichten konnte, entschloss ich mich zur Wahrnehmung der erstbesten Möglichkeit, über den Kanal zu gelangen".

Auch die letzten Minuten auf englischem Boden werden noch von einer gewissen Dramatik bestimmt: „Bei der Ankunft am Hafen, wo ich mich laut Abmachung mit gewissen hohen Beamten zur Ausreise einschiffen sollte, bekamen die Herren Furcht; sie sagten, sie können ihr Versprechen nicht halten. Dann aber änderten sie plötzlich ihren Sinn. Der Botschafter kam persönlich und half mir beim Anziehen der Livree, so dass ich als einer aus seinem Gefolge passieren und aus England fliehen konnte". Pater Gerard befindet sich bei der Überfahrt nach Frankreich im Gefolge des spanischen Botschafters, des Marquis von St. Germain, und des niederländischen Botschafters Baron Hobach.

1607 wird John Gerard zum englischsprachigen Pönitentiar* an St. Peter in Rom berufen. Unermüdlich wirkt er ab 1609 in Belgien am Aufbau und der Leitung von Häusern und Schulen zur Ausbildung englischer Jesuiten. In seinen letzten zehn Lebensjahren — von 1627 bis 1637 —

* Beichtvater

nimmt er das Amt eines Beichtvaters am *Englischen Kolleg** in der Ewigen Stadt wahr. Dort stirbt er im Alter von 73 Jahren am 27. Juli 1637.

Kanonikus Augustus Jessop, ein bekannter anglikanischer Geistlicher, Journalist und Schriftsteller, schrieb gegen Ende des 19. Jahrhunderts über das Charisma des Jesuitenpaters mit kaum verhohlener Bewunderung: „Landadelige treffen ihn auf der Straße und laden ihn sofort in ihre Häuser ein; hochwohlgeborene Damen stellen sich vorbehaltlos unter seine Führung in weltlichen und geistlichen Angelegenheiten. Gelehrte und Höflinge gehen ernsthafte Risiken ein, um mit ihm ins Gespräch zu kommen. Die Zahl seiner Konvertiten in allen sozialen Schichten ist Legion. Gefängniswärter und Aufseher gehorchen ihm. Und in einem gesellschaftlichen Verhalten, in dem Verrat und Vergeltung das Tagesgeschäft sind, findet er Helfer und Agenten, die bereit sind, für ihn zu leben und zu sterben."

* Priesterseminar in Rom für Kandidaten aus England und Wales; 1579 von Kardinal William Allen gegründet. Ziel war die Rekatholisierung Englands.

Die graue Eminenz

Wie zwei Geistliche einen Geheimdienst schaffen

Er gehört zu den wohl bekanntesten Romanen der Weltliteratur, die Geschichte von den drei Musketieren und ihrem Gefährten D'Artagnan, die ausziehen, um die 12 Juwelen zurückzuholen, die Anna von Österreich, Königin von Frankreich, ihrem Geliebten, dem Herzog von Buckingham schenkte. Es geht dabei um Leben und Ehre der Königin, denn der Erste Minister des Königs, Kardinal Richelieu, hat durch seine Spione bei Hof von dem Geschenk erfahren und daraufhin einen Ball arrangiert, bei dem die Königin auf Wunsch des Königs die Juwelen tragen soll, um Anna ins Verderben zu stürzen. Um die Intrige des Kardinals zu durchkreuzen, reisen die Musketiere nach England und lassen sich die Juwelen aushändigen. Die Ehre der Königin scheint gerettet. Doch der Kardinal hat vorgesorgt. Seine Agentin, Lady de Winter, hat Buckingham zwei der Diamanten gestohlen. Im Roman gelingt es, die kostbaren Steine zu ersetzen und Richelieu ein Schnippchen zu schlagen.

Lady de Winter hat eine Vorlage in der Realität: die Herzogin von Chevreuse spionierte als Geliebte von Lord Holland und enge Vertraute des Herzogs von Buckingham, der leitender Minister in England war, erfolgreich die englische Regierung aus — im Auftrag von Kardinal Richelieu.

Doch Frankreichs wohl berühmtester Purpurträger, Kardinal Armand-Jean du Plessis Duc de Richelieu (1585-1642) beschränkte sich nicht auf den Einsatz von Spionen. Um systematisch Informationen aller Art zu sammeln, gründete er in Paris eine ganz besondere, neuartige Spionageeinrichtung, nämlich das so genannte *Cabinet Noir*, das „Schwarze Kabinett". Offiziell trug es die Bezeichnung *Cabinet du Secret des Postes*. Der Kirchenfürst und Erste Minister des Königs hatte die Order erlassen, dass der gesamte Briefverkehr des Landes über ein zentrales Postamt in der Hauptstadt des Landes abzuwickeln sei. Dort richtete er ein Büro ein, das unter größter Geheimhaltung agierte. Alle verdächtigen Briefsendungen wurden geöffnet, Abschriften angefertigt und dann wieder sorgsam verschlossen. Siegel wurden mit einem erhitzten Draht abgelöst und später mit großem Geschick und völlig unauffällig wieder aufgesetzt. Von dieser Art der Schnüffelei war niemand ausgenommen. Auch (und gerade) die Post ausländischer Diplomaten wurde dieser Behandlung unterzogen. Selbst vor dem Öffnen päpstlicher Schreiben scheute das *Schwarze Kabinett* Richelieus nicht zurück. Trotz seines Kardinalshutes, der ihn eigentlich zu besonderer Treue gegenüber dem Papst verpflichtete, fühlte er sich zuallerst und einzig der Größe Frankreichs und der französischen Monarchie verpflichtet.

Für den Aufbau eines Netzes von Informanten und Spionen, eines regelrechten Geheimdienstes, der Kardinal Richelieu zur Verfügung stand, sorgte ein Kapuzinermönch. Père Joseph, mit bürgerlichem Namen Fraçois Leclerc du Tremblay (1577-1638), erklomm zunächst die Karriereleiter in seiner Ordensgemeinschaft, bis der geschätzte Beichtvater und Prediger fast zufällig in die Politik hineinstolperte. Als er 1615 in seiner Eigenschaft als Provinzial im Touraine unterwegs war, fand er sich in Loudun unversehens inmitten einer Rebellion des Adels und der Hugenotten wieder, wie sie damals in Frankreich häufig vorkamen. Dank seines hohen Ansehens als Kapuziner, seiner Wortgewandtheit und seines sicheren Auftretens gelang es ihm, 1616 den Frieden zu Loudun zu vermitteln. Durch diesen Erfolg wurde er zu einem engen Vertrauten der Königin-Mutter Maria de Medici.

Sein entschiedenster Gegner auf Seiten der Hugenotten, der Herzog von Bouillon, Henri de La Tour d'Auvergne, gab über Père Joseph die Einschätzung ab: „Dieser Mann dringt in meine geheimsten Gedanken ein; er weiß Dinge, die ich nur einigen Leuten von erprobter Verschwiegenheit mitgeteilt habe und er geht nach Tours und kommt von dort zurück, zu Fuß, in Regen, in Schnee und Eis, in fürchterlichstem Wetter, ohne dass irgend jemand imstande ist, ihn zu beobachten. Ich will schwören, der Teufel sitzt diesem Pater im Leib." Es ist nicht der Teufel. Der Kapuziner hat vielmehr seine Informanten auch in den Reihen der Hugenotten.

Père Joseph verfolgte in den ersten Jahrzehnten des 17. Jahrhunderts mit großem Engagement ein Anliegen, das ihm besonders wichtig war: die Absicht, die Fürsten und Könige der Christenheit zu einen Kreuzzug gegen die Türken zu bewegen, um die Befreiung Konstantinopels und des Heiligen Landes zu erreichen. Auf diesen Gedanken hatte ihn die Begegnung mit dem Herzog von Nevers in

Loudun gebracht. Die Großmutter des Herzogs entstammte der Kaiserdynastie der Palaiologos, was ihn selbst zum letzten Nachkommen dieser Familie machte, die einst das Byzantinische Reich regierte. Aus Griechenland war daher eine Delegation an ihn herangetreten mit der Bitte, einen Aufstand der Griechen gegen die türkischen Eroberer anzuführen. Schon Ordensgründer Franz von Assisi war die Rückgewinnung des Heiligen Landes und die Mission unter den Moslems ein Herzensanliegen gewesen. So war Père Joseph von dem Gedanken schnell entzündet, zunächst Konstantinopel und Griechenland und sodann das Heilige Land für die Christenheit zurückzuerobern. Doch dies konnte nicht ohne militärische Unterstützung aus ganz Europa geschehen — und auch nicht ohne den Papst.

So reiste Père Joseph in die Ewige Stadt, wo er zur päpstlichen Kurie enge Kontakte knüpfte und eine intensive Korrespondenz mit Apostolischen Nuntien, Legaten und Kardinälen pflegte. Zwei Jahre später begab er sich in dieser Angelegenheit auch nach Madrid und nahm dort Beziehungen zu hohen Würdenträgern auf. Seine Bemühungen um eine Allianz gegen die Osmanen scheiterten allerdings. Die Spanier waren einem Kreuzzug grundsätzlich nicht abgeneigt, doch begriffen sie rasch, dass der Kapuziner Frankreich dabei eine Führungsrolle zugedacht hatte und Frankreich auch den meisten politischen Nutzen daraus ziehen sollte. Unter diesen Umständen winkten die Spanier höflich ab.

Dennoch ließ Père Joseph seinen Traum nicht fallen. Im Gegenteil. Sein Traum vom Kreuzzug war seine Hauptmotivation, sich mit Kardinal Richelieu zu verbinden. Der

Kapuziner hatte diesen schon vor dessen Karriere als Staatsmann kennen gelernt, als Richelieu noch Bischof war. Damals schon hatte Père Joseph das politische Talent, die ungewöhnliche Willenskraft und die außergewöhnlichen Fähigkeiten seines späteren Vorgesetzten erkannt und ihn der Königin-Mutter empfohlen. Denn ein vereinigtes Frankreich mit einem mächtigen König an der Spitze sah der Kapuziner als Vorbedingung für einen Kreuzzug. Dieses Ziel aber, so erkannte Père Joseph klar, konnte nur ein Mann wie Richelieu erreichen. Nur dieser würde in der Lage sein, den aufsässigen und stets zu Rebellionen aufgelegten französischen Adel sowie die protestantischen Hugenotten, die gewissermaßen einen Staat im Staate bildeten, dem Königtum zu unterwerfen. Daher trat Joseph in Richelieus Dienste, als dieser Erster Minister König Ludwigs XIII. wurde, und übernahm die Aufgaben eines inoffiziellen Außenministers und Spionagechefs. Letzteres kam der privaten Passion des Kapuziners entgegen. Schon lange hatte er ein privates Netz von Informanten aufgebaut, um seine Wissbegier zu befriedigen. Dieses Netz stellte er nun Richelieu zur Verfügung.

Richelieu wusste um Père Josephs Traum, war selbst jedoch mit mehr Realitätssinn gesegnet. Er machte dem Kapuziner klar, dass ein Kreuzzug erst möglich sein würde, wenn nach einer Einigung Frankreichs die spanischen und österreichischen Habsburger ausgeschaltet waren. So sah Père Joseph die Sache Gottes als die Sache Frankreichs, half bei der Eroberung von La Rochelle, der protestantischen Hochburg, trieb einen Keil zwischen den Habsburger Kaiser und die deutschen Fürsten und tat alles, den Dreißigjährigen Krieg in Deutschland, der 1618 mit dem Prager Fenstersturz begonnen hatte, in die Länge zu ziehen.

Der Kapuziner wirkte als Beichtvater, Ratgeber und enger Mitarbeiter Richelieus. Seine Ordensbrüder in allen Teilen der Welt nutzte er zu einer umfassenden Korrespondenz über das Agieren der ausländischen Mächte, sodass die Kapuziner von seinen Feinden in Spanien, Frankreich und an der Römischen Kurie als französische Spione und „5. Kolonne Frankreichs" betrachtet wurden. Im Inneren Frankreichs wirkte Père Joseph als Verantwortlicher des jährlich erscheinenden *Mercure français* und durch die Kontrolle des Wochenblattes *La Gazette* auf die öffentliche Meinung ein. Den Bemühungen Frankreichs, Père Joseph den Kardinalspurpur zu verschaffen, war kein Erfolg beschieden. In Anspielung auf seinen grauen Kapuzinerhabit wurde er als *Èminence grise* gesehen. Der noch heute auch im Deutschen gebräuchliche Ausspruch von einer „grauen Eminenz" geht auf ihn zurück.

Der französische Auslandsnachrichtendienst, die *Direction Générale de la Sécurité Extérieure* (DGSE) wird Richelieu und Père Joseph zu den Begründern des Geheimdienstes der *Grand Nation* rechnen.

Des Papstes kleiner Jakobiner

Diplomat in Zeiten einer Schreckensherrschaft

„Von Geburt war ich Untertan des Papstes Pius VI. und erfreute mich von Jugend auf seiner besonderen Gunst. Als daher Dugnani, sein Nuntius beim französischen Hof, ganz entsetzt darüber, dass man ihm den Kopf eines Soldaten der königlichen Leibwache in die Kutsche geworfen hatte, die Hauptstadt verließ, um sich nach dem Badeort Aix in Savoyen zu begeben, wollte Seine Heiligkeit mich als Internuntius* beim König Ludwig XVI., der zu jener Zeit im Tuilerienpalast wohnte, an dessen Stelle setzen. Durch seinen Staatssekretär, den Kardinal Zelada, ließ der Papst mich von dieser Absicht unterrichten. Ich erschrak über einen solchen Auftrag."

Der Schreiber dieser Zeilen ist Louis Siffren Joseph de Salamon, geboren am 22. Oktober 1759 in Carpetras in der Legation Avignon, die zu den Päpstlichen Staaten gehörte. Schon im Alter von 21 Jahren erhielt er die Stelle eines *Auditor Rotae* (Richter), ein hohes Amt, das sonst ein Alter von vierzig Jahren erfordert. Außerdem war er Dechant des Kapitels von Avignon. Diese letztere Würde, die höchste des Kapitels, konnte nur einem Priester verliehen werden, aber der Papst hatte erlaubt, dass De Salamon bereits mit 22

* päpstlicher Botschafter niedrigeren Ranges aufgrund politischer Schwierigkeiten

Jahren geweiht wurde, und in der bewilligten Dispens die Formel hinzugefügt: *more principum et nuntiorum*. Das war ein Privileg, das sonst Fürsten und Nuntien vorbehalten war. 1785 wurde er Geistlicher Rat (*conseiller-clerc*) am Parlament* in Paris. In der berühmten „Halsbandaffäre", die 1786 in der Hauptstadt Frankreichs vor Gericht kam, hielt er den Heiligen Stuhl über den Prozess ständig auf dem Laufenden – schließlich spielte ein Kardinal in diesem Gaunerstück höchst unfreiwillig eine Hauptrolle. Kardinal de Rohan hatte ein kostbares Collier bestellt; im Auftrag von Königin Marie Antoinette, wie er glaubte. In Wahrheit war er einem adligen Gaunerpärchen auf den Leim gegangen. Als der Juwelier sein Geld verlangte, der Kardinal nicht zahlen konnte und die Königin jede Kenntnis eines solchen Auftrags verneinte, flog der Schwindel auf.

Die Ankündigung, zum Internuntius des Papstes berufen zu werden, stößt bei De Salamon angesichts der Revolution, die am 14. Juli 1789 mit dem Sturm auf die Bastille begonnen hatte, nicht auf Begeisterung: „In dem geheimen Vorgefühl der Gefahren, denen ich ausgesetzt sein würde, lehnte ich die mir zugedachte Ehre ab". Doch Pius VI. ist nicht bereit, seine Weigerung hinzunehmen. Gerade jetzt, wo in Frankreich die alte Ordnung über den Haufen geworfen, Gesetze gegen die Kirche erlassen und dem Papst treu ergebene Priester verfolgt werden, ist der Pontifex auf verlässliche Informationen und genaue Beurteilungen der Lage angewiesen. Dafür, davon ist Pius VI. überzeugt, ist De Salamon genau der richtige Mann. So erhält dieser bald

* Parlament war in Frankreich bis 1790 die Bezeichnung für die obersten Gerichtshöfe

darauf ein sechs Seiten langes Ernennungsschreiben auf großem Papier mit Goldschnitt von des Papstes eigener Hand. Der Pontifex erinnert darin den Geistlichen daran, was er alles für ihn getan habe. Er erwähnt das in der Vergangenheit kluge, aber stets entschlossene Handeln De Salamons zum Nutzen der Kirche, besonders im *Parlament* von Paris. De Salamon kann nicht anders, als dem Wunsch Pius VI. zu entsprechen: „Ehrfurchtsvoll küsste ich den Brief des Papstes und weihte mich ohne Vorbehalt seinem Dienst, ernstlich und fest entschlossen, lieber den Tod zu erleiden, als ihn zu verlassen. Ich antwortete ihm durch ein Schreiben, in dem ich ihn meiner Unterwürfigkeit und meiner Ergebenheit versicherte."

Wie de Salamon befürchtet und vorausgesehen hat, wird die ehrenvolle Berufung zum Internuntius des Papstes für ihn zur *Via Crucis,* zu einem Kreuzweg. Am 27. August 1792, gegen zwei Uhr morgens, machen sich fünf Männer an seiner Haustür bemerkbar. Sie tragen eine dreifarbige Schärpe, was sie als Bürgerkommissare der Commune ausweist. Begleitet werden sie von 25 Bewaffneten: „Wir wissen, dass Sie der Vertreter des Papstes sind; geben Sie uns Ihre Briefschaften." De Salamon erwidert ihnen: „Gut, wenn Sie wissen, dass ich den Papst vertrete, so müssen sie auch wissen, dass meine Person heilig und unverletzlich ist; dennoch dringen Sie mit bewaffneter Hand in meine Wohnung ein! Auf meine Briefe lege ich so wenig Wert, dass ich sie zerreiße und fortwerfe, sobald ich sie beantwortet habe. Fetzen davon liegen noch auf dem Fußboden meines Zimmers herum. Doch suchen Sie selbst!"

„Ich wusste nicht", bekennt der Internuntius in seinen

Memoiren, „dass meine arme Haushälterin, mit großer Vorsicht um mich besorgt, auf den Augenblick zu lauern pflegte, wo ich (am Dienstag und Freitag) meine Briefe beantwortet hatte. Sie nahm dann die Briefschaften aus der Mappe, in der ich sie mit anderen Papieren aufbewahrte, und verbarg sie auf dem Speicher unter dem Taubenschlag. Sie hatte mir nichts davon gesagt, weil sie wusste, dass mir solche, von der Furcht eingegebene Vorsichtsmaßregeln zuwider waren." Die Kommissare suchen, ohne etwas zu finden; die aktuelle Korrespondenz bleibt ihnen verborgen. „Erst bei ihrem Abzug gewahrte ich, dass sie eine große Kiste mitnahmen. Sie enthielt das Archiv der Nuntiatur, das ich nicht hatte verbergen können".

Der Internuntius wird unter Geleit zum „Überwachungscomité" der berüchtigten Commune gebracht: „Ich musste den Schimpf über mich ergehen lassen, inmitten einer Schar aufgehetzter Wächter durch die Straßen zu ziehen, während diese schrien: ‚Seht da den Pfaffen, seht den Gesandten des Papstes.' Ich wurde durch die Straße geführt, welche die Seine entlang läuft, dann über den Greveplatz, stets begleitet von einer großen Volksmenge. Es war etwas nach 8 Uhr. ... Mit Tränen in den Augen folgten mir von weitem die arme Blanchet, ihr kleiner 13 Jahre alter Sohn, und ein junger Mann, der einzige Diener, den ich behalten hatte. Diese drei bildeten meinen ganzen Hausstand."

Auf der Polizeipräfektur wird er vor einen Ausschuss geführt: „Ich erkannte darunter den Marat, der später so berüchtigt und so furchtbar wurde, und von dem ein mutiges junges Mädchen, Charlotte Corday, das eines besseren Loses würdig gewesen wäre (es starb auf dem Schaffot mit großem Mut) Frankreich befreit hat. Dieses Ungeheuer, das den Titel: ‚Arzt der Pferdeställe des Grafen von Artois' trug, hatte ich einst als Arzt konsultiert. Er trug schon damals in seiner Seele, die ebenso hässlich war wie seine Figur, den Keim seiner späteren entsetzlichen Grausamkeit; denn er verschrieb mir eine Medizin, an der ich hätte sterben müssen, wenn der berühmte Apotheker der Rue Jakob mir dieselbe verabreicht hätte."

In seiner Zelle darf seine Haushälterin kurz mit ihm sprechen. Ihr sagt er: „Denken Sie daran, dass morgen Donnerstag ist und dass ich dann einen Korb zu empfangen habe. Bringen Sie diesen meinem Freund in der Rue Sainte-Croix de la Bretonnèrie und sagen Sie ihm, er möge den Inhalt verzehren und nicht verfehlen, statt meiner schriftlich oder auf andere Weise den Dank abzustatten." In seinen Erinnerungen teilt De Salamon mit: „Frau Blanchet war sehr scharfsinnig; obgleich sie keine Schulbildung genossen hatte, verstand sie meine nur halb ausgesprochenen Gedanken". Sie erfasst den Sinn seiner Worte. Es soll heißen: „Morgen, Donnerstag, habe ich Briefe aus Rom zu erwarten. Bringen Sie diese meinem Freund in der Rue Saint-Croix de la Bretonnière und sagen Sie ihm, er möge sie lesen und dem Kurier Wilhelm, den Rom bei mir unterhielt, absenden, um dem Papst und seinem Staatssekretär meine traurige Lage zu melden."

Die Haftorte des Internuntius wechseln ständig, manchmal ist er in einer kargen Kerkerzelle untergebracht, manchmal in einem geräumigen Zimmer — oder gemeinsam mit anderen Gefangenen in einem großen Saal. Oft bedrängt auch der aufgewiegelte Mob die Inhaftierten und fordert mit Nachdruck deren Leben: „Es hatte eben halb zwölf Uhr abends geschlagen, als man mit Gewalt und mit wiederholten Schlägen die beiden sich an den gegenüberliegenden Seiten des Saales befindlichen Türen bestürmte. Man kann sich leicht den Eindruck denken, den diese ersten Schläge auf uns machten. Wir waren ganz betäubt vor Bestürzung und konnten uns nicht rühren."

Doch dann „erhob ich die Augen und sah eine der Scheiben des Fensters weit offen stehen ... Ich erhob mich schnell, setzte den einen Fuß auf die Bank und den anderen auf die Lehne, und mit einem Sprung, den ich mir sogar bei meiner damaligen Behändigkeit nicht erklären kann, befand ich mich auf dem wenigstens vierzehn Fuß hohen Fensterrand ... Dort sah ich in einen kleinen Hof, der mir sehr tief zu liegen schien. Dort musste ich hinuntersteigen, und, da ich befürchtete, mir beim Springen die Beine zu brechen, beschloss ich, mich auf dem Bauch an der Mauer hinuntergleiten zu lassen. Das gelang und ich befand mich in dem Hofe ohne jegliche Verletzung, abgesehen von einer leichten Schramme am Schenkel, da meine Beinkleider zerrissen waren."

Der Internuntius, der mit einem weiteren Geistlichen, dem Abbé Godard*, diesen Weg genommen hatte, berichtet weiter: „Wir befanden uns ohne Zweifel in einem seit langer Zeit nicht benutzten Hof. Unterdessen waren uns dreizehn unserer Genossen gefolgt, und unter diesen der sechzig Jahre alte Bedienstete des Herzogs de Penthièvre. Die Furcht vor dem Tod verleiht Flügel. Durch die halb geöff-

* Generalvikar von Toulon

neten Türen stürzte sich die Volksmenge in das Gefängnis mit dem Ruf: ‚Sie haben sich gerettet! Sie haben sich gerettet!' Wir wurden bald entdeckt, und das Volk drang in großen Haufen auf uns ein. Die nur leicht vermauerte Tür wurde bald eingestoßen. Einige Männer stiegen sogar auf die Mauern unseres kleinen Hofes, die nach außen hin nicht so hoch waren, und stachen von dort aus auf uns mit ihren glücklicher Weise nur sehr kurzen Piken, wobei sie schrien und Verwünschungen gegen uns ausstießen. Andere blieben vor der Tür stehen, ohne den Hof zu betreten. Wir hingegen hatten uns in einer entgegengesetzten Ecke hingekauert, um von den Piken nicht getroffen zu werden. Wir waren halbtot vor Angst, und ich gestehe, dass ich ebenso bebte und zitterte wie die anderen. Ich murmelte auf französisch das Vater Unser, den Englischen Gruß und einen Akt der Reue. Die Befürchtung lag nahe, dass man uns auf der Stelle niedermetzeln würde, wie es im Karmeliterkloster geschehen sein soll."

Doch De Salamon kann entkommen, und er entgeht sogar dem berühmten Septembermassaker. In den Tagen vom 2. bis 6. September 1792 stürmten Jakobiner* und Sansculotten** die Gefängnisse und brachten jeden um, den sie für einen Feind der Revolution hielten: Adelige, Mitglieder der Schweizergarde des Königs, aber auch einfache Bürger, denen sie auf ihrem „Feldzug" zufällig begegneten. An die 1.200 Tote waren zu beklagen; unter ihnen zahlreiche katholische Priester, die den Eid auf die Verfassung verweigert hatten.

* Anhänger des Revolutionärs Robbespierre
** Proletarische Revolutionäre

Der Internuntius ist ständig Verfolgungen und Verhaftungen ausgesetzt. Jeder Versuch, religiös tätig zu werden, birgt Gefahren in sich. Auch auf seine Verpflichtung, den Heiligen Stuhl weiterhin über alles zu informieren, wirkt es sich negativ aus. An Kardinalstaatssekretär Francesco Saverio de Zelada (1789-1796) ist er daher mit einem besonderen Anliegen herangetreten „Da ich mir nicht die nötigen Bücher verschaffen konnte, hatte ich ihn gebeten, mir vom Papst die Dispens vom Breviergebet zu erwirken. Der Kardinal antwortete, dass der Papst mir alle möglichen Dispensen erteile und mir nur empfehle, mich nicht fangen zu lassen."

Immer wieder muss De Salamon das für ihn gefährliche Paris verlassen. Bei einem Aufenthalt in Meudon erfährt er, dass man gegen seine frühere Wirkungsstätte, das *Parlament,* die Höchstgerichte in der Hauptstadt des Landes, vorgeht: „Es war schönes Wetter; wir waren schon in der zweiten Hälfte des Monats April. Ich trat in ein Kaffeehaus und forderte Bier mit einem Zwieback. Wegen der großen Hitze hatte ich den Hut abgenommen und ging, mein Bier trinkend, im Saale umher. Plötzlich stürzte ein Bürger herein und rief mit großer Freude aus: ‚Heute ist das Parlament an der Reihe; sie sitzen alle auf der Verbrecherbank ... es fehlt nur der Bösewicht De Salamon!' Ein Blitz aus heiterem Himmel, der zu meinen Füßen eingeschlagen wäre, hätte mich nicht so sehr erschreckt wie eine solche Nachricht. Hastig griff ich nach meinem Hut, bezahlte und mehr fliegend als gehend richtete ich meine Schritte nach Passy. In dem Dorf klopfte ich an die Tür eines meiner Freunde, der sich ebenfalls dorthin zurückgezogen hatte; er hieß Fournier de la Chapelle und war Intendant von Auch gewesen. Ich erzählte ihm, was ich über das Parlament erfahren hatte.“

Der Freund verspricht De Salamon, sich nach dem Schicksal des *Parlaments* zu erkundigen „Morgen werde ich um sechs Uhr aufbrechen und um acht Uhr im Bois de Boulogne an der Pyramide sein. Finden Sie sich dort ein!“ Während der ganzen Nacht schließt der Internuntius kein Auge. Noch bevor es am nächsten Tag hell ist, eilt er zu dem verabredeten Treffpunkt. Dort findet er einen zutiefst niedergeschlagenen Fournier vor. Fournier berichtet ihm: „Sie sind alle tot. Hier ist die Zeitung. Sie werden darin lesen, dass auch Sie *in contumaciam** zum Tode verurteilt worden sind.“

De Salamon bekennt in seinen Memoiren: „Von diesem Tage an wagte ich nicht mehr zurückzukehren. Ich fühlte mich äußerst mutlos und konnte zu keinem Entschluss kommen. Die ganze Zeit brachte ich im tiefsten Dickicht des Bois de Boulogne zu. Es war mir, als ob jeder, den ich traf, auf meinem Gesicht lesen könnte, dass ich vogelfrei sei, und dass jeder sich beeilen werde, mich dem Henker zu überliefern.“

Er muss sich jedoch immer wieder für kurze Zeit nach Paris begeben, um dort seine römische Korrespondenz mit Anweisungen und „tausend Franc in Assignaten**“ in Empfang zu nehmen. Der Kardinalstaatssekretär betont in einem Schreiben nochmals, „dass der Papst mir alle Vollmachten gewähre, jedoch unter der Bedingung, dass ich mich ‚nicht ergreifen lasse‘. ‚Denn‘, fügte er hinzu; ‚der Hei-

* in Abwesenheit
** Papiergeld der Revolution

lige Vater fürchtet immer, dass sein kleiner Jakobiner' – so nannte mich Pius VI. – ‚noch den Blutmenschen in die Hände falle'".

Der Spitzname „kleiner Jakobiner" spielt auf die Art an, wie De Salamon seine Berichte abfasst. In seinen Schreiben an den Papst bedient sich der Internuntius der Sprache der Jakobiner – für den Fall, dass seine Briefe geöffnet werden. Er will damit sicherstellen, dass sie in jedem Fall ihren Adressaten erreichen. De Salamon erläutert sein Vorgehen: „Hatte ich eine Niederlage zu melden, so schrieb ich: ‚Potztausend, es lebe die Republik. Ein großer Kampf hat stattgefunden; die verruchten Österreicher haben eine große Anzahl Patrioten gezwungen, in das Gras zu beißen, aber wir werden bald an diesen niederträchtigen Soldaten der Tyrannei Vergeltung nehmen.' Ich schrieb dem Kardinal unter dem Pseudonym Giuseppe Evangelisti, und er antwortete mir unter dem Namen: Bürger Blanchet, indem er sich des Namens meiner armen guten Haushälterin bediente, oder er nannte mich auch Eysser oder Eysseri. Das war der Name einer meiner italienischen Ahnen. Auf diese Weise, und Dank der Güte Gottes, ist meine Korrespondenz mit Rom niemals, selbst nicht unter der Schreckensherrschaft, unterbrochen worden."

In seinen Memoiren lässt der Internuntius die Revolution mit der Errichtung des Direktoriums* enden. Doch seine Erlebnisse in den folgenden Zeiten „waren nicht minder gefahrvoll als die früheren, aber in einem noch höheren

* Das Direktorium (Okt. 1795 - Dez. 1799) muss jedoch als letzte Regierungsform der Revolution angesehen werden; Napoleon beendete dann mit einem Staatsstreich seine Existenz

Grade kränkend und demütigend.“ Erneut wird er wie in einem sich wiederholenden Turnus verhaftet, freigelassen, verhaftet, freigelassen .... Als Napoleon Bonaparte im Auftrag des *Direktoriums* 1797 in die Päpstlichen Staaten einfällt und sich Bolognas, Ferraras und Urbinos bemächtigt, sieht sich der Papst gezwungen, den Feldherrn um einen Frieden zu bitten. Die Bedingungen sind hart. „Pius VI. hatte in diese nur eingewilligt, um Zeit zu gewinnen und seine Hauptstadt zu retten. Seine geheime Absicht war jedoch, sich mit dem König von Neapel zu verbünden und von diesem eine bedeutende Hilfe an Truppen zu erlangen“.

Dann belauscht De Salamon in einem Salon bei einem Treffen mit Diplomaten ein beunruhigendes Gespräch. Er fragt nach und erhält zur Auskunft: „Der König von Neapel hat mit dem Direktorium Frieden geschlossen, und das ist gewiss ein wichtiges Ereignis, das auf die Lage des Papstes nicht ohne Einfluss bleiben wird.“ Der Internuntius erkennt die Gefahr, die dem Pontifex droht, und handelt unverzüglich: „Sofort kam mir der Gedanke, einen Boten an den Papst zu senden, um ihn von diesem Ereignis zu benachrichtigen und ihm zu empfehlen, nicht als Erster den Waffenstillstand zu brechen. Derselbe unterhielt ständig bei mir einen Cabinets-Courier namens Wilhelm. Ich ging also sofort hinaus, um diesen loszuschicken. Da der Weg von Paris nach Neapel länger ist als der nach Rom, konnte der Papst über den Abschluss des Friedens eher unterrichtet sein als der König von Neapel und somit auf Mittel sinnen, der Gefahr zu entgehen. Mein Bote war immer mit einem Pass nach der Schweiz versehen, um in jedem Augenblick abreisen zu können. Um ein Uhr nachts war er schon außerhalb von Paris. Ich weiß nicht, wie die Sache zu erklären ist, ob er selbst gesprochen oder ob man seine Schritte vorsorglich überwacht hatte: genug, er wurde auf Befehl des damaligen Polizeiministers Cochon verfolgt und zu Pontarlier in dem Augenblick, wo er einen Imbiss einnahm, festgehalten. Man bemächtigte sich seiner Briefe, ihn selbst aber ließ man in Freiheit."

De Salamon klagt: „Es war sehr unrecht von ihm, dass er nicht noch eine halbe Stunde seinen Weg fortsetzte; er wäre dann im Wallis, einem fremden Land, gewesen und hätte seinen Auftrag ausrichten können. Ich hätte dann nicht fünf Monate in den Fesseln zu seufzen brauchen, und der Papst wäre gerettet worden. Ich hatte jedoch zugleich eine Abschrift meines Briefes, unter der gewohnten falschen Adresse, durch die Post abgesandt. Dieselbe kam zwar richtig an, aber zu spät. Ich hatte mein Schreiben mit der Bemerkung geschlossen: ‚Wenn man den Waffenstillstand bricht, so gibt es für Seine Heiligkeit kein anderes Rettungsmittel, als sich selbst und alle kostbare Habe in Sicherheit zu bringen'."

Der Neffe des Papstes, der Herzog Braschi, gibt die gleiche Empfehlung. Doch die Berater des Pontifex wirken auf diesen beruhigend ein. Pius VI. sollte es bedauern, auf die Ratschläge seiner kurialen Umgebung gehört zu haben. Er gerät in die Hände der Franzosen. Später wird er bekennen: „Wenn ich den Rat des Abbé Salamon und meines Neffen befolgt hätte, so wäre es nicht so weit mit mir gekommen."

Der Internuntius bleibt auch in den folgenden Monaten unter Beobachtung des *Direktoriums*. Es ist die Korrespondenz, die er mit Kardinal Ignazio Busca, dem Staatssekretär des Papstes von 1796 bis 1797, unterhält, die zu einer erneuten Verhaftung und Anklage führt. Doch die Zeiten lassen De Salamon forscher und selbstbewusster auftreten. Zu einem abgefangenen Brief erklärt er: „Er kann keinen Anklagegrund bilden. Wenn sich derselbe in Ihren Händen befindet, so ist das nur die Folge eines Vergehens. Sie haben die Gesetze der Republik übertreten, welche das Briefgeheimnis verbürgen; Sie haben das Völkerrecht verletzt, denn dieser Brief ist an einen Herrscher gerichtet, dessen Gesandter ich bin. Zwei Jahre Gefängnis, das ist die Strafe, welche die Übertreter dieses Gesetzes trifft, welches weder unter der Republik noch unter der Regierung des schrecklichen Comités für die allgemeine Sicherheit übertreten worden ist."

In seinem letzten Verfahren hat er letztendlich Erfolg. Einer der Geschworenen, der des Italienischen mächtig ist, übersetzt einen der abgefangenen Briefe den übrigen Geschworenen und fügt dann an: „Man will uns in dem Angeklagten einen Spion erblicken lassen, aber nein, er ist kein Spion. Er ist der Freund des Papstes. Dieser lässt ihm durch seinen Minister schreiben, dass er ihn liebe und ihm immer noch innigst zugetan sei. Ein Herrscher bedient sich solcher Ausdrücke nicht, wenn er von einem Spion spricht. Kurz, ich kann den Angeklagten nur als den Gesandten des Papstes betrachten, und ich bin der Ansicht, dass wir ihn freisprechen müssen."

Im Januar 1797 vermelden die französischen Zeitschriften den Freispruch De Salamons. In seinen Memoiren vermerkt er: „Von jener Zeit an lebte ich ruhig." Mit der Ankunft des Legaten *a latere*, des Kardinals Giovanni Battista

Caprara, in Paris im Jahre 1801 findet die Mission de Salamons dann ihr Ende.

Vergebliche Jagd auf den König der Briganten

Nicht immer fruchten geheimdienstliche Methoden

„Von großer Statur, schlankem Körperbau, ovalem, leicht pockennarbigen Gesicht, unauffälligem Mund, Kinn und Nase, kastanienfarbigem Bartwuchs, Haare gleicher Farbe, die zu einem Schopf zusammengebunden sind, an beiden Ohren goldene Ringe, bekleidet mit einem Gewand aus Flicken und Büscheln, kurzer Hose, Weste und Jacke aus blauem Stoff und einem schwarzen, hohen Filzhut“, so beschreibt ein Fahndungsblatt aus dem Jahre 1816 Antonio Gasparone, eine gegen Ende des 19. Jahrhunderts auf dem europäischen Kontinent allseits bekannte Persönlichkeit.

Zeitungsberichte, Erzählungen und Romane befassten sich mit ihm, ebenso Puppenspieler und Wanderbühnen. 1884 setzte der Komponist Carl Millöcker dem berühmt-berüchtigten Räuberhauptmann sogar ein musikalisches Denkmal, eine Operette: *Gasparone.* Die Geschichte habe ihren besonderen Reiz, schrieb Carl Millöcker zur Uraufführung seines Werks im Theater an der Wien, „denn unser Held taucht kein einziges Mal auf der Bühne auf“, stets sei nur die Rede von ihm. Was die Operette als Kuriosität aufweist, hatte eine gewisse Entsprechung in der Biografie Gasparones. Der gefürchtete Bandit „lebte“ von seinem Ruf; er verbreitete durch ihn mindestens ebenso viel Schrecken wie durch sein leibhaftiges Erscheinen.

Antonio Gasparone, in manchen Dokumenten auch als „Gasbarone“ oder „Gasparoni“ verzeichnet, wird am 12. Dezember 1793 in den Päpstlichen Staaten, in Sonnino, einem kleinen Ort nahe der Grenze zum Königreich beider Sizilien, geboren. Er entstammt einer Schäferfamilie. Schon im Alter von 15 Jahren wird er zum Vollwaisen. Der junge Mann verliebt sich in die Nachbarstochter Maria. In einem Streit um das Mädchen tötet er dessen Bruder. Den einzigen Zeugen ermordet er gleich mit. Eine kriminelle Karriere nimmt ihren Anfang.

Gasparone tritt der Bande eines gewissen Luigi Massoco bei. Nach dessen Tod wird er einstimmig zum neuen Hauptmann gewählt. In kürzester Zeit macht sich der Brigant einen Namen. Die päpstliche Ordnungsmacht erkennt früh die Gefahr, die von ihm ausgeht, und versucht seiner habhaft zu werden.

Das Räuberunwesen im Kirchenstaat, in ganz Italien, stellte sich als ein sonderbares Phänomen dar. Es wusste sich sogar – in nicht üblicher Weise – der Religion verbunden. An den Haaren und Ohren trugen die Briganten geweihte Medaillen; ihre Hüte schmückten sie mit Heiligenbildchen. Sie vergaßen nicht zu beten und riefen ihre himmlischen Schutzpatrone inbrünstig an, vor allem dann, wenn eine ihrer „Unternehmungen“ anstand. In der Bevölkerung, insbesondere der ärmeren, besaßen sie einen großen Rückhalt. Und auch beim Klerus zeigte sich nicht selten Sympathie. Religiöses Gebaren aber hielt Briganten wie Gasparone nicht davon ab, Männer der Kirche zu entführen, besonders dann nicht, wenn sie einem reichen Orden angehörten.

Die Heiligkeit kirchlicher Stätten achteten sie nach eigenem Gutdünken und Nutzen. So machte sich in Pisterzo, einer Ortschaft unweit von Prossedi, der dortige Bürgermeister bei der Bevölkerung durch sein diktatorisches Auftreten verhasst. Das Volk bat Gasparone um Hilfe. Am Himmelfahrtstag dringt der Brigant mit seiner Bande in die Kirche ein und tötet unter dem Jubel der Gläubigen den Bürgermeister. Der Geistliche des Ortes segnet den Leichnam und lädt anschließend den Räuberhauptmann zum Mittagessen ins Pfarrhaus ein. Der Dichter Stendhal, der von dieser Episode hörte, nannte sie „eine der verrückten Merkwürdigkeiten unserer Epoche".

Auf der Straße von Rom nach Neapel überfällt Gasparone im September 1817 einen Trupp österreichischer Soldaten. Die Briganten verschleppen den Oberst und dessen Offiziersburschen. Aus der Entführung will der Bandit wie üblich Geld schlagen; als Lösegeld verlangt er die noch relativ bescheidene Summe von 10.000 Scudi. Doch diesmal hat er die Rechnung ohne den Wirt gemacht. Das habsburgische Militärkommando mobilisiert alle verfügbaren Kräfte. Bald sind Gasparone und seine Männer von Truppen der im Königreich Neapel regierenden Bourbonen, Einheiten der österreichischen Armee und einer Schwadron päpstlicher Gendarmen umzingelt. Ein Entkommen der Bande wird als unmöglich angesehen.

Doch der schlaue Brigant gibt sich nicht geschlagen. Er ersinnt eine List – und wagt den Ausbruch. Gasparone verkleidet sich und seine Getreuen als päpstliche Karabinieri, befiehlt, über die Uniformen das eigene Gewand zu legen, und reitet den Österreichern entgegen. Die Soldaten richten sofort ihre Gewehre auf den seltsamen Haufen. Dann aber erblickt der Kommandant der Österreicher unter den bunten Stofffetzen die Uniformen. Er lächelt, salutiert, gratuliert den vermeintlichen Karabinieri des Heiligen Vaters zu ihrem Einfall und wünscht ihnen „recht viel Erfolg bei dem tapferen Unternehmen“. Er glaubt an eine „Undercover“-Aktion der Gesetzeshüter.

Im Juni des Jahres 1818 ist Monsignore Giovanni Zacchia, der Apostolische Delegat* von Frosinone, guter Dinge. Vier päpstliche Gendarmen haben ihm versprochen, Antonio Gasparone zu ergreifen. Als Briganten verkleidet, wollen sie sich in die Räuberbande einschleichen. Die Karabinieri unterschätzen jedoch Gasparone und rechnen nicht mit den überall präsenten Spitzeln des Briganten. Dieser, über die „Undercover-Mission“ genauestens informiert, erwartet schon sehnsüchtig die päpstlichen Ordnungshüter. Er begrüßt die neuen Kampfgefährten mit großer Liebenswürdigkeit, umarmt sie herzlich und setzt ihnen den besten Wein der Abruzzen vor – dann bringt er sie um. Dem Delegaten von Frosinone schickt Gasparone die abgeschnittenen Ohren der Karabinieri. In einem beigelegten Brief fordert er den Prälaten auf, die Leichen der vier Männer abholen zu lassen, „damit sie in geweihter Erde beigesetzt werden können“. Monsignore Zacchia muss noch einen weiteren Schicksalsschlag hinnehmen – sein Koch verschwindet. Der Delegat weiß nun, wer den viel versprechenden Plan verraten hat.

* Gouverneur einer Provinz in den Päpstlichen Staaten

Die Raubzüge des Antonio Gasparone werden immer dreister. Im September 1819 gelingt dem Räuberhauptmann im Seminar von San Salvatore ein spektakulärer Coup. Kardinal Lante Della Rovere, das zwölfköpfige Gefolge des Kirchenfürsten und vier päpstliche Karabinieri werden entführt und in eine Höhle des Monte Longone verschleppt. Die Höhe des Lösegeldes verschlägt den Adressaten in Rom die Sprache: 60.000 Scudi. In seinem Schreiben merkt Gasparone an, der Betrag beträfe selbstverständlich nur den Kardinal; für dessen Begleitung und die Karabinieri wären noch gesonderte Beträge zu entrichten. Beiläufig erwähnt der Brigant die Zahl derer, die bei „Ausflügen" auf den Monte Longone tödlich „verunglückt" seien. Dem Päpstlichen Hof bleibt nichts anderes übrig, als die geforderten Summen zu zahlen. Nach der Freilassung der Eminenz wird Monsignore Zacchia von Rom in die Pflicht genommen. Der Papst fordert den Delegaten auf, all seine Anstrengungen auf eine unverzügliche Ergreifung Gasparones zu richten.

Dem Prälaten bleibt zunächst der Erfolg versagt. Jahr für Jahr erhöht er das auf den Räuberhauptmann ausgesetzte Kopfgeld. Vergeblich. Niemand wagt es, den Briganten zu verraten oder auszuliefern. Auf diese Weise scheint man den König der Banditen des Kirchenstaates nicht bezwingen zu können. Es wird dann letztendlich Antonio Gasparone selber sein, der seine „Karriere" aufgibt. Der Brigant sehnt sich nach einer Ehe mit seiner Geliebten, einer reichen Kaufmannstochter aus Sonnino. Er will ein ruhiges Leben. Aber auch seine Untergebenen sind ihres Treibens müde geworden. Monsignore Zacchia sieht seine Stunde gekommen. Er beauftragt den Erzpriester von Sezze, Gasparone ein verlockendes Angebot zu unterbreiten: man werde sein Leben und das seiner Männer schonen und ihnen nach einer „*condotta simbolica* – symbolischen Strafe" ein ruhiges Dasein gewähren. Am 19. September 1825 legen Gasparone und die Mitglieder seiner Bande ihre Waffen in Sezze nieder.

Gasparone und seine Männer werden in die Engelsburg verbracht. Die versprochene „symbolische Strafe" interpretiert die päpstliche Justiz auf ihre eigene Art. Für Gasparone bedeutet sie: lebenslänglich. Seine Haft verbringt er in Rom, Civitavecchia, Spoleto und Civita Castellana. Die über ihn in unzähligen in- und ausländischen Journalen abgedruckten Berichte führen in der zweiten Hälfte des 19. Jahrhunderts viele Neugierige nach Civita Castellana. Die Stadt wird bald in jedem Reiseführer verzeichnet. In seinem Gefängnis hält der ehemalige Brigant regelrecht „Hof". Sogar Angehörige der päpstlichen Armee, die mit ihren Einheiten in der dortigen Garnison stationiert sind, können einem Besuch in der Festung nicht widerstehen.

Ein junger Soldat, der aus dem Badischen den Weg in die Armee des Papstes gefunden hatte, schrieb an seine Eltern: „In dem festesten Thurme sitzt der berühmte Gasparone, der schreckliche Bandit, gefangen, der so viele Reisende beraubt, getödtet, in verborgene Höhlen der undurchdringlichsten Wälder entführt hat, aus denen er sie nur gegen ein reiches Lösegeld entließ. Wir erbaten uns die Erlaubnis, ihn sehen zu dürfen; er ist sehr alt, aber seine Augen schleudern noch immer Blitze unter den langen Augenwimpern hervor. Wir gaben ihm einige Geldstücke für seinen Tabak, worüber er sehr zufrieden und dankbar war. So alt er auch sein mag, so ist er doch der König des Thurmes und die andern Gefangenen verehren ihn als solchen".

Am 20. September 1870 findet die weltliche Herrschaft des Papstes ein Ende, der Kirchenstaat wird dem Königreich Italien einverleibt. Schon kurze Zeit später richtet man von überall her Bittgesuche an König Viktor Emmanuel II., Antonio Gasparone aus der Haft zu entlassen. Nach fast fünf Jahrzehnten Aufenthalt in den Gefängnissen des Heiligen Vaters kommt der einst so gefürchtete Brigant frei. Gasparone lässt sich in der Ewigen Stadt, in Trastevere, nieder. Er wird mit Jubelrufen und viel Beifall begrüßt. Doch der herzliche Empfang täuscht. Das neue Rom ist dem alten Räuberhauptmann nicht sehr gewogen. „Ein lästiges Relikt" nennen ihn die nunmehrigen Herren im Quirinal. Der Brigant passt nicht so recht in das moderne Italien. Antonio Gasparone zieht sich zutiefst enttäuscht nach Abbiategrasso in der Lombardei zurück – über sein Schicksal klagend, in wehmütiger Erinnerung an die „guten alten Zeiten" im Kirchenstaat. Am 1. April des Jahres 1882 tritt „der schrekkliche Bandit" den Weg zu seinem himmlischen Richter an.

Die Lady mit dem Schleier

Der Fall des John Harrison Surratt

In der Geschichte der Vereinigten Staaten von Amerika nimmt das Jahr 1865 einen besonderen Platz ein. Anfang April nähert sich der Bürgerkrieg, der das Land auf blutige Weise in zwei Lager gespalten hatte, seinem Ende; nur noch wenige Truppenteile der Armee der Südstaaten verweigern die Kapitulation. Abraham Lincoln steht als Sieger in dem seit 1861 geführten Bürgerkrieg fest. Dennoch muss man mehr als je zuvor um das Leben des Präsidenten fürchten. Fanatische Anhänger der Konföderation sehen in der Ermordung Präsident Lincolns die letzte Möglichkeit, das Blatt noch einmal zu wenden.

Es ist der Karfreitag des Jahres 1865, der für den Präsidenten zum Schicksalstag werden soll. Am Abend des 14. April sucht Abraham Lincoln gemeinsam mit seiner Frau Mary das *Ford's Theater* in Washington auf. Man will sich dort eine Komödie von Tom Taylor anschauen: *Our American Cousin* (Unser amerikanischer Cousin). Der Präsident und seine Gattin kommen verspätet im Theater an. Als Lincoln eintrifft, unterbricht man das Stück und das Orchester spielt *Hail to the Chief*. Der *Gruß dem Anführer* ist die Hymne, die seit 1845 beim öffentlichen Erscheinen eines amerikanischen Präsidenten erklingt.

John Wilkes Booth, geboren 1838 in Bel Air (Maryland),

gehört zur Schauspielerelite des Landes. Im *Ford's Theater* ist er kein Unbekannter. Und er hat daher problemlos Zugang zu dessen Räumlichkeiten. Im dritten Akt, in der zweiten Szene, gelingt es ihm, unbemerkt in die Loge des Präsidenten einzudringen. Er richtet einen Deringer, eine kurze einschüssige Vorderlader-Pistole, auf Lincoln und schießt ihm in den Kopf. Der Schütze schwingt sich über die Brüstung der Loge, springt auf die Bühne und verletzt sich dabei am Bein. Er rafft sich auf, ruft dem geschockten Publikum mit pathetischer Geste „*Sic semper tyrannis* – So ergeht es den Tyrannen" zu und flieht. Am folgenden Tag erliegt Präsident Lincoln seiner schweren Verletzung. Der flüchtige Booth wird wenige Tage nach dem Attentat gestellt und bei einem Schusswechsel getötet.

Die mutmaßlichen Komplizen des Attentäters, unter ihnen die Katholikin Mary Surratt, werden verhaftet, von einem Militärgericht zum Tode verurteilt und noch im Juli desselben Jahres hingerichtet. Mary Surratt ist die erste Frau, an der durch eine amerikanische Bundesinstanz die Todesstrafe vollzogen wird. Die Witwe hatte seit dem Herbst 1864 in Washington eine Pension geführt, in der auch John Wilkes Booth logierte. Mary Surratt und ihre Kinder sympathisierten mit der Konföderation. Ihre Verhaftung und Verurteilung beruht jedoch auf einer fragwürdigen Beweislage; Material, das sie entlastet, wird im Prozess unterschlagen.

In den Verdacht, an der Ermordung Abraham Lincolns beteiligt gewesen zu sein, gerät auch ihr Sohn, der mit Booth gut bekannt war. John Harrison Surratt hatte sich ursprünglich für den Priesterberuf entschieden, dann aber 1862 das Theologiestudium abgebrochen und in Surrattsville die dortige Poststelle übernommen. In jener Zeit arbeitete er auch als Kurier für die Konföderierten. Ein Fahndungsplakat setzt auf John Harrison Surratt eine hohe Belohnung aus: 10.000 US-Dollar werden für seine Ergreifung versprochen.

Unterstützt von Freunden, unter ihnen Ex-Agenten der Südstaaten und katholische Priester, flieht der Gesuchte über Kanada, Irland und England nach Italien. Gegen Ende des Jahres trifft Surratt in Civitavecchia, der Hafenstadt des Kirchenstaates, ein. In Italien hatten Revolutionen und das Streben nach nationaler Einheit immer mehr an Einfluss gewonnen. Auch der Kirchenstaat war von dieser Entwicklung nicht verschont geblieben; gegen die weltliche Herrschaft der Päpste wurde von national orientierten Kräften zu Gunsten eines Einheitsstaates zum Kampf aufgerufen. 1859 verlor Papst Pius IX. die Romagna, ein Jahr später musste er auf die Herrschaft über die Marken und Umbrien verzichten. Dem Pontifex Maximus verblieben nur noch Rom und Umgebung.

Den päpstlichen Zollbeamten in Civitavecchia legt Surratt Dokumente vor, die ihn als „John Watson“ ausweisen, einen amerikanischen Staatsbürger, geboren 1844 in Royal-Ferry und von Beruf Hausbesitzer. Surratt/Watson führt eine Reihe von Briefen mit sich, die an den Rektor des *Englischen Kollegs*, den Reverend Dr. Frederick Neve, gerichtet sind. Im Dezember 1865 tritt Surrat mit einer Empfehlung von Dr. Neves in das Zuavenregiment der päpstlichen Armee ein. Die Zuaven bildeten eine Art kirchlicher „Fremdenlegion“, in der sich Katholiken aus der ganzen Welt zum Schutz der weltlichen Rechte des Papstes eingefunden hatten. „John Watson“ wird unter der Matrikelnummer 1857 bei den Zuaven aufgenommen. Surratt hat sich für sechs Monate verpflichtet; nach deren Ablauf verlängert er um ein weiteres halbes Jahr.

Henri Beaumont de Sainte Marie, ein kanadischer Zuave, erkennt in „Watson“ einen Bekannten aus den Vereinigten Staaten wieder: John Surratt. Er informiert sofort den amerikanischen Gesandten in Rom, General Rufus King. King zeigt sich über diese Information gar nicht erfreut, er versucht abzuwiegeln. Der Gesandte weiß um deren Brisanz. Die Beziehungen zwischen dem Heiligen Stuhl und seiner Nation gestalten sich äußerst schwierig, sie sind eine zerbrechliche Konstruktion, die keine der Seiten unnötig gefährden will. Doch De Sainte Marie lässt nicht locker; er drängt – ob wegen der Belohnung oder aus anderen Motiven heraus – den Diplomaten zum Handeln. Und so muss Rufus King widerwillig William H. Seward, den Staatssekretär im amerikanischen Außenministerium, um weitere Instruktionen bitten.

Seward fordert den amerikanischen Gesandten auf, bei Kardinalstaatssekretär Giacomo Antonelli um eine Audienz anzusuchen. Auch Kardinal Antonelli und Papst Pius IX. sind an guten Beziehungen zu Nordamerika interessiert; sie lassen sich von General King die Akten vorlegen. Obwohl die USA mit dem Kirchenstaat kein gegenseitiges Auslieferungsabkommen haben, stimmt der Papst zu, dem Gesandten Surratt/Watson zu übergeben. Der Papst verlangt jedoch die Zusicherung eines fairen Prozesses vor einem Zivilgericht. Rufus King gibt dem Pontifex sein Ehrenwort.

General Hermann Kanzler, der Kriegsminister des Kirchenstaates, wird nun angewiesen zu handeln. Kanzler erteilt die Order, Watson in Arrest zu nehmen und in das römische Militärgefängnis zu überführen. Am folgenden Morgen trifft im päpstlichen Waffenministerium ein Eiltelegramm ein: Surratt ist geflohen. Kanzler ahnt, was geschehen ist. Bei den Zuavenoffizieren, die aus dem legitimistischen* Lager Frankreichs kamen oder diesem nahe standen, hielt sich die Sympathie für einen Mann wie Abraham Lincoln in Grenzen. Was war schon von einem Mann zu halten, der an einem Karfreitag ein Theater aufsucht, um sich an eine Komödie zu erfreuen? Zudem war der Zuave „Watson" beliebt, seine Kameraden schätzten ihn.

Der Kriegsminister des Heiligen Vaters setzt eine Untersuchungskommission ein, die jedoch nichts zutage bringt. Das Regiment „mauert". Erst von einem Informanten der päpstlichen Polizei erfährt General Kanzler, es sei der belgische Leutnant Victor Mousty gewesen, der die Flucht ermöglicht habe. Als die Sache an die Öffentlichkeit zu dringen droht, wird Mousty zu dreißig Tagen Arrest in der Engelsburg verurteilt. Bei Zigarren, Wein und Kartenspiel sitzt dieser seine „Haft" ab und verlässt dann umgehend die Ewige Stadt, geht nach Belgien zurück – und avanciert zum Chef des Rekrutierungsbüros der päpstlichen Armee in Brüssel. Später wird Victor Mousty in seiner Heimat eine bedeutende Rolle im katholischen Verlags- und Pressewesen spielen.

Surratt kann den Kirchenstaat unbehelligt verlassen – und noch immer trägt er die Uniform eines Zuaven. Erst

* royalistisches Lager

beim Grenzübergang zum Königreich beider Sizilien wechselt er seine Kleidung. Mit dem Dampfer *Tripoli* verlässt er Neapel. Sein Ziel ist Alexandria in Ägypten. Bei einem Zwischenstopp in Malta wird Surratt erkannt. Doch bevor er vom dortigen amerikanischen Konsul verhaftet werden kann, läuft die *Tripoli* aus. Und das Glück ist Surratt weiterhin hold. Das Telegrafenkabel zwischen Malta und Alexandria ist gebrochen. Der Konsul ist gezwungen, das Telegramm an seinen Kollegen in Alexandria über Konstantinopel zu schicken. Dann aber reißt die Glückssträhne ab. 24 Stunden vor der Ankunft der *Tripoli* trifft das Telegramm in Ägypten ein und Surratt kann verhaftet werden.

Im Dezember 1866 ankert die US-Korvette *Swatara* vor Civitavecchia. Sie soll Surratt nach Amerika bringen, zuvor aber Henri Beaumont de Sainte Marie, der von seinem Dienst bei den Zuaven freigestellt wurde, an Bord nehmen. General King übergibt dem Kapitän De Sainte Marie, der sich gar nicht glücklich schätzt, auf dem selben Schiff zu sein wie Surratt. Bei einem Zwischenstopp der *Swatara* in Frankreich verlässt der Kanadier überhastet die Korvette. Er teilt King in einem Brief mit, er werde sich an Bord eines französischen Dampfers nach New York begeben.

In den Staaten angekommen, muss der Kanadier überrascht feststellen, dass er weder als Held gefeiert wird, noch die volle Höhe der Belohnung erhält. Er stirbt dort eines mysteriösen Todes, dessen nähere Umstände nie geklärt werden. In seinem Nachlass findet sich ein Brief mit einem interessanten Detail: De Sainte Marie und Surratt hatten eine gemeinsame Bekannte, eine der schillerndsten Gestalten des Bürgerkrieges, Sarah Slater, eine amerikanische

Mata Hari. Damit scheint eine Notiz, die von der römischen Vertretung der *Associated Press* am 11. Dezember 1866 via Telegramm die USA erreichte, bestätigt zu werden und sich genauer zu erklären: „*Booth* [Sainte Marie] *and Surratt were in love with the same lady in Washington, and Ste. Marie betrayed Surratt through jealousy.*"*

Sarah Gilbert Slater war eine geheimnisumwitterte Spionin der Konföderierten, die vor der Ermordung Abraham Lincolns sowohl mit John Wilkes Booth als auch mit John Surratt zusammenarbeitete, jedoch kurz darauf spurlos verschwand. Da ihre wahre Identität zu dieser Zeit unbekannt war, identifizierten sie diejenigen, die ihr begegneten, als „*the lady in veil* – die Dame mit dem Schleier" und verwechselten sie immer wieder mit anderen Frauen. In einer aktuellen Untersuchung über die Rolle von Frauen im Bürgerkrieg heißt es: „Sie war so geheimnisvoll, dass sie oft von ihren Feinden und anderen Konföderierten falsch identifiziert wurde. Ein Kongressausschuss hielt sie für Olivia Floyd. Er lag falsch. Drei prominente Historiker sagten, sie sei auch als Kate Thompson bekannt. Die echte Kate Thompson hätte das übelgenommen. Ein Kollege stellte sie als Mrs. Brown vor, ein Pseudonym, das Sarah benutzte."

Sarah wurde am 12. Januar 1843 in Middletown (Connecticut) als Tochter französischsprachiger Eltern und Enkelin von Ebenezer Gilbert, einem Veteranen des Unabhängigkeitskrieges, geboren. 1865 warb James A. Seddon, der Kriegsminister der Konföderierten, sie als Spionin an; Seddon hatte sich von ihren Fähigkeiten beeindruckt

* „Booth [Sainte Marie] und Surratt waren in dieselbe Dame verliebt, und Ste. Marie verriet Surratt aus Eifersucht."

gezeigt – von ihren Sprachkenntnissen, ihrer Intelligenz und der Gewandtheit ihres Auftretens. Slater kommt als Kurier und Agentin zum Einsatz. In Kanada verfügt sie über enge Kontakte zu Katholiken, vor allem Mitgliedern des Jesuitenordens. Dann geschieht etwas Ungewöhnliches. Zur *Lady in veil* verliert sich nun jede Spur – so, als habe sie nie existiert. „Sarah ist aus einem bestimmten Grund verschwunden, aber niemand weiß, aus welchem. Waren ihre Kontakte zu Booth, Howell, den Surratts und Atzdort nur eine Nebenrolle bei ihrer Arbeit als Kurierin oder steckte etwas Größeres dahinter?" (H. Donald Winkler, *Hidden Heroines in the Civil War*). Erst Jahrzehnte später taucht sie wieder auf; hochbetagt stirbt *the mysterious Confederate Spy* im Juni des Jahres 1920.

Am 10. Juni 1867 wird vor einem Zivilgericht ein Verfahren gegen John Surratt eingeleitet – Rufus King hat somit seine Zusicherung an den Papst eingehalten. Die Geschworenen des Prozesses können sich letztendlich nicht auf ein Urteil einigen, die Klage wird abgewiesen. Eine zweite Verhandlung scheitert an prozessrechtlichen Fragen; drei Monate später beschließt man die Niederschlagung des Verfahrens. Von Seiten der Regierung wird überraschenderweise kein Einspruch eingelegt. John Harrison Surratt betrachtet sich als rehabilitiert. 1916 verstirbt er im Alter von 72 Jahren.

Für Historiker stellt die Affäre „Surratt/Watson" auch heute noch eine Herausforderung dar. Nach mehr als hundertfünfzig Jahren ist die Anzahl der offenen Fragen nicht geringer geworden, sondern eher gewachsen.

Verschwörern auf der Spur

Undercover in der Ewigen Stadt

Die letzten Jahre des alten Kirchenstaates sind geprägt von den Versuchen, das weltliche Herrschaftsgebiet des Papstes zu destabilisieren. Vor allem in der Ewigen Stadt selber bemühen sich „Aktionsbündnisse" darum, dieses Ziel zu erreichen. Polizei und Gendarmerie des Papstes stehen in den Anstrengungen, Aufruhr, Übergriffe und Attentate von Revolutionären zu verhindern, in vorderster Linie. Aber auch die Angehörigen der päpstlichen Armee sind in die Abwehr von Terrorakten eingebunden. So der westfälische Jurastudent Klemens August Eickholt (1844-1919). Er dient von 1868 bis 1870 als Freiwilliger bei der Päpstlichen Artillerie. Eickholt kommt durch seine Beobachtungsgabe zu einem Einsatz mit den Gendarmen des Papstes und wird mit ihnen *undercover* tätig werden.

Der junge Artillerieoffizier bringt nach dem Ende des Kirchenstaates die Erinnerungen an die Erlebnisse seiner Dienstzeit zu Papier. In ihnen notiert er: „In Rom lebte damals ein junger deutscher Bildhauer, der – wie es dazu gekommen, weiß ich nicht – mit Leib und Seele den geheimen Gesellschaften sich verschrieben hatte. Überall in Rom war er anzutreffen, nur nicht in seinem Atelier. Da er sprachkundig, geistreich, gewandt war und gute Manieren hatte, wusste er sich in die verschiedensten Kreise einzudrängen.

Auf diese Weise erfuhr er viel; manches wohl auch, was nicht für sein Ohr bestimmt war. Durch einen glücklichen Zufall hatte ich seinen wahren Charakter entdeckt und brachte auch in Erfahrung, dass er jeden Donnerstag zu einer geheimen Zusammenkunft ging. Diese fand in einem alten, vernachlässigten Palast statt, welcher der Kaserne Ravenna der *Carabinieri esteri** gerade gegenüberlag".

Der Artillerist wendet sich an seine Vorgesetzten und teilt ihnen seine Beobachtungen mit. Dann vergeht nicht mehr allzu viel Zeit und man reagiert. Als er noch am selben Tag in den späten Nachmittagsstunden, etwa gegen fünf Uhr, vom Exerzieren zurückkehrt, erwartet ihn eine Ordonanz mit dem Befehl, sofort vor seinem Oberst zu erscheinen. Der lässt ihn wissen: „Ich habe von Ihrer Entdeckung dem Polizeidirektor Monsignore Randi Mitteilung gemacht. Sie erhalten nun folgenden Auftrag: Um neun Uhr haben Sie sich in Zivil zur Brigade San Pietro in Vincoli zu begeben. Dort werden Ihnen Gendarmen in Zivil zur Verfügung gestellt. Sie haben dann zu erproben, ob Ihre ausgesprochenen Vermutungen begründet sind".

Eickholt schreibt in seinen Aufzeichnungen nieder: „Einen solchen Auftrag hatte ich nicht erwartet, bedeutete dieser doch nichts weniger als eine Abkommandierung zur Geheimpolizei. Fürwahr nichts Angenehmes! ‚Herr Oberst', erwiderte ich, ‚als Soldat habe ich zu gehorchen; aber ich erlaube mir zu bemerken: Sie setzen mich da in einen ganz fremden Sattel. Ich fürchte, ich werde darin nicht reiten können.' ‚Ein tüchtiger Artillerist muss in jedem Sattel

* Karabinieritruppe des päpstlichen Heeres aus ausländischen Freiwilligen

gerecht sein', war die Antwort. ,Gehen Sie mit Gott, und guten Erfolg.'"

Nachdem er in seiner Stadtwohnung Zivilkleidung angelegt hat, begibt sich der junge Westfale zur Gendarmeriebrigade San Pietro in Vincoli. Um nicht ohne Waffe zu sein, schnallt er sich einen österreichischen Offiziersrevolver, der sich in seinem Besitz befindet, unter dem Mantel um. Auf der Brigade empfängt ihn neugierig, aber mit etwas geringschätzender Miene der Chef des Postens, ein im Dienst ergrauter Quartiermeister*. „Sie haben wohl eine Entdeckung gemacht, Signorino", meint er spöttisch, „aber wenn an der Sache was wäre, so wüßten wir doch auch wohl etwas. Doch Glück zu! Ich habe Ihnen meine besten Leute ausgesucht; sehen Sie, was Sie mit ihnen ausrichten."

Dann öffnet er die Tür des Mannschaftsraumes, und vor dem verblüfften Eickholt steht ein bunter Haufen: „Der elegante Dandy, der solide Bürgersmann, das Gigerl**, der Handwerker, der Straßenhändler, der zerlumpte Bettler – alles war vertreten." Mit einem gewissen Erstaunen blicken die „Undercover-Agenten" der Gendarmerie auf das schmächtige, junge Kerlchen, das der Quartiermeister ihnen vorstellt und dem sie heute Abend folgen sollen. „Hier haben Sie Ihre Leute, geben Sie denselben Ihre Anweisungen und *Addio*!" Mit diesen Worten verabschiedet sich der alte Postenchef, „und mit fragenden Blicken schauten meine neun Spürhunde mich an".

„Unsere Aufgabe", wendet er sich an sie, „ist folgende: In dem Palast gegenüber der Kaserne Ravenna ist heute ein

* Für die Logistik verantwortlicher Offizier
** Modegeck

geheimes Konventikel*. Wir müssen erfahren, was für Leute daran teilnehmen — vielleicht kennen Sie sogar einige davon — , und sehen, wo die bleiben. Wenn das Haus Ihnen bekannt ist, so wissen Sie wohl auch, ob es Hintertüren hat und wo diese liegen. Für Sie ist die Umstellung eines Hauses nichts Neues, und Sie wissen besser als ich, was da zu tun ist. Und nun ans Werk!" Ein zustimmendes Gemurmel, eine kurze, leise Besprechung untereinander, und fort sind die Leute. Eickholt schlendert hinter ihnen her und sieht, wie der eine hier, der andere dort im nächtlichen Dunkel verschwindet.

Die Via Paolina, die Straße, in der das verdächtige Haus liegt, führt zur Suburra. In der Kaiserzeit lagen in dieser Gegend, zwischen dem Esquilin und dem Caelius, die Thermen des Trajan und des Titus sowie gewaltige Gartenanlagen und Neros Goldenes Haus. Von der damaligen verschwenderischen Pracht der Antike ist nichts geblieben. Weinberge und Gärten, von engen Pfaden durchschnitten, sind an der Stelle der prunkvollen Paläste und üppigen Bäder getreten. Hier und da steht eine kleine Villa, ein einzelnes Haus, eine Gärtnerwohnung. Die ganze Gegend vermittelt ein Bild der Einsamkeit und Verlassenheit. Unterirdische Gewölbe, die erhalten geblieben sind, bieten Schlupfwinkel und Verstecke. Hier liegen auch die *sette sale,* nicht sieben, sondern entgegen ihrer Bezeichnung neun untereinander in Verbindung stehende kolossale Gewölbe, die in vergangenen Zeiten Brunnen für die Wasserkünste des Goldenen Hauses beherbergten.

* geheime Zusammenkunft Gleichgesinnter

Das Haupttor des Verschwörerhauses in der Via Paolina behält Eickholt selbst im Auge, er beobachtet es aus sicherer Entfernung: „Ab und zu sah ich einen Kopf von meinen Leuten aus der Finsternis auftauchen. Die braven Burschen suchten auch etwas Bewegung, die endlosen Stunden zu kürzen. Doch da eine schimmernde Ritze an der Haustüre! In demselben Augenblick torkelt ein Betrunkener auf dem Straßenpflaster. Er lehnt an der Wand des Ravennapalastes und versucht, sich eine Zigarre anzuzünden. Die Tür des verlassenen Hauses hat sich unterdessen lautlos geöffnet. Drei Gestalten, denen noch weitere zu folgen scheinen, treten auf die Straße, vorsichtig rechts und links spähend. Die wenigen Laternen sind längst erloschen, und das letzte Mondviertel unterbricht kaum mit bleichem Schimmer die Nacht.“

Die drei Verschwörer bemerken den Betrunkenen, der weiterstolpert. „Nachdem er verschiedene Zündhölzchen erfolglos vergeudet, setzt er mit vieler Mühe zwei Hölzchen zugleich in Brand und bringt sie an die Zigarre. Er hat vorher die innere Handfläche durch einen Tropfen Öl glänzend gemacht, so dass sie ihm für die flammenden Streichhölzer als Reflektor dienen kann. So gelingt es ihm, in dieser geschaffenen Beleuchtung die Gesichtszüge der vorbeischreitenden Männer zu unterscheiden. Aber bevor die Zigarre recht brennen will, hat's ihn schon wieder umgeworfen. ‚*Per Bacco, un'ubbriacone*!'* hört er die Fortschreitenden flüstern. Am Boden liegend, sieht er dann, wie ihnen noch andere, die nach den dreien das Haus verlassen und auf Santa Ma-

* Beim Bacchus, ein Säufer!

ria Maggiore zugehen, folgen. Als dann die ersten drei, miteinander leise und eifrig sprechend, etwa zwanzig Schritte weit sich entfernt haben und im Begriffe sind, im nächtlichen Dunkel zu verschwinden, wird der Betrunkene auf einmal sehr gelenkig. Seine Augen bohren sich in das Dunkel, und mit lautlosen Schritten wie auf der Pirsch geht's hinter den dreien her."

Die drei Gestalten gehen in Richtung Suburra. Der Weg, den sie nun einschlagen, führt etwa zehn Meter durch eine Art Tunnel in eine Ruine. „Drei gegen einen und dazu im Finstern! — Haben sie was gemerkt und locken dich in eine Falle?" Diese Gedanken fliegen Eickholt durch den Kopf und lassen ihn zum Revolver greifen. „Doch in Gottes Namen ihnen nach! Ich hatte mich niedergeduckt und kroch, auf Händen und Füßen eng an die Seitenmauer des Ganges gedrückt, hinter ihnen her." Der junge Artillerist hat Glück. Gleich hinter der Ruine liegt ein einsames Haus, in dem die drei verschwinden. Er atmet tief durch und schlägt den Weg nach San Pietro in Vincoli ein.

„Als ich in der Brigade eintraf, fand ich dort die meisten meiner Leute schon wieder. Mit einer Art von Zerknirschung kam der alte Quartiermeister auf mich zu. Er ergriff meine beiden Hände und sagte: ‚Aber, bester Herr, wie sind Sie hinter diese Sache gekommen? Wissen Sie auch wohl, daß alle Teilnehmer an diesem Konventikel höchst gefährliche Menschen sind? Einige von ihnen waren zum Tode, andere zu langwierigen Galeerenstrafen* verurteilt. Auf hohe Fürsprache und durch die Milde des Heiligen Vaters

* Strafe für schwere Vergehen, usprünglich auf der Galeere verbüßt

wurden sie begnadigt, des Landes verwiesen und über die Grenze gebracht. Und nun sitzt die ganze Canaille wieder hier zusammen in Rom! Ich schreibe sofort meinen Rapport und werde Ihrer darin hoch gedenken.' Ich bat ihn, das hübsch bleibenzulassen, und verabschiedete mich von ihm und meinen nächtlichen Freunden und ging nach Hause."

Kurze Zeit später lässt der Polizeidirektor von Rom das Verschwörernest ausnehmen. Die von der Gendarmerie Festgenommenen werden in die Engelsburg verbracht. Ihnen wird der Prozess wegen Hoch- und Landesverrats gemacht. Die Untersuchung bringt so viel Belastendes zutage, dass man sie zu langjährigen Strafen verurteilt. Doch allzu lange werden sie nicht in Haft bleiben. In seinen Erinnerungen hält Klemens August Eickholt fest: „Bei der Einnahme Roms am 20. September 1870 wurden sie, der deutsche Bildhauer gehörte mit dazu, von der italienischen Regierung ‚befreit' und von den Freimaurern und Freidenkern als Märtyrer gefeiert. Der Deutsche veröffentlichte dann in der Capitale, einem in Rom entstandenen Freidenkerblatt, das von teuflischem Hass gegen Religion und Papsttum beseelt war, über die Angelegenheit eine Reihe von wütenden, verleumderischen Artikeln." Der Artillerist selbst wird für seinen Anteil an der Ergreifung der Verschwörer befördert.

Das Trojanische Pferd Gottes

Das Collegium Russicum in Rom

Ende der Achtziger Jahre des vergangenen Jahrhunderts dreht man in Rom mit viel Aufwand einen Spionagethriller. Er trägt den reißerischen Titel *Russicum — I giorni del diavolo**. Der Inhalt des Agentenfilms ist mit wenigen Worten erklärt: Die Patres des *Pontificum Collegium Russicum* bereiten im Verborgenen eine Reise des Papstes in die Sowjetunion vor; *CIA* und *KGB,* die Geheimdienste der USA und der UdSSR, versuchen das Unternehmen zu sabotieren.

Als Hauptdrehort haben die Produzenten den Originalschauplatz, das *Collegium Russicum,* im Auge. Trotz verlockender Geldangebote weigert sich das *Päpstliche Russische Kolleg,* in den Räumlichkeiten seines Institutes Filmaufnahmen zu erlauben. Die Filmcrew muss sich mit Außenaufnahmen, die man nicht zu verhindern vermag, begnügen. Und so mancher Bewohner oder Besucher des Kollegs, der nicht von den Objektiven der Kameras eingefangen werden möchte, sitzt an dem ein und anderen Tag für einige Stunden unfreiwillig in dem Studienhaus fest.

Andere Institutionen der katholischen Kirche scheinen die Bedenken des *Russicums* nicht zu teilen. In der Mensa der römischen *Caritas* auf dem Colle Oppio in Rom und in

* *Russicum* - die Tage des Teufels

der Abtei der griechisch-katholischen Mönche von Grottaferratta heißt man die Kamerateams willkommen. In dem Kloster vor den Toren der Ewigen Stadt werden sogar liturgische Zeremonien im Film festgehalten. Ein hochstehender Prälat der Kurie – irritiert über das Verhalten der *Caritas* und der Mönche – zitiert einen Ausspruch des römischen Kaisers Vespasian: „*Pecunia non olet* – Geld stinkt nicht."

Dem Film (entstanden in Zusammenarbeit mit dem Italienischen Staatsfernsehen *Rai*) ist kein Erfolg beschieden; er wird von der Fachpresse verrissen und fällt sogar bei den Kinobesuchern durch. Das Drehbuch hat sich als schlecht, die Umsetzung als miserabel erwiesen. Nicht einmal Oscarpreisträger wie F. Murray Abraham (er gab Jahre zuvor einen Inquisitor in Umberto Ecos Welterfolg *Der Name der Rose*), der im Film mitwirkt, hat die Story retten können. Sogar die Videokassetten und DVDs spielen keinen akzeptablen Gewinn ein – ein Flop!

Wer mit der Geschichte des *Collegium Russicum* in Rom vertraut ist, der weiß, dass die päpstliche Studienanstalt weit mehr „Agentenstoff" zu bieten hat, als es sich Filmemacher in ihren kühnsten Vorstellungen erträumen. Was sich im *Russicum* vom Beginn seiner Existenz an abspielte, ist eng verwoben mit kaum erahnten, überraschend frühen Beziehungen des Vatikans zum kommunistisch gewordenen ehemaligen Zarenreich.

Anfang 1919 kommt es zu einem telegrafischen Kontakt des Heiligen Stuhls mit Lenin – Grund ist ein Konflikt um den katholischen Erzbischof von Mogilew, den Balten Eduard von der Ropp. Zwei Jahre später sind es humanitäre Bemühungen des Papstes, die zu Beziehungen nach Moskau führen. Benedikt XV. schreibt seinem Kardinalstaatssekretär: „Aus dem Wolgagebiet rufen Millionen Menschen, die vor einem schrecklichen Tode stehen, die Hilfe der Menschheit an. Dieser Schmerzensschrei hat uns tief verwundet ... Darum laden Wir Sie, Herr Kardinal, dazu ein, alles in Ihrer Macht Stehende zu tun, um den Regierungen der Nationen die Notwendigkeit vor Augen zu stellen, dass sie eine rasche und wirksame gemeinsame Aktion einleiten".

Im März des Jahres 1922 schließen der Heilige Stuhl und die Sowjetunion ein Geheimabkommen „über die Entsendung von Bevollmächtigten (*agents*) des Heiligen Stuhls nach Russland". Einleitend heißt es in dem Dokument:

„§1 Die Abgesandten (*envoyés*) des Heiligen Stuhls werden nicht Angehörige von Nationen oder politischen Formationen ein, die Sowjetrussland feindlich gesinnt sind.

§2 Die Abgesandten werden sich eidlich verpflichten, jegliche politische Betätigung zu unterlassen, die mittelbar oder unmittelbar, innerhalb Russlands wie im Ausland, gegen die bestehende Regierung gerichtet ist.

§3 Unter Ausschluß jeder politischen Propaganda werden die Abgesandten des Heiligen Stuhls volle Freiheit haben, sich der Wiederherstellung der Bevölkerung (*relèvement du peuple*) zu widmen durch Verteilung von Lebensmitteln an Hungernde."

Die Arbeit der päpstlichen Hilfsmission soll rein humanitären Charakter besitzen. Ihre Mitglieder, die im Abkommen beschriebenen *agents*, besitzen Diplomatenpässe, sind allesamt Ordensleute, haben aber ihre Aufgaben *in borghese* (Zivilkleidung) zu versehen. Vor ihrer Abfahrt im Juli 1922 nach Moskau empfängt sie der Papst — nunmehr Pius XI. — in Audienz und nimmt ihnen das verbindliche Versprechen ab, sich jeder politischen und religiösen Tätigkeit zu enthalten.

Rom und Moskau kommen zwar in einer durchaus ernstgemeinten Hilfsaktion zusammen, die der Not leidenden Bevölkerung Russlands auf vielfache Weise Unterstützung zukommen lässt und eine gewisse Linderung der schrecklichen Lebensumstände erreicht, beide Parteien aber haben zu diesem Zeitpunkt auch andere Interessen *in petto*, darunter kurioserweise auch eine gegenseitige völkerrechtliche Anerkennung und die Aufnahme diplomatischer Beziehungen*.

Die Geschichte und das Image des *Collegium Russicum* ist kaum denkbar ohne den französischen „Russland-Bischof" Michel-Joseph Bourguignon d'Herbigny. „Mit d'Herbigny begegnen wir einer der rätselhaftesten, interessantesten, tragischsten Figuren in der Geschichte vatikanischer Ostpolitik", wird der katholische Ostexperte Hansjakob Stehle etwa drei Jahrzehnte nach dessen Tod über ihn urteilen. Der Geistliche kommt am 8. Mai 1880 in Lille (Frankreich) zur Welt. 1897 tritt er der Ordensgemeinschaft der Jesuiten bei und wird 1910 im Konvent von Enghien (Belgien) zum Priester geweiht. Sein Studium der Theologie schließt er mit einer Doktorarbeit über den russischen Religionsphilosophen Wladimir Solowjew ab. Sein Interesse an Russland ist geweckt. D'Herbigny wird Professor der Theologie bei den Jesuiten in Enghien und verbleibt dort bis 1921. Während

* Sowohl der Heilige Stuhl als auch die Sowjets verfügen 1922 auf der Büh ne der Weltpolitik über keine gänzlich akzeptierte völkerrechtliche Stellung.

der Sommermonate unternimmt er häufige Reisen nach Osteuropa, insbesondere nach Russland.

Im Jahr 1922 folgt er dem Ruf nach Rom, um dort einem Lehrauftrag an der *Päpstlichen Universität Gregoriana* nachzukommen. Als Pius XI. in der Ewigen Stadt das *Päpstliche Orientalische Institut* gründet und der Gesellschaft Jesu anvertraut, wird der Franzose zu dessen Rektor ernannt. D'Herbigny ist derjenige, der dem Institut Leben einhaucht. Von Dezember 1924 an berät er die *Kongregation für die Orientalischen Kirchen* und wird Mitglied der Kommission *Pro Russia*. Er erwirbt sich das unbedingte Vertrauen Pius' XI. Als 1926 die religiöse Verfolgung in der Sowjetunion solche Ausmaße annimmt, dass die gesamte Hierarchie der katholischen Kirche Russlands durch Verhaftung und Vertreibung vernichtet wird, sieht der Papst keine andere Möglichkeit, als ohne Wissen und Zustimmung der Sowjets den dortigen Katholiken neue Oberhirten zu geben.

Pius XI. bestimmt seinen Vertrauten d'Herbigny, dieses Unternehmen durchzuführen. Der Jesuit macht sich nach Moskau auf. In Berlin unterbricht er seine Reise und empfängt vom dortigen Apostolischen Nuntius Eugenio Pacelli, dem späteren Papst Pius XII., im Geheimen die Bischofsweihe. „Der Papst hat ihm formell den Titel von ‚Illio' zugewiesen (heute Hissarlik), einem längst nicht mehr existierenden Bischofssitz in der Türkei, hinter dessen Namen sich das klassische Troja verbirgt. Vielleicht dachte der Papst — als gebildeter Humanist — an das Trojanische Pferd, als er nun seinen geheimen Abgesandten mit der Deutschen Reichsbahn ins Land der Ungläubigen und Kirchenfeinde fahren ließ" (Hansjakob Stehle).

Am 21. April 1926 erteilt d'Herbigny erstmals einem Priester in der Sowjetunion das Sakrament der Bischofsweihe. Weitere Ordinationen folgen. Doch die spektakuläre Mission des Jesuiten endet in einem furchtbaren Desaster. Alle neugeweihten Oberhirten werden schon bald enttarnt und verhaftet. Hatten Agenten des sowjetischen Geheimdienstes d'Herbigny auf seinen Fahrten nachgespürt? Hatte man im Apostolischen Palast die Komplexität des Unternehmens unterschätzt? War der Jesuit etwa zu unvorsichtig gewesen? Oder hatten Spione im Vatikan selbst das Ihrige zu dem Misserfolg der päpstlichen Mission beigetragen? Auch Angehörige der Gesellschaft Jesu, die als Neider ihres Mitbruders hervorgetreten waren, geraten in Verdacht.

Das Vertrauen seines päpstlichen Protektors verliert d'Herbigny noch nicht. Und so kann er mit dessen Hilfe 1928 den Grundstein zum *Pontificum Collegium Russicum* legen, dessen erster Rektor er wird. Im April 1930 löst der Papst die Russlandkommission aus ihrer Abhängigkeit von der Ostkirchenkongregation. Präsident der *Päpstlichen Kommission für Russland* wird d'Herbigny. Die Räumlichkeiten der Kommission wechseln vom römischen Borgo Nuovo in den Apostolischen Palast — und bringen dem Jesuiten Probleme. Man munkelt, bei dem Umzug seien wichtige Dokumente verschwunden. Andere Stimmen behaupten, der Umzug sei gerade deshalb geschehen, weil zuvor bereits der Diebstahl von geheimen Unterlagen zu beklagen gewesen sei.

Die Karriere des Franzosen bekommt erste Risse. Ende 1932 wird der Bischof dann in einen Skandal hineingezogen, der nicht nur in der Ewigen Stadt große Wellen schlägt. Vier Jahre zuvor trifft Alexander Deubner, ein junger russischer Priester aus einer Familie, die aus dem Baltikum stammt, in Rom ein und wird bei Bischof d'Herbigny vorstellig. Er weist ein Empfehlungsschreiben von Erzbischof Andrej Scheptyckyj, dem ukrainisch-katholischen Metropoliten von Lemberg, vor. D'Herbigny bemerkt schon früh, dass er in Deubner nicht unbedingt eine psychisch gefestigte Persönlichkeit vor sich hat. Doch er bringt den labilen jungen Mann im *Russicum* unter und beschäftigt ihn als Übersetzer und wissenschaftlichen Mitarbeiter. Als wiederum „Russland-Dokumente" in Rom „verschwinden", fällt der Verdacht auf Deubner. Zu Unrecht.

Bewusst wird die Information gestreut, dass der Geistliche mit der berühmten kommunistischen deutschen Reichstagsabgeordneten Clara Zetkin verwandt sei. Deubner gerät in Panik. Überstürzt, ja beinahe fluchtartig verlässt er Ende 1932 Rom, ohne davon seinen Vorgesetzten d'Herbigny in Kenntnis zu setzen. In der deutschen Hauptstadt geht er mit einer jungen Polin eine Liaison ein und erwägt sogar eine Heirat. Vermutlich ohne böse Absicht spricht er mit ihr auch über vatikanische Interna – und liefert damit einen weiteren Grund, ihn der Spionage für die Sowjetunion zu bezichtigen. Nach dem Reichstagsbrand im Februar 1939 gerät Deubner ins Visier der Deutschen. Er kehrt schließlich in die Ewige Stadt zurück. Und bringt damit d'Herbigny in Verlegenheit.

Noch scheint der Bischof das Vertrauen Pius' XI. zu besitzen. Doch von der „Affäre Deubner" beeinflusst, verzichtet der Papst auf sein Vorhaben, ihn im Konsistorium* vom

* Feierliche Zusammenkunft des Papstes mit den Kardinälen zur Behandlung wichtiger Angelegenheiten und der Berufung neuer Mitglieder des Kardinalskollegiums.

13. März des Jahres zum Kardinal zu erheben. Im Mai 1933 erhält d'Herbigny als „Trostpflaster" und Vertrauensbeweis des Pontifex den Titel eines „Päpstlichen Thronassistenten", der ihm gewisse zeremonielle und liturgische Vorrechte einbringt. Aber noch im gleichen Jahr beginnt das Intrigenspiel um d'Herbigny Wirkung zu zeigen. Neben unzweifelhaft persönlichen Fehlern des Bischofs haben welt- und kirchenpolitische Implikationen den Boden dafür bereitet. Vor allem aber ist es das Erscheinen des Jesuitengenerals Wladimir Ledochowski auf der Bühne der Intrigen, der den Sturz seines französischen Ordensbruders einleitet. Ledochowskis Handeln wird vor allem durch persönliche, niedrige Motive getragen; er ist eifersüchtig auf den Einfluss und die Vertrauensstellung, die d'Herbigny bei Pius XI. hat.

1933 kehrt der Bischof nach Belgien zurück. Als Gründe dafür werden offiziell „gesundheitliche Probleme" angegeben. Er sucht Rom nie wieder auf. 1934 gibt er die Verantwortung für die päpstliche Russlandkommission ab. Bis zum Jahr 1937 unternimmt d'Herbigny Reisen in die ganze Welt und hält zahlreiche Vorträge. Dann erfolgt sein Sturz aus kirchlichen Höhen, der, so ein Kurienkardinal, tiefer sei als derjenige der gefallenen Engel. Vieles zur Person d'Herbignys, seinem Wirken und zum Handeln seines Umfeldes bleibt bis zum heutigen Tag mit einem Schleier bedeckt. Eugenio Pacelli – Pius XII. – wird die Äußerung machen, das „Mysterium D'Herbigny" sei für ihn unverständlicher als die Mysterien der Dogmen und Sakramente.

Der französische Kirchenhistoriker Yves Chiron nennt ein ganzes Konvolut von möglichen Gründen bzw. Anschuldigungen: eine interne Regelung der Angelegenheiten der

Jesuiten; Eifersucht des polnischen Generaloberen der Gesellschaft Jesu, Wladimir Ledochowskis wegen seiner privilegierten Beziehungen zu Pius XI.; eine Affäre mit einer Frau; eine russische Provokation aus Rache für seine verdeckten Unternehmungen; allgemeines Scheitern seiner Politik und Taktik. Der Benediktiner P. Lambert Beauduin, berichtete mit einer gewissen Süffisanz, dass man den Jesuiten *Monseigneur m'as-tu vu* (*Monsignore Hast-du-mich-gesehen*) nannte: „Sein Name wurde täglich in der Presse — vom Typ La Croix — erwähnt; es gab kein klerikales Menü, bei dem er nicht erschien ... Das Klima in Rom ist für allzu rührige Ausländer tödlich: die Mikrobe des ‚Prälatismus' bringt sie um."

Eine antike *damnatio memoriae,* eine totale Auslöschung des Gedenkens, der Erinnerung an Michel d'Herbigny setzt ein. Der General der Jesuiten schlägt mit unglaublicher Brutalität zu: dem Bischof wird 1937 jedes öffentliche Auftreten, im kirchlichen wie im weltlichen Bereich, auf Lebenszeit untersagt. Nur die Messe darf er zelebrieren, ohne jeglichen Gebrauch der Pontifikalien*. Reisen und Korrespondenz unterliegen Restriktionen, die strenger nicht sein können. Den Mitbrüdern in seinem Verbannungsort wird es verboten, ihn mit „Exzellenz" anzureden. In jesuitischem Gehorsam unterwirft sich der Bischof diesen Demütigungen.

1957 stirbt d'Herbigny. Seinen Schülern, Mitbrüdern und Freunden wird untersagt, das Requiem für ihn in der Öffentlichkeit anzukündigen. Freunde und Familienange-

* Vornehmlich Mitra und Stab der Bischöfe und Äbte.

hörige lassen jedoch ein Sterbebild drucken, das ihn als Bischof der katholischen Kirche zeigt. Auch der Tod von Generaloberen und Päpsten ändert nichts an der verhängten *damnatio memoriae*. „Noch vierzehn Jahre später, als sich die römische Bischofssynode im Oktober 1971 mit dem Thema ‚Gerechtigkeit' beschäftigt und Kardinal Joseph Slipyi aus sehr persönlichen Motiven den vergessenen Fall d'Herbigny ins Gedächtnis rufen wollte, forderte ihn das Synodensekretariat auf, dies zu unterlassen" (Hansjakob Stehle).

Selbst Ende der Achtziger Jahre scheint es weiterhin nicht angebracht, im *Collegium Russicum* den Namen des Bischofs auch nur zu erwähnen. Wer als Besucher des Kollegs nach d'Herbigny fragt, erntet eisiges Schweigen und blickt bestenfalls in betreten dreinschauende Gesichter. Der Verfasser dieser Zeilen wurde Zeuge einer solchen Szene. Ausdrücklich war es damals sowohl dem *Orientale* als auch dem *Russicum* noch untersagt, ein Bild des Bischofs in ihren Räumlichkeiten aufzuhängen.

D'Herbignys Sturz steht mit Sicherheit auch im Zusammenhang mit einer Vielzahl von Spionen, die gegen Papst und Kirche arbeiteten und im *Russicum* oder in dessen Umfeld wirkten. Die „Affäre Deubner" ist nur ein Mosaikstein. Eine der schillerndsten Persönlichkeiten in diesem schmutzigen Spiel der Spionage ist Eduardo Prettner-Cippico, ein Archivar des Päpstlichen Staatssekretariates. Der Geistliche arbeitet auch für d'Herbigny in der Russlandkommission. Der Bischof ist froh, einen Mitarbeiter aus Triest zu haben, der über diverse Sprachkenntnisse verfügt. Er ahnt nicht, dass Prettner-Cippico ohne Skrupel, hemmungslos und mit einer unglaublichen Verwegenheit Geheimdokumente, die

Russland betreffen, kopiert oder stiehlt. Seine kriminellen Aktivitäten hält er sogar in Tagebuchaufzeichnungen fest.

Der Dokumentenraub, der Alexander Deubner in die Schuhe geschoben wurde, geht auf ihn zurück. Seinen verbrecherischen Neigungen geht er bis zu seinem irdischen Ende im Jahre 1983 (!) weiter nach. Er verkauft Informationen aus dem Vatikan an jeden, der ihm dafür Geld zu bieten hat. Zu seinen Kunden gehören Nazis, der amerikanische Geheimdienst *OSS** und die Russen. Er gleicht einem „Stehaufmännchen". Aus fast aussichtslosen Situationen scheint er sich immer wieder herauswinden zu können. Doch 1948 wird er aus dem Verkehr gezogen – zumindest für eine gewisse Zeit.

Seine kurios anmutende Haft und Flucht aus dem Vatikan schildert Hansjakob Stehle in seinem Buch *Graue Eminenzen – dunkle Existenzen*: „Und so geschah, was seit Jahrzehnten nicht mehr geschehen war. Die päpstliche Polizei vollstreckte einen Haftbefehl Seiner Heiligkeit. In aller Stille wurde der überraschte Prälat in ein Turmzimmer der Apostolischen Bibliothek gesperrt, zwar komfortabel, mit viel Lesestoff ausgestattet, doch unter strenger Bewachung. Noch hatte sich nicht herumgesprochen, daß Prettner-Cippico in Ungnade gefallen war. Auch die Polizisten vor seiner Zimmertür wußten nicht, was dem geistlichen Herrn vorgeworfen wurde.

Wie immer wirkte er ruhig und gelassen: Am Morgen des 3. März 1948 – vier Wochen saß er schon fest – bittet er höflich den Wachmann vor der Tür, er möge ihm doch

* *Office of Strategic Services*, die Vorgängerorganisation der *CIA*.

behilflich sein, einen Stapel von Büchern aus der einen Ecke des Zimmers in die andere zu tragen. Buch nach Buch türmt Cippico dem wackeren Gendarmen auf die ausgebreiteten Arme – bis dessen Gesicht hinter dem Stapel verschwindet. In diesem Augenblick macht der Häftling einen Sprung vor die Tür und dreht den Schlüssel hinter sich um. Minuten später sieht man ihn in langer, schwarzer Soutane, das Brevier-Gebetbuch unter dem Arm, zum Sankt Anna-Tor des Vatikans schreiten. Ahnungslos salutieren die wachthabenden Schweizer Gardisten, während der Prälat das heiß gewordene Pflaster des Vatikanstaates hinter sich läßt; erst am Abend lesen die Grenzhüter staunend im *Osservatore Romano*, der Vatikanzeitung, daß Eduardo Prettner-Cipppico, zahlreicher Fälschungen und Betrügereien angeklagt, in Haft genommen, verhört und – nachdem er diese Delikte gestanden hat und geflohen ist – von der zuständigen kirchlichen Behörde vom Priesterstand in den des Laien zurückversetzt wurde'".

Für den Pariser Historiker Paul Lesourd war der Monsignore ein *escroc* (Gauner). Später lebt (und „wirkt") er weiter im direkten Umfeld des Vatikans – und wird durch einen päpstlichen Gnadenakt wieder in den Priesterstand zurückversetzt. Noch über seinen Tod im Jahre 1983 hinaus sorgt er für Spekulationen. 1996, als das Nachrichtenmagazin *Der Spiegel* Vermutungen über den Spitzel anstellte, der in den Siebziger und Achtziger Jahren Gesprächsprotokolle aus dem Vatikan an die Kommunisten verraten hatte, wurde auch der Name „Prettner-Cippico" ins Spiel gebracht. Doch diesmal schien der dubiose Priester selber zum Opfer geworden zu sein: „Ein Abenteurer mit zweifelhaftem Hintergrund, zumal längst verstorben, wäre den Betroffenen als Sündenbock wohl gerade recht – so ließe sich die Angelegenheit am besten totschweigen".

Nach dem II. Weltkrieg rückt das *Pontificum Collegium Russicum* wieder verstärkt in das Interesse der Öffentlichkeit – in einer Zeit, in der das Geschehen im kommunistisch beherrschten Osteuropa viele Menschen bewegt. Die Berichterstattung über das Studienkolleg ist jedoch eine fatale Mischung aus Vermutetem, Wahrem, Falschem und Propagandistischem.

Gutes Beispiel hierfür ist ein Beitrag, mit dem *Der Spiegel* 1949 seine Leserschaft erstaunt: „Gegenwärtig werden in dem schmucklosen gelben Haus neben der Santa-Maria-Maggiore-Kirche in Rom dreißig Russen und einige Polen, Tschechen und Slowaken ausgebildet. Während der zwei- bis dreijährigen Kurse dürfen sie das Haus nicht verlassen, keine Besucher und keine Post empfangen. Schwere, elektrisch bediente Türen und vergitterte Fenster, die nie geöffnet werden, schließen die Außenwelt ab. Erst kürzlich behauptete die kommunistische Zeitung *La Repubblica* wieder, dort werde antisowjetische Spionage gelehrt und betrieben. Die *Repubblica* wollte ferner wissen, daß diese Spionagezentrale von einem ehemaligen SD-Führer geleitet werde, der sich seiner einstigen Vertrauensmänner bediene. Doch der SD-Führer hat längst ein neues Tätigkeitsfeld in einem Land des Nahen Ostens gefunden.

Die Jesuiten überlassen das Spionieren anderen und beschränken sich auf das Missionieren. Die Mitglieder des *Russicums* leben und lehren unter falschen Namen. Vor der Abreise erhalten sie alle heiligen Sakramente, einschließlich der Letzten Ölung. Dann werden sie vom Papst und vom Jesuitengeneral in geheimer Audienz empfangen. Noch einmal legen sie den Schwur der Jesuiten ab. Dann fahren sie in Zivil heimlich oder mit falschen Papieren über die Grenze ins Sowjetland. Allmorgendlich schließen die Zurückbleibenden die fernen Brüder in ihr Gebet mit ein. In den prunkvollen Meßgewändern der orientalischen Liturgie beten die Jesuiten um Erfolg für ihre Arbeit. Damit irgendwann einmal auch in russischen Kirchen diese Gewänder wieder leuchten."

In den Zeiten des Kalten Krieges bleibt das *Collegium Russicum* im Gespräch. Es gibt kaum jemanden, der es nicht auf irgendeine Art und Weise mit Spionage in Verbindung bringt. Politisch ist das *Russicum* den Wechselbädern der Kirchengeschichte ausgesetzt; erneute Weihen von Geheimbischöfen, Ansätze zu einer Koexistenz und immer wieder Rückschläge gehören dazu. Doch in die Beziehungen des Vatikans zu den Ländern des Ostblocks kommt Bewegung. Diplomatische Erfolge zeigen sich und das päpstliche Kolleg nimmt an Bedeutung im von den Päpsten forcierten ökumenischen Dialog eine bedeutende Stellung ein. Dann beginnt man sogar von einem „sowjetisch-vatikanischen Tauwetter" (Hansjakob Stehle) zu sprechen.

Das *Russicum* darf nun – es sind die sechziger und siebziger Jahre – junge orthodoxe Theologen von der Geistlichen Akademie in Leningrad als offizielle Studiengäste bei sich aufnehmen. Jesuitenpatres können in Moskau wissenschaftlich arbeiten und Vorträge halten. Metropolit Nikodim* von Leningrad, der langjährige Leiter des Außenam-

* eigentlich Boris Georgijewitsch Rotov

tes der russisch-orthodoxen Kirche Russlands, kommt häufig zu Besuch nach Rom und wohnt währenddessen in dem Päpstlichen Kolleg. Nikodim wird zu einer der bedeutendsten Persönlichkeiten der Ökumene, vor allem eines viel versprechenden Dialogs mit der römisch-katholischen Kirche.

Zur Beisetzung Papst Pauls VI. im August und der Inthronisation Johannes Pauls I. im September des Jahres 1978 erscheint der Geistliche in der Ewigen Stadt. Am Morgen des 5. September wird den erst 49 Jahre alten Metropoliten ein besonderes, geheimnisumwittertes Schicksal ereilen. Als Dolmetscher bei der Begegnung zwischen Metropolit Nikodim und dem neuen Papst fungiert der Jesuit Miguel Arranz – der Vizerektor des *Russicums*. Am 5. September ist die Audienz für die Delegationen der Kirchen des Ostens anberaumt worden. Nikodim bittet Monsignore Agostino Casaroli, den Präsidenten der *Päpstlichen Kommission für Russland*, unerwartet um eine außerprotokollgemäße Unterredung mit dem Papst. Er gibt Casaroli zu verstehen, dass er dafür gute Gründe habe. Die Bestätigung für ein Treffen erhält Metropolit Nikodim am 4. September, dem Tag nach der Amtseinführung Albino Lucianis als Papst. Nikodim begibt sich ins *Russicum* und übernachtet dort. Es ist vorgesehen, dass der Metropolit um 8.20 Uhr das *Russicum* verlassen solle, um den Papst aufzusuchen.

Als Pater Arranz früh am Morgen im Kolleg den Metropoliten aufsucht, findet er einen sichtlich erregten Nikodim vor, der ihm berichtet, nachts kein Auge zugetan zu haben. Es sei unerträglich heiß gewesen, er hätte fast keine Luft bekommen. Sein Sekretär, Archimandrit Lev, hat um 7.00

Uhr morgens seinen Blutdruck kontrolliert. Nikodim nahm dann sofort Nitroglyzerin ein, da er Probleme mit dem Herzen hatte. Doch damit nicht genug: nachts war auch noch das Auto gestohlen worden, das ihn in den Vatikan bringen sollte, und was ihn sichtlich aufregt.

Vom *Russicum* fährt man in die *Casa del Clero**, wo sich die kirchlichen Delegationen versammeln sollen, die zur Audienz beim Papst geladen sind. Um 9.00 Uhr wird allen mitgeteilt, in welcher Reihenfolge die Autos in den Vatikan fahren werden. Nikodim, Archimandrit Lev und P. Arranz gehen gemeinsam zu dem Auto, das für sie bestimmt ist. Da es heftig regnet, kommt es zu einem Durcheinander, und letztendlich sitzt man in drei verschiedenen Autos. Nikodim ist in dem der bulgarischen Delegation gelandet, was ihn sehr nervös macht.

Bevor Nikodim im Vatikan den Saal betritt, in dem die Audienz stattfindet, gibt er Arranz eine Ampulle mit dem Nitroglyzerin und sagt: „Halten Sie sie bereit, vielleicht brauche ich sie."

Johannes Paul I. kommt herein und geht lächelnd auf den Metropoliten zu. Nach einer überaus herzlichen Begrüßung setzt man sich zu einer privaten Unterredung, die eine Viertelstunde dauert. Pater Arranz gibt Jahrzehnte später in einem Interview an, dass Nikodim „mit leiser Stimme zu Papst Luciani sprach; ja, manchmal wurde seine Stimme noch leiser, als hätte er Angst vor indiskreten Ohren. Er wollte, dass ihm niemand zuhörte."

* Vatikaneigene Unterkunft für Priester im historischen Zentrum Roms

Nach der Unterredung wird Archimandrit Lev hereingebeten. Nikodim stellt ihn dem Papst vor. Da beginnt der Papst, der inzwischen aufgestanden ist, mit dem Archimandriten zu sprechen. Auch Nikodim steht auf. Dann setzt sich Nikodim auf einmal wortlos nieder, beugt sich nach vorn und sackt vor dem Papst zusammen. Alles geht so schnell, dass Johannes Paul I. nicht sofort erkennt, was vor sich gegangen ist. Arranz teilt ihm mit, dass Nikodim ein schwaches Herz habe; Archimandrit Lev ist inzwischen hinausgerannt, um den Arzneikoffer zu holen, injiziert ihm ein herzstärkendes Mittel – jedoch ohne Erfolg. Die Augen Nikodims sind während der ganzen Zeit offen. Arranz flüstert dem Papst zu: „Erteilen Sie ihm die Absolution". Der Papst kniet nieder und erteilt sie ihm in lateinischer Sprache. Der Arzt, der wenig später hereinkommt, kann nur noch den Tod des Metropoliten feststellen.

Sofort nach diesem tragischen Vorfall wird der ein oder andere Verdacht laut. So die Behauptung, der Metropolit habe aus Versehen vergifteten Kaffee getrunken, der eigentlich für Johannes Paul I. bestimmt gewesen sei. Miguel Arranz berichtet von Gerüchten, wonach der orthodoxe Bischof dem neuen Papst Dinge gesagt haben soll, die er nicht hätte sagen dürfen. Und in der Kurie munkelt man, dass Agenten des *KGB*, von der Villa Abamelek, der Residenz der russischen Botschaft, aus, von wo aus man die Zimmer der Papstwohnung sehen kann, auf ihn geschossen hätten.

Den vielen umherschwirrenden Gerüchten zum Trotz ist den Beteiligten klar und für sie unbestritten: Nikodims Gesundheitszustand war sehr schlecht, und das schon seit langem. Er hatte bereits fünf Herzinfarkte hinter sich. Sein Ableben scheint daher natürlich. Doch einiges, das mit dem Besuch des russischen Metropoliten im Vatikan im Zusammenhang steht, bleibt im Dunkeln und fordert Spekulationen heraus. Auch der Tod Johannes Pauls I. kurze Zeit später und dessen Umstände tragen das Ihrige dazu bei. Der römische Pontifex stirbt nach einer Amtszeit von nur 33 Tagen. Eine unglückliche vatikanische Medienpolitik – man verfängt sich in Beschönigungen über das Auffinden des Leichnams – lässt die römische Gerüchteküche brodeln und führt zu abenteuerlichen Hypothesen, die Stoff für „Sachbücher", Romane und Verfilmungen bieten.

Als 1978 mit der Wahl Karol Woytilas zum Nachfolger des Luciani-Papstes ein Pole den Stuhl Petri besteigt, bringt dies dann das „Karusell der Spione" noch einmal in Schwung. Und führt manchmal auch zum Imageschaden der agierenden „Dienste". Das *Collegium Russicum* bleibt bis zum Fall des Eisernen Vorhangs und noch ein wenig darüber hinaus im komplexen Spiel der Geheimdienste präsent. So trumpfen die *Servizi Segreti Italiani* medienwirksam mit der Enttarnung eines im Vatikan arbeitenden Ostspions auf, der im *Russicum* wohnt. Zum Ärger der US-Amerikaner. Denn der mutmaßliche Topagent des Ostens steht im Sold der *CIA*, des Auslandsgeheimdienstes der Vereinigten Staaten.

Heute ist es still geworden um das Päpstliche Kolleg. Totenstill. Es beherbergt nur noch wenige Leute. Der ursprüngliche, ostkirchliche Glanz der Liturgien, die in seinem Gotteshaus noch spärlich zelebriert werden, ist verblasst. Seine faszinierende Ausstrahlung vergangener Zeiten hat das Kolleg verloren. Es scheint keine Bedeutung mehr im Leben der Kirche zu haben. „Man ist geneigt, an seinen Mauern eine Gedenktafel für Verstorbene anzubringen“, kommentiert eine Stimme aus dem Vatikan den jetzigen Zustand des *Collegium Russicum*.

Schatten über Sankt Peter

„Gäste", Eindringlinge und Spione im II. Weltkrieg

In den Lateranverträgen von 1929 hatte Italien im Artikel 12 des Vertragswerkes feierlich erklärt, dass der Vatikan für ausländische Diplomaten, die beim Heiligen Stuhl akkreditiert sind, in Rom ein Wohnrecht besitze, da es auf dem Territorium des Vatikanstaates nicht genug Möglichkeiten gab, eine so große Anzahl von Diplomaten unterzubringen: „Die Gesandten der auswärtigen Regierungen beim Heiligen Stuhl genießen im Königreich auch weiterhin alle Vorrechte und Immunitäten, die den diplomatischen Vertretern nach dem internationalen Recht zustehen, und ihre Residenzen können nach wie vor auf italienischem Gebiet verbleiben. Sie genießen die ihnen nach dem internationalen Recht zustehende Immunität, auch wenn ihre Staaten keine diplomatischen Beziehungen mit Italien unterhalten."

Doch die Faschisten, die *camicie nere* (Schwarzhemden), die seit 1922 die Macht in den Händen halten, wollen sich daran nicht halten. Die Regierung des Duce weigert sich, dieser völkerrechtlich abgesicherten Vereinbarung nachzukommen. Mit dem Eintritt Italiens in den Zweiten Weltkrieg ziehen daher die diplomatischen Vertretungen der Alliierten, an ihrer Spitze diejenigen Frankreichs, Großbritanniens und Polens in die Vatikanstadt, in das Hospiz Santa Marta.

Als im Dezember 1941 das Königreich Italien den Vereinigten Staaten von Amerika den Krieg erklärt, sieht sich auch der persönliche Vertreter des amerikanischen Präsidenten beim Papst* gezwungen, den Boden Italiens in Richtung Vatikan zu verlassen. Nach ihrem Kriegseintritt gelingt es den Amerikanern, eine Reihe lateinamerikanischer Staaten davon zu überzeugen, sich dem Kampf gegen das deutsch-italienisch-japanische Bündnis anzuschließen: Bolivien, Brasilien, Kolumbien, Kuba, Ekuador, Peru, Uruguay und Venezuela. Deren Vertreter müssen nun auch in die Vatikanstadt übersiedeln. Mit dem Eintreffen acht weiterer Gesandtschaften ist der Vatikan gezwungen, ein weiteres Gebäude für die Unterbringung der Diplomaten und ihrer Familien bereit zu stellen, den *Palazzo del Tribunale*, den Gerichtspalast des Kirchenstaates. Entgegen internationaler Gepflogenheiten wird es den alliierten Diplomaten auf Anordnung der Regierung des Duce untersagt, vatikanisches Staatsgebiet zu verlassen.

Der Großteil der vatikanischen Würdenträger, an ihrer Spitze der Papst, steht in dieser bewegten Zeit in Gegnerschaft zum Faschismus. Doch gibt es im Schatten von Sankt Peter auch Männer, die dem Regime Benito Mussolinis freundlich, ja favorisierend gesinnt sind. Zu ihnen gehört Kardinal Nicola Canali, der einflussreiche Präsident der Päpstlichen Kommission für den Staat der Vatikanstadt, eine Person zweifelhaften Charakters. Zudem ist es dem Duce gelungen, die Polizei des Papstes zu infiltrieren. Es dürfte unter anderen der Kommandant der Päpstlichen

* eine Botschaft der USA gab es damals noch nicht

Gendarmerie, Arcangelo del Mandato, gewesen sein, der den Faschisten diesen Weg nicht unwesentlich geebnet hat. Einer seiner Schützlinge, Giovanni Fazio, wird Chef der *Sezione Speciale,* einer kleinen Einheit von Gendarmen, die in Zivil als eine Art Staatspolizei des Vatikans agiert.

Giovanni Fazio wird im Verzeichnis der Agenten der *OVRA**, der politischen Polizei Mussolinis, unter dem Sigel *751* und dem Aliasnamen *Tassara* geführt. Seit Beginn der Dreißiger Jahre observiert er bekennende Antifaschisten im Umfeld des Papstes, so unter anderen den Direktor der Vatikanzeitung *Osservatore Romano,* Graf Giuseppe Dalla Torre. Und ausgerechnet Giuseppe Fazio zeichnet nun für die Überwachung des Hospizes von Santa Marta und der ausländischen Botschafter verantwortlich. Am 18. August 1940 schreibt der französische Botschafter beim Heiligen Stuhl an das Außenministerium in Paris: „Die päpstliche Polizei, die sich in jedem Winkel der Vatikanstadt eingenistet hat, unterhält hier eine strikte Überwachung in einer offensichtlichen Kollaboration mit der faschistischen Polizei. Italien hat den Vatikan durchdrungen mit der Genehmigung, der Komplizenschaft und aktiven Teilnahme höchster päpstlicher Würdenträger".

Beschwerden der Diplomaten und ihm zugespielte Informationen über die Beziehungen des Gendarmerieoffiziers zu den italienischen Diensten ermöglichen es dem Päpstlichen Staatssekretariat, hier konkret in der Person von Monsignore Giovanni Battista Montini, dem Treiben Giovanni Fazios dann doch Einhalt zu gebieten. Montini,

* *Organizzazione du Vigilanza e Repressione dell'Antifascismo* - Organisation zur Überwachung und Bekämpfung des Antifaschismus

der spätere Papst Paul VI., gehört dem antifaschistischen Lager an; er befiehlt einem Gendarmen seines Vertrauens, Anton Call, alle Rapporte, die Santa Marta betreffen, direkt an ihn weiterzuleiten. Die Schlinge beginnt sich um den Hals Fazios zusammenzuziehen. Kardinal Canali bleibt bald nichts anderes übrig, als seinen Schützling aus dem Dienst der Gendarmerie zu entfernen. Der Spion muss nun gedemütigt die Vatikanstadt verlassen. In einem Brief, datiert vom 29. Februar 1942, klagt er dem Duce sein Leid und bekennt sich als langjährigen und glühenden Faschisten.

Die Entlassung Fazios lassen die Faschisten nicht auf sich sitzen. Die Geheimpolizei Mussolinis nimmt den Gendarmen Call umgehend ins Visier. Er wird zu einem vertraulichen Treffen in die vatikanische Pfarrkirche Sant'Anna gebeten. Call weiß nicht, dass ihn dort ein *Agent provocateur* der italienischen Polizei erwartet. Als der ahnungslose Gendarm dem unbekannten Besucher gegenübersteht, überreicht ihm dieser ein Päckchen mit Geldscheinen und bittet ihn, es Sir Francis D'Arcy Osborne, dem britischen Botschafter beim Heiligen Stuhl, zu übergeben. Das Päckchen schon in der Hand, erkennt Call, dass er in eine Falle getappt ist. Er wirft es zu Boden und verlässt fluchtartig das Gotteshaus. Doch zu spät, den Faschisten ist es gelungen, den päpstlichen Gendarmen zu diskreditieren – er wird kaltgestellt und entlassen.

Wie akribisch die Arbeit der *Sezione Speciale* zur Überwachung der Gesandten durchgeführt wird, zeigt beispielhaft ein Rapport vom 22. April 1942 zu den Aktivitäten des US-Diplomaten Harold Tittmann: Für die Zeit von 17.00 bis 18.15 Uhr wird ein Besuch von Pater Vincent McCormick, einem amerikanischen Jesuiten, der in der Generalkurie seines Ordens tätig ist, bei Tittmann vermerkt. In der darauffolgenden halben Stunde, so notiert der Bericht, habe sich Pater Emmanuel Mistiaen, ein belgischer Jesuit und Mitarbeiter von Radio Vatikan, im Appartement des Amerikaners aufgehalten. Von 18.45 bis 20.00 Uhr hätten Harold Tittmann und Pater Mistiaen, begleitet von der Gattin des Diplomaten, die Vatikanischen Gärten zu einem Spaziergang aufgesucht. Der Sekretär des Vertreters des amerikanischen Präsidenten sei von 10.45 bis 13.15 Uhr und von 16.40 bis 19.45 Uhr in seinem Büro im Palazzo Santa Marta gewesen.

Am 25. Juli 1943 wird der Duce gestürzt und arretiert. Anfang September erklärt Marschall Pietro Badoglio im Namen des Königs die Kapitulation Italiens. In den frühen Morgenstunden des 9. Septembers fliehen der Marschall und die königliche Familie zu den ehemaligen Kriegsgegnern nach Süditalien. In den von den Alliierten noch nicht eroberten Gebieten übernehmen die deutschen Streitkräfte die Macht. Panzergrenadiere und Fallschirmjäger marschieren auf die Ewige Stadt zu. Am Vormittag des 10. Septembers nähern sie sich dem Zentrum Roms. In der Stadt herrschen Chaos und Ratlosigkeit. Angst macht sich breit, weniger vor dem Kommen der Wehrmacht als vor dem der SS und der Rache der italienischen Faschisten. Die „Schwarzhemden" haben für den Verrat Marschall Badoglios Vergeltung angekündigt. Um die Mittagszeit werden die Tore von Sankt Peter geschlossen, ebenso die Zugänge zur Vatikanstadt. An allen Eingängen haben die Schweizergardisten ihre Hellebarden mit Karabinern vertauscht. Zur Verstärkung werden ihnen Angehörige der Päpstlichen Palatingarde* geschickt. Im Apostolischen Palast stellt man sich schnell auf die neue Situation ein. In den Vorzimmern der päpstlichen Gemächer befinden sich tagsüber Abteilungen aller vier Garden; nachts versehen Schweizergardisten und Gendarmen den Wachtdienst. Die Kommandanten der Nobelgarde und der Palatingarde ordnen an, dass sich nun auch während der Nacht Pikette ihrer Korps in der Nähe des Papstes aufzuhalten haben. Die Wachtposten der Schweizergarde und der Gendarmerie werden mit sofortiger Wirkung verdoppelt. Vor dem Petersplatz ist der Grenzverlauf zwischen Italien und dem Vatikanstaat mit weißer Farbe markiert. Auf der italienischen Seite patrouillieren deutsche Fallschirmjäger, auf vatikanischer Seite Angehörige der Päpstlichen Palatingarde.

Unter Beobachtung der Päpstlichen Gendarmerie steht neben dem Hospiz Santa Marta und dem Gerichtspalast auch ein weiterer Gebäudekomplex des Vatikans, der des *Campo Santo Teutonico*. Das deutsche Priesterkolleg mit seinem berühmten Friedhof liegt zwar innerhalb der Grenzen des Kirchenstaates, besitzt aber einen komplizierten völkerrechtlichen Status. In ihm haben viele Verfolgte Zuflucht gefunden. Das Kolleg beherbergt auch eine der schillerndsten Persönlichkeiten der Ewigen Stadt, den aus Irland stammenden Geistlichen Hugh O'Flaherty, einen Beamten des Heiligen Offiziums. Mit Duldung und großem Wohlwollen seines Vorgesetzten, des Prälaten Alfredo Ottaviani, der ein erklärter Gegner des Faschismus ist, rettet er unzähligen

* Miliz aus römischen Bürgern

Menschen das Leben. Doch die gewagten Unternehmungen des Iren bergen eine gewisse Problematik. Sein humanitäres Handeln mischt sich mit politischen Interessen, die der notwendigen neutralen Haltung des Heiligen Stuhles entgegen stehen.

Im Kolleg hat auch die Deutsche Eva-Maria Jung Zuflucht gefunden. Die überzeugte Gegnerin des Nationalsozialismus hatte als Studentin während des Zweiten Weltkrieges Deutschland verlassen müssen. Anfang 1943 gelangte sie in die Ewige Stadt. Doch immer wieder musste sie aus ihren Unterkünften fliehen. Die Salvatorianerinnen auf dem Gianicolo, bei denen sie ihre Konversion vom Protestantismus zur Katholischen Kirche vollzogen hatte, nahmen sie schließlich auf. Prälat Ludwig Kaas gab ihr eine provisorische Arbeit im Archiv der Dombauhütte von Sankt Peter, der er vorstand. Doch sicher war sie in dem Ordenshaus der Salvatorianerinnen nicht: „Bald wurde ich wieder denunziert. Erst erhielt ich eine schriftliche, dann eine telephonische Aufforderung, mich binnen 24 Stunden bei der Deutschen Botschaft zu melden, sonst würde man mich mit Gewalt abholen. Man hielt mich mit Recht für eine Antinazi, aber zu Unrecht für eine Agentin." Mittlerweile war Monsignore Stoeckle, der Rektor des *Collegio Teutonico*, tätig geworden. Er hatte einen Antrag an den Vatikan gestellt, um Eva-Maria Jung als Küchenmädchen in das Kolleg aufnehmen zu dürfen. Nur Stunden, bevor sich die deutschen Besatzer daran machten, der Studentin habhaft zu werden, erfuhr sie durch einen Telefonanruf, dass sie ins Kolleg ziehen durfte.

Über O'Flaherty berichtet sie: „Es war auch im Haus

bekannt, daß der irische Monsignore O'Flaherty als Agent der Alliierten arbeitete. Er half den englischen und amerikanischen Soldaten, die auf der Flucht vor den Deutschen waren, indem er sie bei römischen Familien versteckte, sie mit Lebensmitteln und mit falschen Ausweisen versorgte. Wir vermuteten, dass er diese Dokumente in seinem Zimmer herstellte, und daß er dort geheime Papiere aufbewahrte. Der Rektor ließ, wie es seine Taktik war, Monsignore O'Flaherty gewähren und gab ihm dadurch eine Rückendeckung für seine gewagten Hilfsaktionen. Eben dieser vorsichtigen und umsichtigen Art des Rektors ist es zu verdanken, daß es ihm gelang, das Kolleg durch jene stürmischen Zeiten zu steuern, wo dem Haus nicht nur von einer, sondern von drei Seiten Gefahr drohte, von deutscher, alliierter und vatikanischer Seite, ohne daß es je besetzt oder geschlossen wurde."

Ende November 1943 notiert der deutsche Theologe und Kirchenhistoriker Hubert Jedin, der in dem Priesterkolleg wohnt, in seinem Tagebuch: „O'Flaherty macht mir etwas Sorge, weil seine Tätigkeit für die englischen entlaufenen Kriegsgefangenen und andere Flüchtlinge allmählich zu große Ausmaße annimmt." Und fügt an: „Er hat heute fertiggebracht, zwei Engländer im *Campo santo* zu empfangen — und die päpstlichen Gendarmen haben ihn durchgelassen". Im Dezember bemerkt Jedin weitere Aktivitäten gegen die deutschen Besatzer und ihre faschistischen Helfershelfer und bemerkt, dass dies „alles mit stillschweigender Billigung der päpstlichen Gendarmen" geschieht.

Die Notizen Hubert Jedins geben zu denken, denn das Verhältnis des irischen Monsignore zu den Gendarmen ist nicht ungetrübt. Nach der Sichtung der Archivalien der päpstlichen Polizei kommt der Historiker Cesare Catananti in seiner Analyse zu der Ansicht: „*La Gendarmeria ha gli occhi puntati su O'Flaherty* – Die Gendarmerie hat O'Flaherty im Visier". Zu der Schweizergarde hingegen besteht ein außerordentlich gutes Verhältnis (1983 entstand der amerikanische Spielfilm *The Scarlett and the Black** über die Kriegsabenteuer des Monsignore mit Gregory Peck in der Hauptrolle; der Streifen lässt O'Flaherty sogar sportliche Boxkämpfe mit den Leibwächtern des Papstes austragen). Erwiesen ist, dass der Ire, verkleidet als Schweizergardist, einem Flüchtling Einlass in die Vatikanstadt verschafft hatte.

Mit der Unterstützung Sir Francis D'Arcy Osbornes, des britischen Gesandten beim Heiligen Stuhl, und der Mithilfe von dessen Butler John May und des aus deutscher Kriegsgefangenschaft geflohenen Majors Sam Derry agiert Hugh O'Flaherty mit der so genannten *British Organisation* in Rom und der Vatikanstadt. Unzweifelhaft, aber nicht gänzlich geklärt ist ihr Zusammenspiel mit der Abteilung 9 des britischen militärischen Geheimdienstes (*MI 9*). Man geht heute davon aus, dass der Monsignore und seine Helfer das Leben von weit mehr als 6.000 Menschen gerettet haben. 2016 ehrte man seine Aktivitäten durch das Anbringen einer Gedenktafel am Eingang zum Kolleg des *Campo Santo Teutonico*.

Die Lage im deutschen Priesterkolleg ist 1944 weiterhin schwierig und bleibt politisch heikel: „Im Frühjahr stieg die

* Deutscher Titel: *Im Wendekreis des Kreuzes*

Zahl der Flüchtenden immer mehr. Ganze Familien kamen mit ihren Kindern, meistens unter falschem Namen. Deutsche und Italiener, Arier und Juden. Ich habe sie nicht gezählt, aber ich schätze, daß es etwa 50 Personen waren zusätzlich zu den rund 20 Priestern und den sieben Schwestern, die den Haushalt versorgten. Der Rektor fand immer neue Schlupfwinkel, und immer neue Gesichter tauchten unvermutet hinter einer Tür auf. Es gab aber nicht genug Betten für alle. Die jungen Italiener, die vor der Einziehung zum deutschen Militärdienst geflüchtet waren, die *renitenti alla leva,* schliefen in Ermangelung von Betten in leeren Sarkophagen des großen Museums und deckten sich mit ihren Mänteln zu oder mit allem, was sie in der Eile mitbringen konnten. Einer dieser jungen Männer kam aus einem Eiergeschäft im *Borgo Pio.* Seine Eltern versorgten zum Dank das Kolleg mit Eiern. Das war damals ein guter Tauschhandel.

Die meisten ‚Gäste' kamen auf Veranlassung des Päpstlichen Staatssekretariats oder der Kardinäle. Monsignore Stoeckle konnte nicht ‚nein' sagen, selbst wenn er manchmal instinktiv fühlte, daß nicht alle Personen diese Protektion verdienten. So der österreichische Zahnarzt Bambas mit Frau. Sie führten sich äußerst arrogant auf und weigerten sich, den ohnehin niedrigen Pensionspreis zu zahlen. Schließlich war der Unmut der anderen Gäste gegen sie so gestiegen, daß sie vom Rektor verlangten, er solle die beiden des Hauses verweisen. Es kam zu einer dramatischen Szene im Sprechzimmer des Rektors. Bambas drohte, er habe die Namensliste aller im Haus versteckten Personen und würde diese der SS ausliefern, wenn er vor die Tür gesetzt würde. Bei dieser Drohung schreckten alle zurück, und Bambas blieb, ohne zu zahlen" (Eva Maria Jung).

In einem Erlass vom 11. Februar 1944 verstärkt das Kommando der Päpstlichen Gendarmerie die Präsenz von Gendarmen in der Vatikanstadt und verfügt einen Wachtdienst rund um die Uhr (24 Stunden am Tag) an folgenden Orten: im Garten des Hospizes von Santa Marta, beim Viccolo del Perugino, im Bereich der vatikanischen Eisenbahnstation, an diversen Orten vor den Vatikanischen Museen, bei der Pinakothek und der *Loggia delle Dame* auf dem linken Kolonnadenflügel. Ferner hat sich von 18.00 Uhr abends bis sechs Uhr in der Früh eine Patrouille im Industrieviertel der Vatikanstadt aufzuhalten. Alle Wachtposten haben bei einem Eindringen von Fremden unverzüglich Alarm zu schlagen.

Doch nicht immer verläuft der Dienst der päpstlichen Garden in der Vatikanstadt und im Apostolischen Palast gemäß den Reglements. Oft ist die gewünschte Sicherheit nicht gewährt. Am 12. April 1944 vermerkt ein päpstlicher Nobelgardist, der Marchese Don Giulio Patrizi di Ripacandida, in seinen Aufzeichnungen: „Pietro Pietromarchi und ich haben heute Nacht die Wache beim Appartement des Heiligen Vaters. In unsere weißen Mäntel gehüllt verlassen wir stillschweigend kurz vor Mitternacht unser Quartier. Wir gehen die Loggien des Raffael entlang, passieren den großen Salon bei den Loggien des dritten Stockwerkes und erreichen das Appartement des Papstes. Auf unserem ganzen Weg haben wir keine einzige lebende Seele angetroffen. Was macht denn die Päpstliche Gendarmerie? Pietro und ich sind über diesen Umstand erschrocken und unterhalten uns lange darüber. Die Gendarmerie muss durch zuverlässige Mitglieder verstärkt werden."

Giulio Patrizi erwähnt dann eine Episode, die sich Tage zuvor ereignet hatte. Drei geflüchtete amerikanische Kriegsgefangene waren nachts über die Mauern des Vatikans geklettert und hatten sich bis zum Morgen in den Vatikanischen Gärten versteckt, ohne einen Gendarmen, Palatingardisten oder Schweizergardisten angetroffen zu haben.

Immer wieder gelingt es Fremden, sich Zutritt zur Vatikanstadt zu verschaffen – trotz aller Sicherheitsvorkehrungen. In den Akten der Päpstlichen Gendarmerie häufen sich Protokolle, die Auskunft über das Eindringen ungebetener Gäste geben. Sie dürften verzweifelte Flüchtlinge gewesen sein und keine eingeschleusten Spione. Doch hundertprozentig sicher kann und darf man sich nicht sein. In der Via Tasso, der Zentrale des *SD* und der *Gestapo*, hat SS-Obersturmbannführer Herbert Kappler, der deutsche Polizeichef von Rom, ernsthaft erwogen, seine Männer mit entsprechender Tarnung in den Vatikan zu schicken. Des öfteren berät er sich mit seinem Stellvertreter Priebke darüber, ob ein solches Vorhaben sinnvoll und erfolgversprechend ist.

Auch wenn die zahlreichen Eindringlinge keine Spione sind, sie bieten genug hochexplosiven Sprengstoff für diplomatische Verwicklungen und Eklats. Und so mancher, der Zuflucht im Vatikan gefunden hat, verkraftet einen langen Aufenthalt fern seiner Heimat nicht, obwohl er sich im Staat des Papstes sicher fühlen kann. Am 10. September 1943 hat sich ein junger Brite, Jahrgang 1923, ein Angehöriger der *Royal Navy*, in die Vatikanstadt gerettet. Mit weiteren Briten ist er in der Kaserne der Päpstlichen Gendarmerie untergebracht, nicht als Gefangener, sondern als Asylant.

Am Abend des 15. März 1944, um 23.30 Uhr, informiert einer seiner Kameraden den zuständigen Unteroffizier der Nachtwache der Gendarmerie, einen Wachtmeister, dass er im gemeinsamen Schlafzimmer ein lautes Geräusch gehört und dann ein offenes Fenster erblickt habe. Der junge Brite wird unbekleidet im Hof vor dem Gebäude gefunden. Jede ärztliche Hilfe kommt zu spät. Der Seemann war durch seine Kriegserlebnisse traumatisiert, litt an Heimweh und neigte zum Schlafwandeln.

Am 16. März übermittelt die Päpstliche Gendarmerie dem Staatsanwalt des Vatikanstaates einen detaillierten Rapport der Ereignisse. Im Vatikan geht man von einem kankheitsbedingten Unfall oder Suizid aus. Umgehend wird verfügt, keine weiteren Ermittlungen aufzunehmen. Auch der britische Gesandte stimmt dem zu; er bedankt sich bei der Gendarmerie und lobt deren Kooperation. Doch innerhalb der vatikanischen Mauern gibt es auch Stimmen, denen von offizieller Seite alles zu rasch, zu glatt gegangen ist. „Wir leben in einem Nest von Spionen und sollten in solchen Fällen sorgsamer vorgehen“, warnt ein Monsignore aus dem Staatssekretariat. Doch er findet kein Gehör. Die Causa wird archiviert. Gerüchte, Annahmen und Wahrheiten sind in diesen Tagen kaum voneinander zu unterscheiden.

In turbulenten Zeiten

Kriegsaktivitäten auf exterritorialen Gebieten

Nicht nur die Vatikanstadt selbst gerät ins Visier faschistischer und deutscher Spione, auch die exterritorialen Besitzungen des Heiligen Stuhls sind Ziele feindlicher Agententätigkeit. In Palästen, Studienhäusern, Ordensniederlassungen und Kirchen sind tausende verzweifelter Menschen anzutreffen. Sie alle haben die Hoffnung, unter dem Schutz des Papstes die Verfolgung durch die italienischen Faschisten und die deutschen Besatzer zu überleben.

Willfähriger Helfer der *SS* und des *SD* ist Pietro Caruso, der *Questore* (Polizeichef) von Rom. Im September 1943 hatten die Deutschen den Duce befreit und ihn seine *Republik von Salò* ausrufen lassen. Pietro Caruso sieht sich als Vollstrecker Benito Mussolinis in der Ewigen Stadt. Schrecken unter den Einwohner Roms verbreitet vor allem Pietro Koch, der Chef der Sondereinsatztruppe (*Reparto Speciale*) der Polizei. Die *Banda Koch*, wie die Bevölkerung sie nennt, wetteifert mit der *Gestapo* und macht ihr ernsthafte Konkurrenz. Wenige Tage vor dem Weihnachtsfest des Jahres 1943 werden drei kirchliche Einrichtungen in unmittelbarer Nähe zur Basilika Santa Maria Maggiore von der faschistischen Polizei gestürmt und durchsucht: das Priesterseminar der Lombardei in Rom, das *Päpstliche Orientalische Institut* und das diesem angegliederte *Collegium Russicum*.

Als erstes Gebäude stürmt man das Lombardische Seminar. Über hundert Männer, Frauen und Kinder haben hier Zuflucht gefunden. Im Seminar ist man auf einen Überfall vorbereitet. Über die Dächer und durch die Keller gelingt vielen die Flucht. Doch die Faschisten haben Informationen von einem Spitzel erhalten – und so können sich nicht alle vor dem Zugriff retten. Viele der Widerstandskämpfer tragen Soutane. Doch Kochs Männer lassen sich nicht so leicht täuschen. Sie erfragen von allen, die mit einer Soutane bekleidet sind, die Breviervorschriften des Tages und verlangen die Übersetzung lateinischer Gebete ins Italienische. Pietro Koch triumphiert. Er präsentiert dem Rektor die vermeintlichen Seminaristen, mit einer Stimme, die den Anwesenden das Blut in den Adern gefrieren lässt: „*Ecco, Monsignore,* das sind also ihre Kleriker. Oh ja, Kleriker nach dem 8. September".

Auch im benachbarten Orientalischen Institut halten sich Flüchtlinge versteckt. Der Jesuitenbruder an der Pforte beweist Mut. Er lässt sich nicht so einfach einschüchtern. Mit fester Stimme weigert er sich, die Faschisten ins Haus zu lassen: „Sie haben kein Recht hier einzudringen! Das ist päpstlicher Besitz. Wo sind ihre Papiere?" – „Hier!", erhält er zur Antwort – und blickt in den Lauf eines Revolvers. Kochs Männer durchkämmen das Gebäude. Sie werden fündig. Drei Juden fallen ihnen in die Hände. Aber nur zwei von ihnen wird man verschleppen können, der dritte, ein schon älterer Mann, bricht noch im Haus zusammen – und stirbt.

Die Basilika Sankt Paul vor den Mauern, gelegen an der Via Ostiense, ist die Grabstätte des Völkerapostels Paulus und die Konventskirche einer Ordensgemeinschaft, die hier seit Jahrhunderten der Regel des heiligen Benedikt folgt; der Abt der Gemeinschaft ist sogar mit der Bischofswürde ausgezeichnet und seine Abtei in ihren Rechten einer Diözese gleichgestellt. Das Gotteshaus und seine direkte Umgebung befinden sich im Besitz des Heiligen Stuhls und gehören als exterritoriale Zone zum Vatikanstaat.

In der Nacht vom 3. zum 4. Februar 1944 sieht sich der Vatikan mit einer gravierenden Verletzung des Völkerrechts konfrontiert. In dieser Nacht will der *Questore di Roma* es allen deutlich machen, wer das Schicksal Roms und Italiens bestimmen wird — weder die katholische Kirche noch die Juden, geschweige denn der Widerstand und die Partisanenverbände. Bei der *Questura* haben sich neben Caruso und seinen Männern auch die *Banda Koch* und Einheiten der *Polizia dell'Africa Italiana*, der ehemaligen italienischen Kolonialpolizei, eingefunden. Sowie Don Ildefonso, ein Ex-Mönch, der sich der *Banda Koch* angeschlossen hat — ihm wird bei dem Unternehmen eine besondere Rolle zukommmen.

Kurz vor Mitternacht klettern die Männer der *Banda Koch* über die Mauern der Abtei an der Via Ostiense. Ein Wachtposten der Päpstlichen Palatingarde bemerkt die schwarzgekleideten Gestalten. Er gibt einen Warnschuss in die Luft ab. Doch die Zahl der Eindringlinge wird immer größer. Der Gardist läuft ins Kloster, um die anderen Wachen zu alarmieren. Noch vor dem Schuss hat an der Pforte ein „Geistlicher" unter dramatischen Umständen um Einlass gebeten. Don Ildefonso, der nun wieder sein altes Benediktinergewand trägt, klopft mit beiden Fäusten gegen die Pfortentür. Schwer atmend schreit er um Hilfe: „*Aiuto, aiuto* … , helft mir, ich werde von den Deutschen verfolgt".

Die Wache kann nicht ahnen, wen sie vor sich hat. Als das Tor geöffnet wird, folgen dem „Mönch" mit Maschinenpistolen bewaffnete Männer. Sie besetzen die Pforte und durchschneiden die Telefonleitungen. Draußen vor dem Kloster wird es nun laut, die exterritoriale Zone ist umstellt. Dutzende Polizisten stürmen den päpstlichen Besitz. Sie entwaffnen die Angehörigen der Palatingarde und beginnen mit der Durchsuchung der Abtei. Die Mönche müssen ihre Zellen verlassen und sich ausweisen. Auch der Abt wird auf den Flur gezerrt. Dann nehmen sich die Eindringlinge die Räume des Konventes mit größter Akribie vor.

Don Ildebrando Vannucci, der Abt von Sankt Paul vor den Mauern, protestiert bei Caruso. Der Polizeichef, der den Überfall persönlich angeführt hat, erwidert mit einem breiten Grinsen: „Wir befinden uns auf der Jagd, *Reverendissimo Padre Abate,* und die hat ihre eigenen Regeln". Nur wenig später präsentiert der Polizeichef dem Abt seine „Beute": den italienischen Luftwaffengeneral und Widerstandskämpfer Adriano Monti, neun jüdische Mitbürger und eine große Anzahl Fahnenflüchtiger. Sie alle tragen geistliche Kleidung. „Die Gefangenen wurden geohrfeigt und mit Peitschen malträtiert; man versetzte ihnen derart harte Schläge und Fußtritte, dass viele von ihnen bluteten", schreibt der Abt am folgenden Tag in einem Bericht an den Papst nieder.

Don Cesario D'Amato, der Sekretär des Abtes, bemerkt, wie bei der Durchsuchung des Klosters von einer Person in einem dunklen Straßenanzug Befehle erteilt werden, deren Muttersprache nicht das Italienische ist. In einem unbedachten Augenblick verrät sie sich, im Kreuzgang der Abtei wird sie angerempelt, stolpert beinahe und stößt dabei einen nicht italienischen Fluch aus – der Mann in Zivil muss ein Deutscher sein. Und ein Laienbruder teilt dem Pater etwas Seltsames mit: Ein *Biondo*, eine Person mit hellblonden Haaren, geht mit ihrer Kamera durch die Räumlichkeiten des Klosters und macht Aufnahmen. Für D'Amato steht fest: „Wir werden ausspioniert!"

Caruso verschleppt 67 Personen aus der Abtei. Aber erst wenn der letzte Polizist am Morgen das Kloster verlassen hat, wird Vannucci aufatmen können, denn noch immer befinden sich mehrere hundert Flüchtlinge in seiner Obhut. Vor allem in der Basilika selbst haben sich viele von ihnen an nur schwer zugänglichen Orten versteckt. Für den Überfall auf Sankt Paul vor den Mauern wird in der Öffentlichkeit der *Questore* von Rom verantwortlich zeichnen. Offiziell haben an der Aktion nur die Männer Carusos, die *Banda Koch* und Angehörige der *PAI* (*Polizia dell'Africa Italiana*) teilgenommen. Dennoch waren auch die deutschen Besatzer präsent. Caruso und Koch dürften aus der Via Tasso, der Polizei- und Folterzentrale der Deutschen in Rom, das Placet für den Überfall erhalten haben, aber auch „Experten", Aufseher und Spione.

Gegen 9.30 Uhr treffen Enrico Pietro Galeazzi, der Delegat der Päpstlichen Kommission für den Staat der Vatikanstadt, Monsignore Ambrogio Marchionni, der Sekretär der Apostolischen Nuntiatur in Italien, und Adolfo Soleti, der kommissarische Kommandant der Päpstlichen Gendarmerie, bei der Abtei ein. Sie finden den Kordon der Italiener vor, erblicken aber auch Wagen, die in deutscher Sprache die

Aufschrift *Polizei* tragen. In dem Kloster sind noch immer Carusos und Kochs Männer dabei, Fotografien ihrer Gefangenen zu machen. Es kommt zu heftigen Protesten und scharfen Wortwechseln der Vertreter des Vatikans mit den Besetzern. Bei der Begehung des exterritorialen Komplexes findet man an verschiedenen Orten Spuren von Magnesium – Hinweise darauf, dass hier Aufnahmen mit Blitzlicht gemacht worden sind.

Als der Heilige Stuhl bei der Besatzungsmacht Protest gegen die Verletzung seiner Souveränität erhebt, weisen die Deutschen jede Verwicklung in die Ereignisse von sich, allein die *Questura* von Rom sei für die Vorgänge in der Nacht zum 4. Februar zuständig. Die Besatzer der Ewigen Stadt und ihre italienischen Helfershelfer haben mit dem Überfall auf Sankt Paul vor den Mauern ein Zweifaches erreicht: Ein weiteres hochrangiges Mitglied des Widerstandes ist festgenommen und eine deutliche Warnung an den Vatikan ausgesprochen.

Im Lateran hat man sich schon kurz nach dem Einmarsch der Deutschen auf einen Zustrom von Flüchtlingen vorbereitet. Die exterritoriale Zone bei der Bischofskirche des Papstes umfasst die Basilika San Giovanni, den Apostolischen Palast, die Wohnungen der Domherren und Beichtväter, die Lateranuniversität und das römische Priesterseminar. Jeder, der dort Zuflucht findet, hat eine Erklärung zu unterzeichnen: „Der Unterzeichnete übernimmt bei seinem Eintritt in die exterritoriale Zone des Laterans des Staates der Vatikanstadt die feierliche Verpflichtung, die Neutralität des Staates der Vatikanstadt gemäß den Normen der geltenden

Verträge und der Gewohnheiten der internationalen Übereinkommen genauestens zu beobachten und sich jeder Handlung zu enthalten, die dieser Neutralität in irgendeiner Weise schaden könnte, und sich all jenen Regeln und Kontrollen zu unterwerfen, die der Staat der Vatikanstadt für angebracht hält, um diese Verpflichtung besser zu befolgen".

Das Verzeichnis der Flüchtlinge, die Unterschlupf im Lateran gefunden haben, spiegelt die gesamte römische Bevölkerung wieder: es listet Mitglieder des Hochadels, Minister, Senatoren, Generäle und einfache Soldaten, Professoren und Studenten, Ärzte, Ingenieure, Unternehmer, Kaufleute, Angestellte und Arbeiter auf. Familiennamen wie *Coen* oder *Israel* verraten, dass sich auch jüdische Mitbürger unter ihnen befinden. Es ist nicht leicht, die verschiedenen Gruppierungen voneinander fernzuhalten. Oft muss man ihre Identität voreinander geheim halten — um etwaige Spannungen zu vermeiden, aber auch, um Außenstehenden oder Spitzeln so wenig wie nur möglich von den Interna des Hauses zu verraten.

Im Lateran hat auch eine Symbolfigur des Widerstands, General Roberto Bencivenga, Zuflucht gefunden. Es war ein dramatischer Vorfall, der den General dazu zwang. Bencivenga hatte sich in das Seminar begeben, um mit Männern des Widerstands zu sprechen. Der General ist einer der meistgesuchten Männer der Stadt. Er kann nirgendwo lange verbleiben. Beim Verlassen des Seminars rutscht er jedoch auf dem glatten Marmorboden aus. Er fällt so unglücklich, dass er sich den Oberschenkel bricht. Man entscheidet sich dazu, den General im Seminar zu verstecken

— und ihn dort auch operieren zu lassen. Ihn in ein Krankenhaus zu bringen, hält man für viel zu gefährlich. Bencivenga liefe Gefahr, in die Hände der Nazis zu fallen. Die Operation in einem Abstellraum des Seminars ist ein abenteuerliches Unterfangen — doch sie gelingt.

Die deutschen Nachrichtendienste erfahren von dem Aufenthaltsort des Generals. Der Vizerektor des Priesterseminars, Don Pietro Palazzini, transferiert ihn daraufhin unter größter Geheimhaltung in die Wohnung des Kapellmeisters der Lateranbasilika. Aber nicht nur die Präsenz des Generals im Seminar bietet Anlass zur Sorge, sondern vor allem das Verhalten zweier seiner Offiziere. In den Kellergeschossen des Palastes der Beichtväter der Lateranbasilika haben die beiden Militärs einen kleinen Sender platziert und in Gebrauch genommen. Allein schon auf den Besitz eines solchen Apparates steht die Todesstrafe. Palazzini hört bei seinen Rundgängen das Gerät, ohne es zunächst lokalisieren zu können. Später, nach der Befreiung, erfuhr man, dass die Deutschen um den Funkverkehr wussten, aber nicht eingriffen — vermutlich weil er ihnen als nützliche „Quelle" diente.

Am Vorabend des Endes der deutschen Besatzung hat General Bencivenga, der noch immer Gast des Laterans ist, eine Flasche Sekt organisiert. Er will sie seinen Rettern als kleines Zeichen des Dankes offerieren. Durch die geschlossenen Fenster dringt der Lärm der deutschen Truppen, die aus der Stadt hinausziehen. Mann für Mann, Panzer für Panzer verlassen die Besatzer Rom. „In Reih' und Glied", spottet Bencivenga und will zu einem Lächeln ansetzen. Doch dann — ohne jede Vorwarnung — zeigen sich Blitze in den

Fenstern der Wohnung. Sie kommen von der Via Ambaradam. Mündungsfeuer! Instinktiv werfen sich die Männer zu Boden. Keine Sekunde zu früh. Schon schlagen die Geschosse ein, nur eine Handbreit über dem Fenster.

Für Pietro Palazzini klingen sie wie *colpi di cannone,* Kanonenschläge. „Ein letzter Gruß der Deutschen" — kommentiert der Vizerektor das dramatische Geschehen. Wie durch ein Wunder wird niemand verletzt. Palazzini atmet auf. Er weiß nun, dass die Besatzer genau wussten, wo sich der General aufhielt. „Spitzel in meiner engsten Umgebung", durchfährt es ihn. Er ist froh, dass dem Lateran eine Erstürmung durch die *SS* erspart geblieben ist.

Am 20. Januar 1944 beginnt bei Anzio und Nettuno die Landung anglo-amerikanischer Verbände. Die heranrückende Kriegsfront bringt die Bevölkerung der Albaner Berge in Gefahr. Die unbeteiligten Zivilisten drohen zu Opfern der Kämpfe zwischen der deutschen Wehrmacht und den Alliierten zu werden. Denn todbringende Bombengeschwader unterstützen die Offensive der amerikanischen und britischen Truppen. Pius XII. lässt Castel Gandolfo, seine Sommerresidenz, öffnen. Jedermann soll Zutritt erhalten — ohne dass er nach Herkunft, Religion oder politischer Gesinnung gefragt wird. „Im Hause des Vaters ist jeder willkommen", erklärt sich der Papst. Zwischen 12.000 und 16.000 Menschen werden in den folgenden Wochen und Monaten aufgenommen.

Alle Räumlichkeiten der Sommerresidenz werden für die Unterbringung der Flüchtlinge genutzt. In den Gärten errichtet man Baracken und schlägt Zelte auf. Selbst in den unterirdischen Gängen aus der Zeit Kaiser Domitians werden Schlafstätten eingerichtet. Die medizinische Versorgung auf dem päpstlichen Besitz ist überraschend gut. Das Hospital von Albano hat sich wegen der Bombenangriffe, denen es permanent ausgesetzt war, für eine vollständige Übersiedlung in die Villa Barberini der Sommerresidenz entschieden. Den militärischen Schutz der Residenz hat schon im Oktober 1943 eine Abteilung der Päpstlichen Palatingarde übernommen. Castel Gandolfo scheint für alle Eventualitäten gerüstet zu sein.

An allen Gebäuden des päpstlichen Sommersitzes wehen die gelbweißen Fahnen des Vatikans. Sie signalisieren den Kriegsparteien den völkerrechtlichen Status des Territoriums. Der Heilige Stuhl ist in Washington und London vorstellig geworden, um den Schutz der Zivilbevölkerung zu erreichen. Doch vergebens. Die päpstlichen Bittgesuche werden beiseite geschoben — sie stören die strategischen Pläne der Militärs. Die Alliierten setzen ihre Angriffe unvermindert fort. Und so fliehen die verängstigten Bewohner der Castelli Romani zu Tausenden auf das vermeintlich sichere vatikanische Hoheitsgebiet.

Am 1. Februar zeigen sich am Himmel über dem Albaner See amerikanische und englische Geschwader. Sie werfen Bomben über die Castelli Romani und Castel Gandolfo ab — auch auf die päpstlichen Villen. Trotz der gut sichtbaren gelbweißen Flaggen des Vatikanstaates. Gebäude und Zelte werden getroffen.

Offiziere der Päpstlichen Palatingarde versuchen Ordnung in das Chaos zu bringen. Unteroffiziere und junge Gardisten leisten Hilfe. Sie transportieren die Verletzten in die Notquartiere und holen Tote aus den Trümmern hervor.

Neun Tage später kommt es zu einem zweiten, weitaus furchtbareren Bombardement der Alliierten auf Castel Gandolfo. Beim Kolleg der *Propaganda Fide* wird die tägliche Milchration verteilt. Hunderte von Menschen haben sich angestellt. Es sind vor allem Mütter mit ihren Kindern. Das Missionskolleg wird dem Erdboden gleichgemacht. „Ein furchtbares Bild von apokalyptischem Ausmaß. Ein Bombenkrater neben dem anderen, Trümmer auf Trümmer, und Opfer, viele Opfer, überall. Beim Atmen spüre ich den Tod in meinen Lungen", berichtet ein Augenzeuge. Man birgt mehr als fünfhundert Leichen.

Jahrzehnte später gedachte man des Angriffs vom 10. Februar 1944 – mit einer Gedenkveranstaltung und einer Messe, die der Bischof von Albano feierte. „Wir begehen den heutigen Tag in Trauer, aber auch in Dankbarkeit", verlautete es aus der *Associazione Vittime Bombardamenti Propaganda Fide* (Vereinigung der Opfer des Bombardements der Propaganda Fide), „in Trauer, weil wir so viele unserer Angehörigen und Mitbürger verloren haben, in Dankbarkeit, weil Papst Pius XII. die Pforten seiner Sommerresidenz öffnete und Tausenden von Menschen Zuflucht gewährte; kein einziger Flüchtling, der dort aufgenommen wurde, ist den deutschen Besatzern oder den italienischen Faschisten in die Hände gefallen".

Warum es zu den beiden gravierenden, todbringenden Verletzungen der Souveränität des Vatikans kam, ist bis heute nicht geklärt. Großbritannien und die Vereinigten Staaten erteilten hierzu keine befriedigenden Auskünfte. Es gibt jedoch Vermutungen. Auf dem Hoheitsgebiet des Heiligen Stuhls in Castel Gandolfo hatten auch amerikanische und britische Soldaten, die aus deutscher Kriegsgefangenschaft geflohen waren, Zuflucht gefunden. Da es außerhalb der exterritorialen Zone des Vatikanstaates Verbände der Wehrmacht gab, wäre es möglich, dass diese Militärs – entgegen ihren schriftlich gemachten Versprechungen gegenüber den vatikanischen Autoritäten – Gelegenheiten fanden, ihren Leuten darüber Informationen zukommen zu lassen, sich aber in genauen Ortsangaben irrten.

„Operation Pontifex"

Pläne zur Erstürmung der Vatikanstadt

„*Qui mange du pape en meurt* — Wer von einem Papst isst, stirbt daran". Das Sprichwort dürfte in Frankreich entstanden sein, als Napoleon Bonaparte den todkranken Pius VI. (1775-1799) nach Frankreich entführt hatte, dann aber Jahre später selber seine Heimat mit dem Exil vertauschen musste.

Den historischen Ausspruch setzte der Journalist Tommaso Ricci der Niederschrift seiner Untersuchungen voran, die sich mit der Möglichkeit beschäftigen, dass Adolf Hitler geplant haben soll, Papst Pius XII. (1939-1958) aus dem Vatikan entführen zu lassen. Anfang der neunziger Jahre stellte Ricci die Frage: „Was weiß man heute über die Gefahren, in denen Papst Pius XII. während des Zweiten Weltkriegs schwebte? Gab es Pläne, ihn zu entführen oder gar zu töten?" Der Journalist kam damals zu der Überzeugung, „dass die heute verfügbaren Dokumente aus jenen Jahren noch keine endgültige Antwort zulassen".

Doch schon die Recherchen Riccis weisen eine Reihe von Zeugnissen auf, die dafür sprechen, dass Adolf Hitler tatsächlich mit dem Gedanken spielte, die Vatikanstadt zu besetzen und den Pontifex gefangen, sprich in „Schutzhaft", zu nehmen. 1941 gab es ein Treffen zwischen den Außenministern des Deutschen Reiches und Italiens, von Ribbentrop und Graf Ciano, bei dem von deutscher Seite die vielsagende Bemerkung fiel, dass „in Europa kein Platz mehr für das Papsttum bestehen dürfe“. Noch im gleichen Jahr wurde im Apostolischen Palast erwogen, die Päpstlichen Nuntien mit außerordentlichen Vollmachten auszustatten, für den Fall, dass es dem Vatikan nicht mehr möglich sein sollte, seine Kontakte nach außen aufrecht zu erhalten.

1942 informierte Admiral Wilhelm Canaris*, der Chef der deutschen Abwehr, seinen Kollegen beim italienischen militärischen Geheimdienst *Servizio Informazioni Militare* (*SIM*), Brigadegeneral Cesare Amé, darüber, dass die Gefahr einer möglichen Entführung des Papstes bestehe. Ein Jahr später wird in einer Aktennotiz des Päpstlichen Staatssekretariates vom 1. Oktober 1943 über eine mögliche Okkupation der Vatikanstadt festgehalten: „Zweck der Besetzung des Vatikans wäre es, den Papst als Geisel zu nehmen und ihn an einen noch zu bestimmenden Ort zu entführen. Diesen unerhörten Übergriff möchte man mit der Behauptung rechtfertigen, die Sicherheit des Papstes in seinem derzeitigen Sitz [dem Vatikan] sei nicht gewährleistet.“

In der vorletzten Dezemberwoche des Jahres 1943 macht in der Ewigen Stadt das Gerücht von einer großen Aktion der SS die Runde. In einem Aktenvermerk des Staatssekretariates vom 20. Dezember 1943 heißt es: „Angeblich existiert bereits ein Plan für die Durchsuchung aller Gebäude in Rom. Es werden auch zahlreiche Klöster durchsucht werden. Den Gebäuden, die [entsprechend den Lateranverträgen als exterritorial] den Schutz des Heiligen Stuhls haben,

* Canaris unterstützte den Widerstand gegen die Nationalsozialisten. Er wurde 1945 im KZ Flossenbürg hingerichtet.

wird nur ein ‚pro forma'-Besuch abgestattet. Die Durchsuchung wird ganz plötzlich durchgeführt: Nachts werden die neuen SS-Leute nach Rom kommen und mit jenen Kontakt aufnehmen, die die Stadt schon kennen".

Und in einem Schreiben des Faschistenführers Paolo Porta, der den Briefkopf der *XI Brigata Nera* (XI. Schwarze Brigade) trägt, an Major Vincenzo Costa, den Kommandanten der *VIII. Brigata Nera* wird von einem Plan zur Ermordung des Papstes berichtet: „In am 8. September [1943] eroberte italienische Uniformen gekleidete und mit italienischen Gewehren ausgerüstete Mitglieder der 8. deutschen SS-Kavallerie-Division ‚Florian Geyer' sollten des Nachts den Vatikan stürmen, als würde es sich um eine Partisanenaktion zur Befreiung des Papstes handeln. Zur gleichen Zeit sollte ein Blutbad in den Reihen des Klerus angerichtet werden. Darauf hin sollten von der Front herbeigebrachte Einheiten der Panzerdivision ‚Hermann Göring' und Fallschirmjäger die als Italiener verkleideten Angreifer bis um letzten Mann liquidieren, um alle Zeugen zu beseitigen. Würde der Papst auf wunderbare Weise gerettet werden, sollte er nach Deutschland deportiert werden. Der ganze für den Vollzug bereits ins kleinste Detail entworfene Plan wurde aus unbekannten Gründen in letzter Minute zurückgezogen, was umso mehr verwundert, als die Deutschen bereits den Duce über die Angelegenheit informiert hatten".

Dreißig Jahre später beschäftigt sich der Historiker P. Robert Graham SJ mit der Angelegenheit. Ihm gelingt es, einige noch lebende Protagonisten der damaligen Zeit zu öffentlichen Aussagen zu bewegen. Unter anderen den General der Waffen-SS, Karl Otto Wolff (1900-1984), der von

1943 bis 1945 der SS und deutschen Polizei in Italien vorstand, und Rudolf Rahn (1900-1975), der Botschafter des Reiches in Rom zu Zeiten der deutschen Besatzung.

Wolff versichert P. Graham, dass Hitler ihm den Befehl erteilt habe, den Vatikan zu besetzen und Pius XII. zu deportieren. Am 11. oder 12. September, kurz nach seiner Ernennung, sei er von Hitler ins Führerhauptquartier nach Ostpreußen beordert worden. Dort habe ihn Heinrich Himmler empfangen, der ihm von „mehreren Tobsuchtsanfällen" wegen des Verhaltens der Italiener berichtete und von der Absicht Hitlers, sich am italienischen Königshaus und am Vatikan zu rächen. Von Himmler sei dann die Bitte geäußert worden, bei einer möglichen Besetzung des Vatikanstaates in den dortigen „Archiven und Kellergewölben die nach der gewaltsamen Christianisierung dort angeblich verbrachten altgermanischen Runenschriften und Kulturgüter" sicherzustellen.

In der *Wolfsschanze* habe ihm dann Hitler mitgeteilt: „Ich wünsche, dass Sie mit Ihren Truppen im Rahmen der deutschen Gegenmaßnahmen gegen diesen unerhörten ‚Badoglio-Verrat' baldmöglichst den Vatikan und die Vatikanstadt besetzen, die einmaligen Archive und Kunstschätze des Vatikans sicherstellen und den Papst nebst der Kurie ‚zu seinem Schutz' nach Norden verbringen, damit er nicht in alliierte Hände fallen oder unter deren politischen Druck und Einfluss geraten kann. Je nach der politischen und militärischen Entwicklung werde ich den Papst möglichst in Deutschland oder im neutralen Liechtenstein unterbringen lassen".

Hitler erkundigt sich, so Wolff, wann die Aktion frühstens durchgeführt werden könne. Wolff teilt ihm mit, dass er nicht über genügend SS- und Polizeiverbände für ein solches Unterfangen verfüge. Hitler habe „mit einem leicht enttäuschten Gesicht" reagiert und dann einen Aufschub des Sonderauftrags gewährt. Anfang Dezember wird der SS-General erneut in die Wolfsschanze beordert und muss Hitler Auskunft über die erforderlichen Mittel für die Erstürmung des Vatikans und der Verschleppung des Papstes mitteilen: „2000 Mann, um den Vatikan zu umstellen und zu besetzen, eine Gruppe deutscher Professoren, die in Eile die wertvollsten Dokumente und Kunstgegenstände für den Abtransport ausfindig machen könnten, eine Mannschaft von Beamten aus Südtirol als Übersetzer sowie Autobusse und Lastwagen für den Transport des Papstes, seiner Begleiter, der vor den Deutschen in den Vatikan geflüchteten Politiker und der erbeuteten vatikanischen Archive und Kunstschätze."

Dann ergreift Wolff die Gelegenheit, die nicht unerheblichen Nachteile des Unternehmens mit ungewöhnlich offenen und klaren Worten darzulegen: „Ich bin zwar kräftemäßig in der Lage, Ihren Vatikan-Auftrag, mein Führer, blitzartig und erfolgreich durchzuführen, nicht aber anschließend die auf unser Vorgehen mit Sicherheit empört reagierende italienische Bevölkerung mit meinen ungenügenden Kräften dauernd zur Ruhe zu zwingen ... Nach meinen zwischenzeitlichen Ermittlungen muss ich dann mit großen Streiks und Massendemonstrationen, die ich zwar mit Waffengewalt niederschlagen kann, die aber in der Folge die so wichtige Rüstung und Produktion zum Erliegen bringen und die Gesamtsituation in Italien zu unseren Ungunsten verändern werden, rechnen."

Schließlich lässt sich Hitler davon überzeugen, eine derartige Lösung der Probleme, die er mit dem Vatikan hat, nicht anzuwenden. Wolff erläutert ihm, dass ein Verzicht auf diese drastische Maßnahme die Ruhe und Sicherheit auf dem Kriegsschauplatz bewahren und keine zusätzlichen Schwierigkeiten mit den Katholiken in Deutschland und in aller Welt bringen würde. „Na schön, Wolff", habe ihm Hitler gesagt, „machen Sie es, wie Sie es als Sachkenner Italiens für richtig halten".

Botschafter Rahn wird gegenüber dem Jesuiten Graham bestätigen: „Es ist zutreffend, dass mich General Wolff kurz nach meinem Eintreffen in Rom im September 1943 von seiner Unterhaltung mit Hitler über den Plan einer Entführung des Papstes unterrichtete. Wir waren uns einig darüber, dass die Durchführung des Planes verhängnisvolle Folgen haben würde und unter allen Umständen verhindert werden müsse. Ich beschloss daher, die erste sich bietende Gelegenheit zu benützen, um mit Hitler darüber zu sprechen, und meldete mich zur Berichterstattung über die politische Lage im Hauptquartier an. Als ich eintraf, wurde ich überrascht über die Anwesenheit eines großen Kreises führender Persönlichkeiten in Hitlers Büro, die meinen Bericht ebenfalls anhören sollten."

In Anwesenheit der Nazigrößen Ribbentrop, Himmler, Bormann, Hewel, Keitel und Jodl bekommt Botschafter Rahn die Möglichkeit, „bei Hitler ohne Unterbrechung zwei Stunden lang zu sprechen". Sein Hauptanliegen besteht darin, den Plan einer Besetzung des Vatikans zu Fall zu bringen und den Einfluss von Martin Bormann, des Leiters der Partei-Kanzlei der *NSDAP*, auf diese Frage auszuschalten. Am

Schluss seines Vortrags bittet er Hitler darum, Staatssekretär Walter Hewel mit der Abfassung einer Aufzeichnung zu beauftragen, in der das Ergebnis der Besprechung festgehalten und die Behandlung des Verhältnisses zum Vatikan und zur Person des Papstes fixiert werden sollte. Walter Hewel (1904-1945) ist SS-Brigadeführer, Botschafter zur besonderen Verfügung im Rang eines Staatssekretärs und Verbindungsbeamter des Auswärtigen Amtes zum Führerhauptquartier

Rahn erklärt: „Hitler stimmte meinem Vorschlag zu, so dass ich nach Abschluss der Sitzung Gelegenheit hatte, mit Hewel zusammen diese ‚Instruktion' selbst auszuarbeiten. Wir benützten die günstige Gelegenheit, um in diese für mich selbst bestimmte Aufzeichnung aufzunehmen, es sei der Wunsch des Führers, dass nichts gegen die Person des Papstes, die Integrität seiner Umgebung und die Unverletzlichkeit der Einrichtungen des Vatikans unternommen werden dürfe, und dass der deutsche Botschafter in Rom (also ich selbst) sich in dieser Hinsicht die größte Zurückhaltung auferlegen müsse. Hewel unterzeichnete das Dokument, das ich mit mir nach Rom nahm – und das in der Folge – zum Beispiel bei einem Besuch von Bormanns Sacharbeitern in Kirchenfragen – seinen Zweck vorzüglich erfüllte."

General Wolff gibt gegenüber P. Graham an, dass er – ohne dass man in offiziellen Aufzeichnungen einen Vermerk darüber machte – den Pontifex aufgesucht und diesen über die Absichten Hitlers informiert habe. Der SS-General dürfte tatsächlich in einer geheimen Audienz mit Papst Pius XII. zusammengetroffen sein. Mutter Pascalina Lehnert, die Haushälterin des Papstes, schreibt in ihren Erinnerungen: „Konnte es wundernehmen, dass nach der deutschen Besetzung Roms und nachdem der Heilige Stuhl erfahren hatte, dass Hitler Pius XII. deportieren lassen wollte, im Vatikan alle sehr bestürzt waren, dass der Heilige Vater auf Bitten von P. Pankratius Pfeiffer einen hohen deutschen Offizier, der, unter dem Siegel strengster Geheimhaltung, um Audienz nachgesucht hatte, ganz allein empfing? Die Enthüllungen, die dieser machte, waren allerdings dazu angetan, Pius XII. zu überzeugen, dass jene recht hatten, die sich um sein Leben und seine Sicherheit Sorge gemacht hatten. Klar und deutlich erfuhr er nun aus dem Munde dieses Offiziers, was gegen ihn geplant war ... Erst sehr viele Jahre später habe ich erfahren, dass dieser Offizier General Wolff war."

Die Ordensfrau fügt an: „Auch jetzt, nachdem der Heilige Vater genau informiert war, was Hitler gegen ihn geplant hatte, änderte er gar nichts an seinen Gewohnheiten. Immer wieder machte man ihn darauf aufmerksam, dass sein Spaziergang in den vatikanischen Gärten aus der Luft beobachtet wurde und dass es sehr gewagt sei, immer um dieselbe Stunde sich in den Garten zu begeben. Es war umsonst ‚Ich gehe nicht zu meinem Vergnügen, sondern nur, weil ich sonst nicht arbeiten kann, und ich kann mir die Zeit nicht selber wählen.' Angst um die eigene Person kannte er überhaupt nicht". Es gibt eine Reihe von Indizien, die auf Kontakte Pius XII. zu den Besatzern hindeuten – und auch darauf, dass der Vatikan ausspioniert wurde.

Ab einem gewissen Zeitpunkt war es den Soldaten der Wehrmacht untersagt, zur Papstaudienz zu gehen. Doch an diese Order hielt man sich nicht. Das Verbot wurde ständig übertreten — Hauptsache man wurde dabei nicht erwischt. Die Vertraute des Papstes berichtet: „Nun kamen eines Morgens zwei Offiziere durch das Bronzetor herauf zur Audienz. Ein verdächtiges Augenpaar war ihnen gefolgt, und bald darauf fragte jemand wie von ungefähr den wachthabenden Gardisten, wie viele Ausgänge der Vatikan habe. ‚Oh, so etwa drei', antwortete dieser, der schon gewohnt war, daß spioniert wurde. Nun wurden je zwei Spitzel aufgestellt, am Portone di Bronzo, bei Sant'Anna und bei Arco delle Campane. Die beiden Offiziere wurden unterdessen benachrichtigt, und nach beendeter Audienz ließ man sie ‚auf einem anderen Wege' ungesehen wieder aus dem Vatikan. — Am Spätnachmittag fragte dann endlich einer der Spione den Gardisten, wann denn heute die Audienz zu Ende sei. Verschmitzt antwortete dieser, er meine wohl, wann die morgige beginne! Am folgenden Tage aber, von den geprellten Aufpassern geschickt, kam ein Soldat in die Audienz, der die Frechheit hatte, den Heiligen Vater selbst zu fragen, wieviele Ausgänge der Vatikan habe. Pius XII., der von den Vorkommnissen wußte, verstand sofort, und mit einer Prise Ironie erwiderte er: ‚So viele, mein Sohn, als nötig sind, um die Ganzgescheiten irre zu führen'".

In der Nachkriegszeit gab es immer wieder Gerüchte, dass man im Vatikan Verstecke, aber auch Fluchtmöglichkeiten für den Papst vorbereitet habe. So teilte der Leiter der technischen Büros der Vatikanstadt Jahrzehnte später der katholischen Monatszeitschrift *30Giorni* mit, damals habe ihn Schwester Pascalina Lehnert beauftragt, einen Verbindungstunnel vom Palazzo dei Convertendi zur Fluchtmauer im Borgoviertel bauen zu lassen.

Die vatikanische Tageszeitung *Osservatore Romano* berichtete im Sommer 2016 von einem bislang unveröffentlichten Memorandum. Aus ihm gehe hervor, dass Monsignore Giovanni Battista Montini, der damalige Substitut im Staatssekretariat und spätere Papst Paul VI., Anfang des Jahres 1944 den Auftrag gegeben habe, geeignete Verstecke für Pius XII. zu finden – als eines sei damals der Turm der Winde im Bereich der Vatikanischen Museen ausersehen gewesen.

Der Patriarch und seine Neider

Ein Papabile im Visier des Geheimdienstes

Am 3. Juni 1963 stirbt Papst Johannes XXIII. Dem 1881 geborenen Pontifex war nur eine kurze, jedoch ereignisreiche Regierungszeit beschieden. Zum Höhepunkt seines Lebens wird das Zweite Vatikanische Konzil zählen, das von 1962 bis 1965 tagen sollte. Als der beliebte Papst am Pfingstmontag 1963 einem Krebsleiden erliegt, zeigen sich viele Katholiken erschüttert. Doch das offizielle Rom duldet keine Sentimentalität. Man hat sich auf das kommende Konklave vorzubereiten. Und die ganze Welt richtet ihren neugierigen Blick auf die anstehende Wahl eines neuen Oberhauptes der Kirche.

Das Interesse der Medien gilt vor allen den Papabili unter den Mitgliedern des Kardinalskollegiums, jenen Männern, die eine reelle Chance besitzen, Johannes XXIII. als Papst nachzufolgen. In den Sechziger Jahren gehört der Patriarch der katholischen Armenier, Kardinal Gregorio Pietro XV. Agagianian (1895-1971), zu den profiliertesten Persönlichkeiten der Kirche. Er gilt als ein aussichtsreicher Kandidat für den Stuhl des heiligen Petrus. Bereits bei der Papstwahl des Jahres 1958 hatte er zahlreiche Stimmen auf sich vereinigen können. Wenige Monate nach der Wahl kam es zu einem Besuch Papst Johannes' XXIII. im armenischen Kolleg. Zu den dort Studierenden bemerkte der Pontifex:

„Wisst ihr, dass euer Kardinal und ich beim letzten Konklave gut zusammenpassten? Unsere Namen wechselten sich ab, stiegen mal auf, mal ab, wie die Linsen im kochenden Wasser."

Obschon der Kardinal in Akhaltzikhe, im fernen Kaukasus, geboren wurde, fühlt er sich in der Stadt am Tiber heimisch. Seine Studienzeit hat Agagianian als Seminarist der mit Rom unierten Kirche Armeniens größtenteils in der Ewigen Stadt verbracht. Schon kurz nach seiner Priesterweihe im Jahr 1917 beginnt er selbst zu unterrichten. Anfang der Dreißiger Jahre wird er zum Rektor des Päpstlichen Armenischen Kollegs ernannt. 1937 wählt ihn die Synode seines Heimatlandes zu ihrem Oberhaupt, zum Katholikos, auf den altehrwürdigen Stuhl des Patriarchen von Sis und Zilizien. Nicht einmal zehn Jahre später, am 18. Februar 1946, erhebt ihn Papst Pius XII. in den Kardinalsrang.

Wer sich mit Agagianian auf Italienisch unterhält, stellt verblüfft fest, dass er Romanesco spricht, den harten, konsonantenreichen Dialekt der Römer. In der italienischen Presse wird er den Lesern oft als *Cardinale italo-armeno* vorgestellt. Doch der Würdenträger verfügt in der Ewigen Stadt nicht nur über Freunde und Bewunderer. Innerhalb kirchlicher Kreise existieren gegen ihn massive Vorbehalte und eine nicht zu unterschätzende Opposition. Agagianians Heimat Armenien gehört zu jener Zeit zur Union der Sozialistischen Sowjetrepubliken. Ein Nicht-Italiener auf dem Stuhl Petri wäre schon schlimm. Aber gar ein Bürger der kommunistischen und atheistischen Sowjetunion? Undenkbar!

Die Gegner von Kardinal Agagianian wollen kein Risiko eingehen und lassen deshalb im Vorfeld des Konklave keine Zeit verstreichen. Sie schreiten zur Tat. Um den Kirchenfürsten zu diskreditieren, greifen sie auf Kontakte zum italienischen Geheimdienst *SIFAR**, den Nachrichtendienst der Streitkräfte, zurück. Noch befindet sich ja die Welt im Kalten Krieg. Erst wenige Monate zuvor hatte die Sowjetunion durch die Stationierung von Raketen auf Kuba eine Krise ausgelöst. Die mit atomaren Sprengköpfen bestückten Raketen wurden zur Bedrohung für die USA und brachten die Welt an den Rand eines Krieges. Auch wenn sich die Lage inzwischen entspannt hat, so wird der Ostblock doch stets misstrauisch beäugt. Der *SIFAR* tritt daher umgehend in Aktion.

In die sonst so ruhige, beschauliche Via San Nicoló da Tolentino, unweit der Piazza Barberini im Zentrum der Stadt, kommt nach dem Tod des Papstes Bewegung. In dieser Straße gegenüber dem Pontificium Collegium Germanicum, dem berühmten deutschen Priesterseminar in Rom, befindet sich das Kolleg der Armenier. Dort wohnen Agagianian und seine 71-jährige Schwester Elisabetta Papikova. In diesen Tagen hat die betagte Schwester des Purpurträgers gerade eine Verlängerung ihrer Aufenthaltserlaubnis beantragt. Die beschwerlichen Behördengänge bei der sowjetischen Botschaft und der römischen Quästur hatte sie persönlich unternommen.

Elisabetta Papikova ahnt nicht, dass sie nun Tag und Nacht von den Agenten des *SIFAR* überwacht wird. Minutiös dokumentiert man jeden ihrer Schritte. Die Kameras der Beobachter kommen ununterbrochen zum Einsatz. Autos

* Servizio Informazione Forze Armate

mit gefälschten Kennzeichen stehen in der kleinen Straße ihrer Wohnung. Sie sind so geparkt, dass die Insassen der Wagen den Eingang zum Kolleg ständig im Auge haben. Zu einer Wohnung in einem Nachbarhaus verschaffen sich die Agenten Zutritt und nehmen die Fenster in Beschlag, von denen aus man einen guten Blick auf das armenische Kolleg hat. Dem Pförtner des *Collegium Germanicum* fällt auf, dass immer wieder die selben Leute ihren Weg durch die Via di San Nicoló da Tolentino nehmen und dort stets Automobile parken, deren Insassen über Stunden ihre Wagen nicht verlassen. Das Ergebnis der Observation ist jedoch mager.

In einem Dossier notieren die Geheimdienstler: „Elisabetta Papikova führt ein zurückgezogenes Leben; am 6., 7. und 8. des laufenden Monats sind keine Ausgänge aus dem religiösen Institut zu verzeichnen."

Am 9. Juni kommt Bewegung in die eintönige Arbeit der Agenten. Dr. Megarditisch Hebojan, ein Arzt, der seit fast dreissig Jahren in Rom lebt, besucht die Schwester des Kardinals. Er unterhält freundschaftliche Beziehungen zu ihr und lädt sie ein, ihn und seine Familie zu einem Ausflug in das römische Umland zu begleiten. Als der Arzt und Elisabetta Papikova in ein Auto, einen Lancia Appia mit dem Kennzeichen Roma 277979, steigen, merken die Agenten des *SIFAR* auf. Hektisch fordern sie über Funk Unterstützung an. Das Auto Dr. Hebojans wird von den Fahrzeugen des Geheimdienstes durch ganz Rom verfolgt. Am Zielort des Ausfluges, in Salto di Fonte in Latium, aber müssen sich die Beobachter eingestehen, dass sie nichts Verwertbares besitzen, nichts, was die Schwester des Kardinals und somit auch ihren Bruder hätte kompromittieren können.

Doch schon am folgenden Nachmittag, vier Tage nach dem Tod des Papstes, können die Geheimdienstler ihren Vorgesetzten vermelden: „Am 10. des Monats gegen 16.00 Uhr empfängt sie in dem Kolleg, in dem sie wohnt, den Besuch des ersten Sekretärs der sowjetischen Botschaft, Againe Gorguen. Er ist Armenier, der dem Dienst bekannt ist und der verdächtigt wird, ein Agent des in Italien agierenden *S.I.** zu sein. Er traf am Ort mit dem Fahrzeug Fiat 1400/B, Kennzeichen Roma 346519, ein. Das Fahrzeug ist auf ihn angemeldet."

Für die Männer des Geheimdienstes ist der Auftritt Gorguens ein „Glückstreffer". Zwar hatte Elisabetta Papikova nur den Besuch eines Botschaftsangestellten empfangen, der wie sie Armenier war, doch die Agenten haben jetzt das „Material", das von ihnen erwartet wird. Dass der Diplomat der alten Dame nur ein Dokument überbracht hatte, das sie für die Verlängerung ihrer Aufenthaltsgenehmigung benötigte und ihr den beschwerlichen Weg der Abholung ersparen wollte, verschweigen die Beobachter wohlweislich.

Schon bald zirkulieren Auszüge und Fotografien aus dem italienischen Geheimdienstdossier im Vatikan und unter den Kardinälen. Gerüchte von *KGB*-Kontakten des Purpurträgers und seiner Schwester machen die Runde. Auch Gregorio Pietro Agagianian werden die Unterlagen zugespielt. Der Patriarch ist entsetzt, die Verleumdungen treffen ihn zutiefst. Seine Wahlchancen sind nun erheblich gesunken, denn auf alles, was nur entfernt mit Kommunismus zu tun

* Informationsdienst der Sowjets

hat, reagieren die Kirchenfürsten empfindlich. Zur sehr hat die Kirche unter jener unheilvollen Ideologie auch in Italien zu leiden, obschon es dabei nicht so „handfest" zugeht wie in den berühmten Geschichten um Don Camillo und Peppone. Kardinal Agagianian interessieren seine Wahlchancen nicht. Seine Ambitionen sind nicht auf die Krönung mit der Tiara, der dreifachen Krone der Päpste, ausgerichtet.

Ein Jahr später, 1964, wird bekannt, dass *SIFAR* jahrelang unrechtmäßig und willkürlich Akten über zigtausende Personen angelegt hat und eine Reihe seiner Angehörigen an einem versuchten Staatsstreich beteiligt waren. Der ehemalige Leiter des Geheimdienstes, General Giovanni De Lorenzo, muss sich vor Gericht verantworten. Die Arbeit einer zeitgleich eingesetzten Untersuchungskommission offenbart derart schwere Vergehen, dass der Geheimdienst aufgelöst wird. Zu den Operationen von *SIFAR* stellen die Mitglieder der Kommission fest: „Es ist offensichtlich, dass man nach 1962 Informationen suchte, die der Person, auf die sie sich bezogen, schaden konnten und ein Mittel zur Einschüchterung darstellten ... Man bemerkt auch die Tendenz, die erhaltenen Informationen zu verfälschen, um ihnen eine negative Bedeutung beizulegen."

Die kirchlichen Hintermänner, die *SIFAR* den Auftrag gaben, Material gegen den geschätzten und untadeligen Kurienkardinal zu beschaffen, bleiben im Dunkeln. Und fragt man in römischen Archiven nach Unterlagen, die weiteren Aufschluss zu der unappetitlichen Affäre geben könnten, erhält man die Mitteilung, sie seien derzeit nicht auffindbar.

Im Fadenkreuz deutscher Dienste

Deutsche Spione beim Heiligen Stuhl

„Viele Köche verderben den Brei" — mit diesem bekannten Sprichwort könnte man die deutsche Agententätigkeit im Vatikan während des II. Weltkriegs beschreiben. „Nicht weniger als fünf Organisationen des Reiches", so merkt der Historiker Andrea Riccardi an, „spionierten den kleinen Vatikanstaat aus: die Gestapo, der SD, der Nachrichtendienst der NSDAP, der Militärgeheimdienst, die Parteikanzlei und der Geheimdienst des Außenministeriums". Auch ein paar hohe deutsche Persönlichkeiten, wie zum Beispiel der Botschafter beim Heiligen Stuhl, Ernst von Weizsäcker, dürften Informanten gehabt haben, die sich gegen Bezahlung umschauten.

Allgemein wussten die Dienste in die Reichshauptstadt zu berichten, dass man unter den Deutschen im Vatikan keine Bereitschaft finde, für die Sache ihrer Heimat ihren römischen Dienstherrn zu verraten; man treffe auf eine unbeirrbare Loyalität zum Papst. Informationen erhalte man von angeworbenen Ausländern oder durch zwanglose Gespräche bei Empfängen, Zeremonien und oft auch in den Trattorien des Borgo. Abhörerfolge konnte man eher durch das Anzapfen vatikanischer Telefone verbuchen. Diese Maßnahme der Deutschen war den Verantwortlichen im Kirchenstaat jedoch bekannt. Pius XII. pflegte bei vertraulichen

Gesprächen in seinen Appartements sogar den Stecker aus der Telefondose zu ziehen.

Herbert Kappler, Obersturmbannführer der *SS* und deutscher Polizeichef von Rom, hatte schon recht früh einen jungen Esten mit russischen Wurzeln, Alexander Kurtna, angeworben. Im Alter von 22 Jahren kommt der hochbegabte Kurtna 1936 in die Ewige Stadt. Von der Orthodoxie zum Katholizismus konvertiert, findet er Aufnahme im Päpstlichen *Collegium Russicum.* Mangels Berufung zum Priestertum verlässt er es im November 1939 wieder. Mehrfach reist er von Rom in seine estnische Heimat – und erhält ein Forschungsstipendium der *Sowjetischen Akademie der Wissenschaften,* das er jedoch nach Beginn des Krieges des Deutschen Reiches mit der Sowjetunion verliert. Noch als Polizei-Attaché an der Deutschen Botschaft in Rom trifft Herbert Kappler mit Kurtna zusammen, erkennt dessen Geldprobleme und nimmt ihn in seine Dienste.

Im Juni 1942 vermählt sich Alexander Kurtna und tritt mit seiner Ehefrau die Hochzeitsreise nach Estland an. Bei seiner Rückkehr nach Rom wird er von den Italienern unter dem Vorwurf der Spionage festgenommen. Der Prozess soll im August 1943 erfolgen. Doch dann kommt es zum Sturz des Duce und die Ewige Stadt wird von den Deutschen besetzt. Kappler, mittlerweile Polizeichef, holt seinen Schützling aus dem Gefängnis. der dann trotz seines zweifelhaften Hintergrundes bei der Ostkirchenkongregation der Römischen Kurie beschäftigt wird. Der Ostexperte Hansjakob Stehle findet bei Recherchen über Kurtna heraus: „Da gab es die hübsche Sekretärin des Polizeichefs, Fräulein Schwarzer, die ihm in einer innigen Stunde gestand, dass auch sie für die ‚andere Seite' [die Sowjetunion] Nachrichten sammelte."

Stehle berichtet weiter: „Am 3. Juni 1944, zwei Tage bevor das deutsche Regime in Rom am Ende war und die westlichen Alliierten die Stadt besetzten, holte die Dame ein Papier aus Kapplers Panzerschrank und steckte es in Kurtnas Tasche. Es war eine Liste mit siebzehn Namen und Adressen von ‚kirchlichen' Mitarbeitern des Polizeichefs, seinen Agenten im Vatikan. Kurtna hatte gerade noch Zeit, das Dokument in der sowjetischen Vertretung abzugeben (die nach dem alliierten Einmarsch zurückgekehrt war). Aber auch die italienische Polizei war wieder aktiv: Am 6. Juni verhaftete sie Kurtna beim Abendspaziergang und verständigte auch gleich die amerikanische militärische Abwehr (CIC)."

Stehle weiß noch von einem geheimen Bericht des *CIC* vom 11. Juli 1944 zu berichten, der Auskunft darüber gibt, dass Rückfragen in der Vertretung der sowjetischen Verbündeten ergeben hätten, dass Kurtna dort tatsächlich eine Liste mit Kapplers Agenten abgeliefert habe. „Es wurde uns erlaubt, davon eine Kopie zu machen", heißt es in dem *CIC*-Bericht. Stehle schweigt sich über den Inhalt der Liste und deren weiteren Verbleib aus. Standen auf Kapplers Papier echte Agenten oder bloß Leute, die angezapft werden konnten, ohne dass sie wussten von wem und warum? Der Schleier, der darüber liegt, ist bis heute noch nicht gelüftet.

In der Nachkriegszeit zeichnet sich im geteilten Deutschland vor allem der Osten des Landes durch Spionagetätigkeit gegen den Vatikan aus. Als „Schild und Schwert der Partei" agiert das *Ministerium für Staatssicherheit* der DDR, besser bekannt durch das Kürzel *Stasi,* in den sechziger, siebziger und achtziger Jahren mit großer Energie.

Dabei geht es nicht nur um das Sammeln von Informationen. Der Dominikanerpater Anselm Hertz, Professor an der *Päpstlichen Universität vom heiligen Thomas von Aquin* in Rom (besser bekannt als das *Angelicum*), macht in den Jahren vor dem Mauerfall seinem Ärger Luft. Hertz arbeitet nebenbei auch als Übersetzer bei der deutschsprachigen Wochenausgabe des *Osservatore Romano,* der Zeitung des Vatikans. „Irgendetwas stimmt mit diesem Kollegen nicht", äußert sich der Ordensmann bei einem Essen in einer Trattoria über einen seiner Übersetzerkollegen. „Ich begreife nicht, warum er jedes Wort des Papstes in der denkbar schärfsten Weise übersetzt; er lässt ihn als einen unversöhnlichen Hardliner der schlimmsten Art dastehen". Ohne es zu ahnen, hat Hertz den Finger auf den wunden Punkt gelegt. Den östlichen Geheimdiensten ist daran gelegen, Johannes Paul II. — den Papst aus dem sozialistischen Polen — in Misskredit zu bringen.

Bewusster Kollege, über den sich Hertz erregt, war P. Karl Eugen Brammertz (1915-1987), ein Benediktinermönch aus der Abtei Sankt Matthias in Trier. Der Ordensmann schrieb und übersetzte für die deutschsprachige Ausgabe des *Osservatore Romano* Ansprachen des Papstes. Auch für die *Katholische Nachrichten-Agentur* (*KNA*) betätigte er sich als Übersetzer. Zusätzlich hatte er noch einen kleinen geheimen Nebenjob: Brammertz arbeitete als Spion für den *KGB* und unter dem Decknamen IM *Lichtblick* für die *Stasi.* Im September 1996 veröffentlicht die Gauck-Behörde einen 260 Seiten umfassenden Untersuchungsbericht zu seiner Person.

Bei der *Katholischen Nachrichten-Agentur* in Rom dürfte Eugen Brammertz einen *KNA*-Redakteur für die *Stasi* angeworben haben: Alfons Waschbüsch, der dann unter dem Alias *Antonius* für das ostdeutsche Ministerium in der Ewigen Stadt „wirkte". Waschbüsch gab Unmengen von Informationen über Papst Johannes Paul II. und den Präfekten der Glaubenskongregation, Joseph Kardinal Ratzinger, nach Ostberlin weiter. „IM Antonius war sicher der wertvollste Stasi-Agent in der katholischen Kirche in Westdeutschland", ist sich der Historiker und *Stasi*-Forscher Bernd Schäfer sicher. 1992 wird der IM enttarnt. Die *Katholische Nachrichten Agentur* entlässt Waschbüsch, der mittlerweile Redaktionsleiter in Wiesbaden geworden ist. Zum ungläubigen Staunen vieler wird er noch im gleichen Jahr vom Bistum Trier als Leiter der Koblenzer Pressestelle eingestellt. Zudem kommt er für seine Vergehen – ohne Prozess – mit einer Geldstrafe davon.

Die Ansprachen zur Pensionierung Waschbüschs sollten mit einer entsprechenden Portion Humor genommen werden. Als dieser im Dezember 2007 aus dem Dienst (dem des Bistums) ausscheidet, dankt ihm der Trierer Weihbischof Jörg Michael Peters mit den Worten: „Er war präsent, immer mittendrin von montags bis freitags, aber auch samstags und sonntags; morgens, mittags und abends". Stets habe er sich für die Menschen und ihre Anliegen interessiert, so die Exzellenz. Und Dr. Stephan Kronenburg, der Pressesprecher des Bistums, lobt den ehemaligen Stasi-Informanten für seinen großen Einsatz. Auf sein „nahezu allumfassendes" Fachwissen hätten Kollegen und Journalisten immer gerne zurückgegriffen.

Für die östlichen Geheimdienste, vor allem für das Ministerium für Staatssicherheit der DDR, stand fest, dass die „Emissäre, Kuriere und Missionare" des Heiligen Stuhls einer „verstärkten Bearbeitung" unterzogen werden mussten. Das Nachrichtenmagazin *Der Spiegel* berichtete über ein Abkommen zwischen der *Stasi* und dem tschechoslowakischen Geheimdienst vom Dezember 1986. Die „Hauptmänner" im Vatikan, erklärte der Pakt der beiden Dienste, wie etwa der ehemalige Außenminister des Papstes, Agostino Kardinal Casaroli, seien zur „Kompromittierung" freigegeben.

1998 bringen Medien auch die Päpstliche Schweizergarde mit der *Stasi* in Verbindung. Der 4. Mai des Jahres wird zu einem *dies ater*, einem schwarzen Tag, für das vatikanische Traditionskorps. Nur wenige Stunden nach der Ernennung von Oberstleutnant Alois Estermann zum neuen Gardekommandanten erschießt der Vizekorporal Cédric Tornay seinen Vorgesetzten und dessen Ehefrau; danach richtet er sich selbst. Die Ermittlungen des Vatikans ergeben, dass der 23-jährige Gardist in einem Anfall von Wahnsinn gehandelt hat. In den Medien tauchen nun die haarsträubendsten Theorien auf, bis hin zu der Behauptung, Estermann habe für die *Stasi* gearbeitet. „Was wird da vertuscht?", titelt der *Kölner Express* und die *Berliner Zeitung* fragt: „Hatte etwa der geheimnisumwitterte *Opus Dei* seine Finger im Spiel?"

Der offizielle Bericht der zuständigen vatikanischen Behörden wird später über die Todesfälle im Gardequartier bekannt geben: „Der Untersuchungsrichter des Vatikangerichtes, Advokat Gianluigi Marrone, hat mit Dekret vom 5.

Februar 1999 die Archivierung der Akten wegen des Todesfalls des Neu-Kommandanten Oberst Alois Estermann, seiner Ehefrau Gladys Meza Romero und des Vizekorporals Cédric Tornay, eingetreten am Abend des 4. Mai 1998, veranlasst." Man sei, „zum Schluss gelangt, dass das Ehepaar Estermann von Vizekorporal Cédric Tornay ermordet worden ist, und dass sich letzterer mit derselben Ordonnanzpistole das Leben genommen hat." Dennoch muss Gianluigi Marrone eingestehen: *„Non tutto è stato chiarito* — Nicht alles ist geklärt worden".

Ungereimtheiten in der Causa Estermann führen dazu, dass sich die Zeitungen der Sache „annehmen". Generaloberst Markus „Micha" Wolf (1923-2008), der legendäre Chef der *Hauptverwaltung Aufklärung* (HVA) des Auslandsnachrichtendienstes im Ministerium für Staatssicherheit der DDR verfügte im Vatikan über einen hochkarätigen Maulwurf, der den Tarnnamen *Werder* trug. *Werder* wird nun mit Alois Estermann gleichgesetzt. Zwei widersprüchliche Interviews machen weltweit die Runde. Das polnische Boulevardblatt *Super-Express* kolportiert eine angebliche Bemerkung Wolfs: „Wir waren stolz, 1979, als wir Estermann als Agenten rekrutieren konnten. Dieser Mann hatte unbegrenzten Zugang zum Heiligen Stuhl, und wir durch ihn." Im Gespräch mit einer italienischen Zeitung sagt Wolf hingegen: „Ich halte die ganze Geschichte für eine Erfindung." Er hätte in jedem Fall davon wissen müssen, wenn man Estermann angeworben hätte.

Als der ehemalige *Stasi*-Chef von seriöser Seite gefragt wird, warum die Medien die Story von Estermann als ostdeutschem „Maulwurf" erfunden haben, antwortet Markus

Wolf: „Weil die Zeitungen und das Fernsehen jeden Tag etwas Neues und Aufsehenerregendes brauchen. Und der Name ‚Estermann' war jetzt in aller Munde, in allen Medien weltweit." „Außer Spesen nichts gewesen", kommentiert man im Vatikan das Rauschen im Blätterwald.

Doch nicht nur Ostdeutschland, auch die Bundesrepublik ist agentenmäßig im Vatikan unterwegs. Reinhard Gehlen (1902-1979) steht im Dritten Reich als Generalmajor der Wehrmacht im Generalstab des Heeres der Abteilung *Fremde Heere Ost* (*FHO*) vor. Die *FHO* hatte sich aus der bereits 1917 ins Leben gerufenen Heeresabteilung zur Beurteilung der so genannten „Feindlage" gebildet. Nach dem Ende des Zweiten Weltkriegs wird durch die US-Army ein neuer deutscher Nachrichtendienst initiiert, der schon früh die Bezeichnung *Organisation Gehlen* trägt. So benannt, da der aus amerikanischer Kriegsgefangenschaft entlassene ehemalige Generalmajor der Wehrmacht Ende 1946 dessen Leitung übernimmt. Aus ihm geht 1956 der *Bundesnachrichtendienst* (*BND*) mit Sitz in Pullach bei München hervor. Zuständigkeitsbereich des *BND* ist die zivile und militärische Auslandsaufklärung.

Im Januar 1949 soll Papst Pius XII. mit dem Protestanten Reinhard Gehlen im Vatikan zusammengetroffen sein. In der geheimen Privataudienz sei es um die Zustimmung des Papstes zur Aufnahme von Kontakten zwischen dem Heiligen Stuhl und dem neuen Geheimdienst Westdeutschlands gegangen. Warum der Papst scheinbar in höchsteigener Person involviert war – sofern diese Information zutreffend ist –, bleibt unklar.

Gehlen unterhielt über freundschaftliche Beziehungen

zu dem deutschen Jesuitenpater Robert Leiber, der einer der Privatsekretäre Pius' XII. war. Möglicherweise könnte der Ordensmann Gehlen den Weg in den Apostolischen Palast geebnet haben. Unbestritten ist, dass es zu diesem Zeitpunkt einen Verbindungsmann der *Organisation Gehlen* in Rom gab — Deckname *Gustav*. Dahinter verbarg sich Johannes Gehlen, ein Halbbruder des Geheimdienstchefs, der zum Leiter der Zweigstelle in der Ewigen Stadt bestimmt worden war. Zur Tarnung arbeitete *Gustav* beim Malteserorden und war — obschon kein Katholik — Privatsekretär von Ferdinand Graf von Thun-Hohenstein, der eine Führungsposition im katholischen Malteserorden innehatte.

1949 wird Konrad Adenauer der erste Bundeskanzler der Bundesrepublik Deutschland. Adenauer ist Katholik. Dreimal besucht er die Ewige Stadt. Im Dezember 1955 wird er vom Papst in den zweithöchsten Ritterorden des Heiligen Stuhles, den *Orden vom Goldenen Sporn*, aufgenommen. Pius XII. und der deutsche Regierungschef verstehen und schätzen einander. Ganz anders ist das Verhältnis Adenauers zu Johannes XXIII. Der Kanzler trifft 1960 mit dem Papst zusammen — auf Distanz. Für Adenauer ist Johannes XXIII. ein politischer Dilettant, der sich gegenüber kommunistischen Ländern zu nachgiebig und freundlich zeigt. Mit dessen Nachfolger Paul VI. teilt Adenauer zwar nicht jede politische Ansicht und jedes Agieren, doch er hält ihn für allemal geeigneter als den Roncalli-Papst. Paul VI. wird unmittelbar nach seinem Pontifikatsantritt im Jahre 1963 den deutschen Bundeskanzler mit einer außergewöhnlichen Geste, der Verleihung des höchsten Ordens, den er zu vergeben hat, des *Christus-Ordens*, auszeichnen.

Es ist nicht zwingend bewiesen, dass der misstrauische Blick, den Konrad Adenauer auf Johannes XXIII. hatte, dazu führte, dass der *BND* verstärkt sein Augenmerk auf den Vatikan richtete, doch von der Hand zu weisen ist diese Vermutung nicht. 2015 wird das Nachrichtenmagazin *Spiegel* berichten, ihm läge ein Leitz-Ordner mit Kopien von *BND*-Dokumenten aus den Jahren 1962/63 vor: „Meldungen, Berichte von Konfidenten, Analysen. Wichtigstes Thema darin sind Johannes XXIII. (1881 bis 1963) und der Vatikan. Die Sammlung ist unvollständig, aber wenn die *BND*-Leute ihre Angaben nicht aufgeblasen oder gar erfunden haben, um Chef Gehlen zu imponieren, dann belegen sie, dass der Dienst den Papst bespitzelte" (Klaus Wiegrefe). In Italien und im Vatikan bleibt der *Bundesnachrichtendienst* am Ball. „Hauptforschungsgebiet" des *BND* ist die vatikanische Ostpolitik.

Anfang 2020 führen Recherchen der *Washington Post*, des *ZDF* und des *Schweizer Fernsehen* zur Enttarnung der *Operation Rubikon*. Der brisante Spionagefall steht in Zusammenhang mit der *Crypto* AG, die ihren Sitz in Steinhausen im Kanton Zug (Schweiz) hatte. Die Crypto war ein Unternehmen im Bereich der Informationssicherheit, das Chiffriergeräte herstellte, die für ihre sichere Verschlüsselungstechnik bekannt waren. *BND* und *CIA* kauften die Firma im Jahre 1970 heimlich auf. Das Unternehmen produziert nun zwischen 1970 und 1993 zwei unterschiedliche Gruppen von Geräten: wirklich abhörsichere und solche mit schwächerer bzw. manipulierter Verschlüsselung. Regierungen und Militärs vertrauen unisono auf die vermeintlich sichere Technik aus der neutralen Schweiz. Ein Irrtum. Bei einer beträchtlichen Anzahl von Geräten – es sind die Produkte der zweiten Kategorie – hören die USA und die Bundesrepublik Deutschland mit. Auch der Vatikan zählt zu den Opfern der Operation.

Drei ausgewiesene Geheimdienstexperten – Christoph Franceschini, Thomas Wegener Fris und Erich Schmidt-Eenboon – legten bereits 2017 mit *Spionage unter Freunden* eine Analyse des Verhältnisses des *BND* zu seinen wichtigsten Partnern im Westen vor. Sie berichten auch von einer Episode, die trotz der Ernsthaftigkeit des Geschehens ein wenig zum Schmunzeln einlädt. Sie ereignet sich zu der Zeit, als am 13. Mai 1981 Schüsse auf die Person des Papstes fallen: „Das Attentat fand während des Aufenthalts des Beschaffungsleiters des *BND*, Albrecht Rausch, in Rom statt. Als Rahmenprogramm war ein Besuch der Papstaudienz ins Auge gefasst und Karten für die Tribünen besorgt worden. Doch Rausch fand keinen Gefallen an diesem Programmpunkt und sagte den Termin auf dem Petersplatz ab. Es ist kaum auszudenken, was Verschwörungstheoretiker sich zusammengereimt hätten, wenn ruchbar geworden wäre, dass der Operationschef des *BND* und dessen römischer Resident bei den Schüssen auf Johannes Paul II. anwesend gewesen wären".

Die Rede von der Spionage unter Freunden bekommt einen besonderen Beigeschmack, wirft man einen Blick auf einen hohen Beamten deutscher Nationalität im Vatikan: P. Ambrosius Eßer OP (1932-2010). Der Dominikanerpater wurde in den 1970er Jahren Professor an der *Päpstlichen*

Universität des heiligen Thomas von Aquin (*Angelicum*) in Rom und wirkte von 1972 bis 1975 als Direktor des *Römischen Instituts der Görres-Gesellschaft* am *Campo Santo Teutonico.* Seit 1983 stand er in Diensten der Kongregation für die Selig- und Heiligsprechungsprozesse, deren Generalrelator er von 1990 bis 2009 war. „Der Kirchenmann gibt Weyer Informationen über die Treffen italienischer und ausländischer Politiker im Vatikan und über die verschiedenen Delegationen, die vom Papst empfangen werden", schrieb der italienische *Servizio Informazioni Difesa* (*SID*) in einem seiner Dienstberichte über Begegnungen Eßers mit Peter Weyer, dem *BND*-Residenten in Rom.

Manchmal sind es auch innerkirchliche deutsche Probleme und nichtstaatliche „Spione", die dem Heiligen Stuhl zu schaffen machen. Erzbischof Giovanni Benelli, von 1967 bis 1977 Substitut im Päpstlichen Staatssekretariat, war jemand, der die vatikanische Kirchenpolitik unter keinen Umständen seiner Kontrolle entzogen sehen mochte. Die Vatikanexperten Werner Kaltefleiter und Hanspeter Oschwald berichten, dass Benelli schon einmal höchstpersönlich dort recherchierte, „wo er eine undichte Stelle oder eine Intrige entdeckt zu haben glaubte. So wunderten sich die Kollegen des römischen Büros der Deutschen Presse-Agentur (dpa) nicht schlecht, als eines Tages der Erzbischof bei ihnen aufkreutzte, um zu erfahren, wer eine Indiskretion über die neue, völlig unzulängliche Mischehen-Ordnung in die Welt gesetzt habe. Der stämmige Toskaner, den der ganze Vatikan wegen seines effizienten, aber hemdsärmeligen Herrschaftsstils nur noch ‚Sua Effizienza' nannte, fuhr vergeblich durch halb Rom. Der ‚Übeltäter' und Urheber der Indiskretion war Hanspeter Oschwald und der saß zu dieser Zeit noch in Stuttgart. Die Lücke [im Vatikan] blieb bis heute geheim".

„Polonia non semper fidelis"

Im katholischen Polen waren nicht alle treu

„Semper fidelis — Immer treu". 1883 hat das *United States Marine Corps,* das Marinekorps der Vereinigten Staaten von Amerika, diesen Ausspruch als Motto für sich requiriert. Mit der Verkürzung *Semper fi!* grüßen und verabschieden sich Marines; mit ihr präsentieren und bekennen sie sich stolz in der Öffentlichkeit. Der Wahlspruch ist in ihrem Korps als unabdingbare Verpflichtung verwurzelt, er gehört zur Identität der Marines. Eine Missachtung käme einem unverzeihlichen Verrat gleich.

Ähnliches sollte für die Worte *Polonia semper fidelis* gelten. Auch sie haben Identität zu bekunden, ein Bekenntnis zu hohen Werten aufzuzeigen. Für die Kirche im Land gilt dies im Besonderen. Der polnische Schriftsteller Tadeusz Nowakowski (1917-1996) schrieb in einem Essay, *Polonia semper fidelis* heiße vor allem: „Eine Kirche, die nicht bereit wäre, das Martyrium auf sich zu nehmen, indem sie Prinzipien auf dem Altar der politischen Klugheit opfert, sich mit dem Totalitarismus ‚arrangiert' oder sich sogar dem Vorwurf der Komplizenschaft mit den finsteren Kräften der Gewalt und Lüge aussetzt, wäre keine polnische Kirche mehr."

Bei weitem nicht alle katholischen Kleriker werden in der zweiten Hälfte des 20. Jahrhunderts dem hohen Anspruch des *Polonia semper fidelis* gerecht. Geltungssucht,

Karrieredenken, der schnöde Mammon und auch Feigheit fordern ihren Tribut. Unter dem autoritären und kirchenfeindlichen kommunistischen System, das sich seit 1947 durch Entmachtung der Opposition und Wahlfälschung etabliert, kommt es in dem katholischen Land zu Anbiederung an den Staat und zu Verrat. Priester kollaborieren mit dem staatlichen Sicherheitsdienst, dem *Sluzba Bezpieczenstwa – SB*, oder bieten sich gar als willfährige Helfer an. Kardinal Jozef Glemp, der Primas von Polen, bekannte 2005 gegenüber der italienischen Nachrichtenagentur *Ansa*: „Jeder polnische Priester wurde bespitzelt, ich auch. Im Büro der Geheimdienste gab es Dossiers über jeden von uns. Jeder Geistliche, Pfarrer oder Seminarist wurde überwacht. In diesem Klima gab es auch Priester, die mit dem Regime zusammenarbeiteten. Man rechnet, dass in Polen 15 Prozent der Geistlichen Beziehungen zu den Geheimdiensten hatten und ihnen Informationen lieferten. Die Mehrheit von uns, 85 Prozent, hat aber Widerstand geleistet".

Der Historiker Jan Zaryn, heute Senator der Republik Polen, arbeitete lange Zeit für das *IPN*. Das polnische *Institut für das nationale Gedächtnis* (*IPN*) ist eine unabhängige öffentliche Einrichtung, deren Statuten im Dezember 1998 vom demokratischen Parlament in Warschau approbiert wurden. Dem *IPN* kam die Aufgabe zu, die historische Wahrheit über die 1939 bis 1989 von Nazis und Kommunisten praktizierten Unterdrückungsmaßnahmen in Polen aufzudecken. Zaryn gibt 2005 dem katholischen Monatsmagazin *30Giorni* Auskunft über die Spionageaktivität der östlichen Geheimdienste gegen die katholische Kirche und den Vatikan. Er berichtet: „Wenn man die polnischen Dokumente über die ‚Aktivität der Geheimpolizei' aneinanderreihte, würden sie sich über circa 90 Kilometer erstrecken. Verfasst wurden sie in den Jahren 1944 bis 1990 von Beamten der polnischen Geheimpolizei, oder ‚SB', wie man sie seit 1956 nannte (von 1944 bis 1956 dagegen ‚UB')."

Bei den Dokumenten handle es sich um: „Verwaltungsakte, Instruktionen von Ministerialbeamten, Dokumente der Beamten der Geheimpolizei, die mit den Informanten in Kontakt standen, aber auch Dokumente, die von den Informanten selbst verfasst wurden. Auch persönliche Unterlagen, die vom Passamt und ähnlichen Einrichtungen ausgestellt wurden, werden genau unter die Lupe genommen. Der Informant mit dem Decknamen Zigmunt (Sigmund) war beispielsweise ein Priester der katholischen Kirche. Er war von 1949 bis Mitte der Sechzigerjahre ‚im Dienst' des Staates. Zigmunt war Mitglied wichtiger polnischer Bischofskommissionen und hat die Geheimdienste über deren Versammlungen auf dem Laufenden gehalten. Wir haben auch Dossiers über Diözesen und Pfarreien, über alle Männer- und Frauenklöster, über Seminare, über die KUL, die katholische Universität von Lublin."

Die Geheimpolizei habe sich über alle polnischen Klöster genaustens unterrichten lassen, vor allem aber über Dominikaner und Jesuiten, weil diese in der Jugendarbeit am engagiertesten waren. Jan Zaryn ist sich sicher, „dass die Geheimpolizei die ganze Zeit über einen Kampf gegen die katholische Kirche geführt hat, also gegen Institutionen und Einzelpersonen". Im Laufe der Jahre werden immer wieder Geistliche als Informanten des *SB* enttarnt. 2005 taucht der Name eines bekannten Gesichtes aus der Ewigen Stadt auf.

Die Enthüllung führt zu einem kleinen Erdbeben in der katholischen Kirche Polens und versetzt die Gäubigen in Unruhe.

Ironischerweise ist es die sozialistische Tageszeitung *neues deutschland*, von 1946 bis 1989 Zentralorgan der *Sozialistischen Einheitspartei Deutschlands (SED)*, die Näheres zu den Umständen der Enttarnung des Geistlichen der Öffentlichkeit mitzuteilen weiß: „Ende April hatte IPN-Präsident Professor Leon Kieres auf einer Pressekonferenz gesagt, er habe aus Tonaufnahmen in seinem Institut die Stimme eines bekannten Kirchenmannes herausgehört. Den Namen wollte er jedoch nicht preisgeben. In zahlreichen Fernsehdebatten forderten bekannte Politiker und Publizisten daraufhin, Kieres müsse den Namen herausrücken, denn durch sein Schweigen vergifte er die Atmosphäre im Lande. Auch kirchliche Würdenträger drängten, so dass das IPN-Kollegium Kieres schließlich zur Bekanntgabe des Namens ermächtigte. Auf einer weiteren Pressekonferenz wurde er genannt: Konrad Hejmo."

Wer in den achtziger Jahren in Rom lebte, an der Kurie arbeitete, über den Papst und den Vatikan schrieb oder einfach nur in der Ewigen Stadt studierte, dem konnte die Gestalt im weißen Ordensgewand des Predigerordens nicht verborgen bleiben. Den Dominikanerpater Konrad Stanislaw Heimjo sah man auf dem Petersplatz, erblickte ihn bei päpstlichen Liturgien und Generalaudienzen und traf ihn auf Empfängen von Kulturinstituten und Botschaften. Wer die Trattorien des Borgo Pio aufsuchte, konnte ihn oft mit polnischen Landsleuten am Nachbartisch entdecken. Der Dominikaner war in der Stadt bekannt wie ein bunter Hund.

„Er war ein sehr rühriger und umtriebiger Kerl", charakterisiert ihn einer seiner Ordensbrüder und versichert: „Konrad hinterließ bei allen, die ihn trafen, einen sympathischen Eindruck."

Im Heiligen Jahr 1975 hatte Hejmo begonnen, Kontakte zu *SB*-Beamten zu unterhalten. 1981 kam er auf Empfehlung des polnischen Primas Stefan Wyszynski nach Rom. Dort arbeitete er zunächst für die polnische Bischofskonferenz. Später leitete er mit großem Engagement das polnische Pilgerheim in Rom. Er betreute die Generalaudienzen mit und konnte für viele seiner Landsleute Sonderaudienzen beim Papst erwirken. Es gab kaum einen Pilger, egal ob einfacher Herkunft oder hochstehend, der nicht ein gutes Wort über den Pater findet. Bei bedeutenden Liturgien und Zeremonien im Vatikan war er ein gern gesehener Interviewpartner der Medien. In den Tagen vor dem Tod Johannes Pauls II. sah man ihn fast täglich in den polnischen Fernsehnachrichten.

Das *IPN* bekräftigt, im Besitz von 20 Quittungen zu sein, die belegen sollen, dass der Dominikanerpater für seine Informationen Geldbeträge vom polnischen Innenministerium kassiert hat; zudem gäbe es Tonbandaufnahmen, auf denen zu hören sei, wie Hejmo einen Geheimdienstmitarbeiter mit Informationen aus dem Vatikan versorgt. Die Dokumentation des Institutes über Pater Hejmo bestehe aus circa 700 Seiten, inklusive eines von den Historikern Andrzej Grajewski, Pawel Machcewicz und Jan Zaryn verfassten, knapp siebzig Seiten langen Berichts.

Im Vatikan versucht man einen Schutzschild für Hejmo zu errichten. Der päpstliche Rundfunksender berichtet in seinem deutschsprachigen Programm: „Vom polnischen Kurienkardinal Zenon Grocholewski ist zu hören, er vertraue Pater Hejmo. Der frühere Privatsekretär von Johannes Paul II., Erzbischof Stanislaw Dziwisz, soll gestern privat mit dem Beschuldigten telefoniert haben. Dabei habe Dziwisz versichert, er glaube den Behauptungen nicht. Ein polnischer Dominikaner im Vatikan, der Pater Hejmo gut kennt, spielt die Sache ebenfalls herunter. Er habe das Gefühl, das Warschauer Institut wolle jetzt einfach mal auf sich aufmerksam machen, um auch künftig staatliche Subventionen zu bekommen. Merkwürdig sei auch, dass der angebliche Spionage-Fall gerade jetzt, kurz nach dem Tod des polnischen Papstes, bekannt werde. Pater Hejmo selbst meinte gegenüber der italienischen Tageszeitung ‚Repubblica', er sei wahrscheinlich ‚hereingelegt worden'. Informationen habe er lediglich für die polnischen Bischöfe zusammengestellt — und für einen in Köln lebenden Polen, der nach eigenen Angaben für die deutschen Bischöfe arbeite. Geld habe er hin und wieder von Priestern bekommen und auch angenommen, weil er zu Beginn der achtziger Jahre in Rom ‚nur ein armer Student' (!) gewesen sei."

Aber nicht alle im Staat des Papstes und in der unmittelbaren Umgebung Johannes Pauls II. sind von der Unschuld des Paters überzeugt. Und so fragt sich die *Welt* wohl nicht ganz zu Unrecht: „Ob sich Vatikansprecher Joaquin Navarro-Valls nun schützend vor den polnischen Geistlichen stellt, ist ungewiß. Als dessen Freund gilt er jedenfalls nicht: 1997 hatte der Sprecher sich im Namen des Vatikan in ungewohnt scharfer Form von den im polnischen ‚Radio Maria' von Hejmo verbreiteten Thesen distanziert." Rom erkennt schließlich, dass sich die Vorwürfe anscheinend nicht entkräften lassen. Der Dominikanerorden beruft den Ordensmann aus der Ewigen Stadt ab, lässt ihn eine Zeitlang in einem italienischen Kloster Buße tun und „entsorgt" ihn dann in seine polnische Heimat.

2007 wird der Name eines Informanten des *SB* in die Öffentlichkeit lanciert, der schon Jahre zurvor die Bischofsweihe empfangen hat und nun vom Metropolitansitz der Hauptstadt Polens Besitz nehmen soll. Der 1939 in Wierzchowiska bei Janów Lubelski geborene Stanislaw Wojciech Wielgus empfängt im Juni 1962 in Lublin das Sakrament der Priesterweihe. Er startet eine akademische Karriere, die ihm die Professur für mittelalterliche Philosophie an der *Katholischen Universität Lublin* einbringt, deren Rektor er von 1989 bis 1998 wird. Im Mai 1999 ernennt ihn Papst Johannes Paul II. zum Bischof von Plock. Sieben Jahre später übernimmt Wielgus das Amt des Co-Vorsitzenden der *Gemeinsamen Kommission* von polnischer Regierung und polnischem Episkopat. Im Dezember 2006 wird er von Papst Benedikt XVI. zum Erzbischof von Warschau bestellt.

Unmittelbar nach der kanonischen Amtseinführung am 5. Januar 2007 und kurz vor der geplanten feierlichen Amtseinführung am 7. Januar erfolgt ein ganz Polen erschütternder Paukenschlag. Verstrickungen des neuen Oberhirten mit dem polnischen Staatssicherheitsdienst, die bis in die siebziger Jahre zurückgehen, werden publik. Bei den Gläubigen kommt es zu Unmutsbekundungen und Protesten gegen die öffentliche Amtsübernahme.

Am 7. Januar 2007 tritt Wielgus in der Warschauer Kathedrale vor Bischöfe, Priester und Gläubige und erklärt seinen Rücktritt. Statt der feierlichen Amtseinführung wird ein Sühnegottesdienst abgehalten, dem Kardinal Józef Glemp vorsteht. Noch am Vorabend hatte Stanislaw Wielgus eine Verlautbarung an die Gläubigen herausgegeben. Sie ist ein Eingeständnis von Schuld, gleichzeitig jedoch ein Appell, seine Ernennung zum Warschauer Metropoliten zu akzeptieren.

In der Verlautbarung heißt es: „Der Heilige Vater, Benedikt XVI., hat mich als Oberhaupt der Warschauer Erzdiözese zu Euch geschickt. Aus gesundheitlichen Gründen wollte ich dieser Ernennung ausweichen. Ich habe dem Heiligen Vater und den entsprechenden vatikanischen Behörden auch meinen Lebensweg geschildert, einschließlich des Teils meiner Vergangenheit, die meine Verstrickung bei den Kontakten mit den damaligen Sicherheitsbehörden betrifft, die in einem der Kirche feindlich gesinnten Staat unter totalitären Bedingungen aktiv waren. Ich hatte seinerzeit den Wunsch, für mich wichtige wissenschaftliche Studien zu absolvieren und geriet in diese Verstrickung, ohne die erforderliche Umsicht, Courage und Entschlossenheit zur Aufgabe dieser Kontakte walten zu lassen. Ich gestehe heute vor Euch diesen vor Jahren begangenen Fehler ein, so wie ich es zuvor schon gegenüber dem Heiligen Vater getan habe."

Er betont eindringlich, dass die „veröffentlichten Berichte der damaligen politischen Polizei [...] überwiegend davon handeln, was man von mir erwartete oder mir nahe legte. Sie handeln nicht davon, inwieweit ich diesen Forderungen nachgekommen bin. Sie weisen aber darauf hin, dass ich mich bemüht habe, die an mich gestellten Erwartungen nicht zu erfüllen. Es wird Aufgabe der Historiker sein, dies näher zu klären". Wielgus gibt dann desweiteren an: „Ich stelle aber heute mit voller Überzeugung fest, dass ich niemanden denunziert habe und bemüht war, niemandem Unrecht zu tun. Doch allein schon durch die Tatsache dieser Verstrickung habe ich der Kirche Unrecht getan. Und ich habe der Kirche erneut in den letzten Tagen während der hitzigen Medienkampagne Unrecht getan, als ich die Tatsache dieser Zusammenarbeit geleugnet habe."

Er fährt fort: „In den letzten für mich äußerst schweren Tagen habe ich zur Göttlichen Barmherzigkeit gebetet und auf Euren Glauben an diese Barmherzigkeit, liebe Brüder und Schwestern in Christus, gehofft [...] So komme ich denn zu Euch mit einem doppelten Gefühl. Mit Freude über meine Berufung zum bischöflichen Dienst in der Hauptstadt Warschau, im Bewusstsein der Aufgaben, die vor der Seelsorge einer großen Erzdiözese stehen [...] Ich komme aber auch zu Euch im Bewusstsein des Schattens, der auf meine Amtseinführung fällt, durch die ich meinen Dienst in der Erzdiözese Warschau beginne. Wenn Ihr mich aufnehmt, worum ich Euch demutsvoll bitte, will ich als Bruder unter Euch sein, der einen und nicht trenne möchte, der beten und die Menschen in der Kirche vereinen will, in der Kirche der Heiligen und der Sünder, die wir alle bilden [...] Gegenüber dem Heiligen Vater erkläre ich voll Demut, dass ich mich jeder seiner Entscheidungen unterwerfen werde."

Am nächsten Tag kommt es zur Entscheidung. Aus der diplomatischen Vertretung des Heiligen Stuhls in Warschau wird verlautbart: „Die Apostolische Nuntiatur in Polen gibt bekannt, dass Seine Exzellenz Monsignore Stanislaw Wielgus, Erzbischof der Metropolie Warschau, am Tag, an dem sein Einzug in die Kathedralbasilika vorgesehen war, um sein Hirtenamt in der Kirche von Warschau zu beginnen, Seiner Heiligkeit Benedikt XVI. seinen Rücktritt vom kanonischen Amt gemäß Kanon 401 Paragraph 2 des Codex Canonici mitgeteilt hat. Der Heilige Vater hat den Rücktrit des Erzbischofs Stanislaw Wielgus angenommen und Seine Eminenz Kardinal Josef Glemp, Primas von Polen, bis auf weiteres zum Diözesanadministrator ernannt.

Warschau, 7. Januar 2007.

+ Jozef Kowalczyk, Apostolischer Nuntius in Polen."

Benedikt XVI. transferiert Wielgus im Rang eines Titularerzbischofs auf den vor langer Zeit untergegangenen Bischofssitz von Viminacium in der Republik Serbien. Irgendjemand in der Umgebung des Papstes scheint über Humor zu verfügen: Viminacium, oft als das „Pompeji Serbiens" bezeichnet, ist eine Totenstadt, ein Archäologischer Park, der an die 14.000 Gräber aufweist – und Fundort eines Steppenmammuts (*Mammuthus trogontherii*), das zwischen 400.000 und einer Million Jahre alt ist.

Letztendlich bleiben viele Fragen offen. Warum hat man in Rom – in den Amtsräumen der Bischofskongregation, beim Päpstlichen Staatssekretariat, in den Gemächern des Papstes – im sicheren Wissen um die Vorgeschichte des Erzbischofs, eine Ernennung von Stanislaus Wielgus zum Metropoliten von Warschau erwogen und vorgenommen? Und entspricht es den Tatsachen, dass man auf Wielgus noch am 5. Januar enormen Druck ausübte und ihn manipulierte?

In seiner Autobiografie wird Wielgus 2014 darauf antworten: „Am Nachmittag des 5. Januar rief mich der Nuntius an, der befand, dass ich zur Beruhigung der Atmosphäre eine neue Erklärung veröffentlichen sollte. Zur Nuntiatur fuhr mich der Priester Piotr Foltyn. Erzbischof Kowalczyk hatte schon einen fertigen, zuvor vorbereiteten Text, in dem ich mich – wahrheitswidrig – zur Zusammenarbeit mit den Geheimdiensten bekannte und dazu, dass ich der Kirche geschadet hätte. Der Nuntius forderte von mir, dass ich öffentlich diese durch jemanden vorbereitete Erklärung ablege. In einer schweren psychischen Situation, nicht wirklich ahnend, was ich tat, urteilend, dass das Handeln des Nuntius durch Wohlwollen bestimmt sei, am Vortag des Ingress, dem 6. Januar, verschaffte ich einem Menschen der *KAI** den mir überreichten Text, in dem es kein einziges von mir stammendes Wort gab. Nichtsdestotrotz ging dieser Text durch die Medien als meine Erklärung und Bekenntnis meiner Schuld. Schon am nächsten Tag begriff ich, dass ich einen großen Fehler begangen hatte. Der weitere Verlauf der Dinge war komplett manipuliert."

Schon bald nach dem Rücktritt des Erzbischofs spekulieren die Medien über die Rolle des Apostolischen Nuntius. Polnische Zeitungen berichten, dass Jozef Kowalczyk von 1982 bis 1990 unter dem Decknamen *Cappino* als „Informationskontakt" in den Akten des *SB* geführt wurde. Dann beginnt man in Polen zu versichern, dies sei ohne das Wissen Kowalczyks geschehen. Zudem habe sich der Geistliche, der als ehemaliger Leiter der polnischen Abteilung des

* Katolicka Agencja Informacyja - Katholische Nachrichten-Agentur Polens

Päpstlichen Staatssekretariats Kontakt zu Vertretern des polnischen Staates hatte, als unbrauchbar für den Geheimdienst erwiesen. Die Bischofskonferenz und eine Historikerkommission entlasten *Cappino*. Am 8. Mai 2010 ernennt Papst Benedikt XVI. den Apostolischen Nuntius zum Erzbischof und Metropoliten von Gnesen sowie zum Primas von Polen.

Schüsse auf den Papst

Im Kreuzfeuer der Geheimdienste

Der 13. Mai 1981 wurde zu einem *dies ater* (Schwarzen Tag) für den Vatikan. Die an diesem Mittwoch stattfindende Generalaudienz auf dem Petersplatz markierte ein Geschehen in der Kirchengeschichte, das man so seit vielen Jahrhunderten nicht mehr kannte – ein Attentat auf den Papst, dem beinahe Erfolg beschieden gewesen wäre und dessen vollkommene Aufklärung bis heute nicht gelungen ist.

Stanislaw Dziwisz, der Privatsekretär Papst Johannes Pauls II., erinnert sich an das dramatische Ereignis: „An jenem Tag fuhr der Jeep seine zweite Runde über den Peterplatz in Richtung der Kolonnaden auf der rechten Seite, die am Bronzetor enden. Der Heilige Vater lehnte sich aus dem Auto, weil man ihm ein blondes Kind entgegenhielt: Es hieß Sarah, war gerade erst zwei Jahre alt und hielt in den Fingern einen kleinen bunten Luftballon. Er nahm sie in den Arm und hob sie in die Luft, um sie allen zu zeigen, dann küsste er sie und gab sie mit einem Lächeln den Eltern wieder ...

... Ich war von jener Szene beeindruckt, die Hände der Mutter und des Vaters, die sich ausbreiteten, um das rosafarbene Bündel wieder an sich zu nehmen. Ich hörte den ersten Schuss. Im gleichen Augenblick sah ich Hunderte

Tauben, die plötzlich aufgeschreckt davonflogen. Dann fiel gleich darauf der zweite Schuss. In dem Moment, als ich ihn hörte, sackte der Heilige Vater mir entgegen auf einer Seite in sich zusammen. Instinktiv schaute auch ich – aber das sah ich erst nachher auf den Fotos und in den Fernsehaufzeichnungen – in die Richtung, aus der die Schüsse gekommen waren. Aus einem Tumult befreite sich ein junger Mann mit dunklen Gesichtszügen. Erst später habe ich erfahren, dass es sich um den Attentäter handelte, den Türken Mehmet Ali Agca."

In der Chronik der Päpstlichen Schweizergarde liest man zum Ablauf des Attentats: „Der Gardekommandant befand sich mit Hauptmann Estermann zum Zeitpunkt des Attentates hinter der *Campagnola**. Voraus ging Feldwebel Prinz. Als die Schüsse fielen, drang Hauptmann Estermann zusammen mit Wachtmeister Hasler auf den Wagen. Beide kümmerten sich vorbildlich um den Heiligen Vater. Der sich in der Nähe befindliche Wachtmeister Roggen machte sich auf die Verfolgung des Täters." Wachtmeister Roggen fügte in einer Notiz an: „Zu diesem Zeitpunkt war ich mit Wachtmeister Petro Hasler unter dem Zugang der Kolonnade beim Portone di Bronzo auf dem Petersplatz ... Als Johannes Paul II. noch etwa zwanzig Meter von uns entfernt war, zerrissen zwei Pistolenschüsse die Luft. Ich dachte sofort an einen Anschlag. Wachtmeister Hasler und ich rannten instinktiv gegen den Jeep, wo der Heilige Vater bereits vornüber einsackte. Petro sprang auf die Schranke und von dort direkt auf das Fahrzeug. Ich selber konzentrierte mich

* Geländewagen mit speziellem Aufbau, eines der ersten Papamobile

auf den Attentäter, der aus kurzer Entfernung aus der Menschenmenge heraus geschossen hatte. In Uniform und Schwert hatte ich einige Mühe, über die Abschrankung zu kommen. Aufgeregte Leute halfen mir dabei. Ich sah den Attentäter flüchten, rannte ihm mit einigen anderen nach. Auf der Höhe des Postwagens wurde der junge Mann von Zivilisten gestellt ..."

In seinen Memoiren schrieb Francesco Pasanisi, der damals den italienischen Sicherheitsleuten vorstand: „Ich befand mich jetzt auf der Höhe des hinteren linken Reifens des Fahrzeugs, direkt hinter mir der Beamte Arcidiacono mit seinem Funkgerät. Mein Kollege Volpe lief auf der rechten hinteren Seite des Geländewagens, während mein Kollege Barbalucca ein paar Meter vor dem Auto lief." Als die Schüsse fielen, sprang Pasanisi auf den Jeep: „Ich half ihm mit aller Kraft auf, in dem ich ihn mit meinen Unterarmen unter seinen Achseln festhielt. Der Bedienstete Gugel* stieg nach hinten in den Wagen und half mir, den Papst mit den Armen zu halten. Stanislaus ließ eine Mappe fallen, die er unter dem Arm gehalten hatte, und stützte Johannes Paul II. am Becken. Er wollte ihm so helfen, sich zu setzen". Der italienische Sicherheitschef bemerkt, wie der Papst beständig Blut verliert, und er weiß um die Gefahr, der Johannes Paul II. noch immer ausgesetzt sein könnte. Dem Chauffeur des Wagens ruft er zu: „Weg von hier! Fahren wir dahin, wo wir geschützt sind." Dem Fahrer, der wie die meisten unter Schock steht, gibt er die Order: „Los, in den Vatikan! Fahren Sie zur Ambulanz, zur Nothilfe, aber fahren Sie!"

* Angelo Gugel, Kammerdiener des Papstes

Im Belvederehof wird der Papst zum bereit stehenden Rettungswagen getragen. In waghalsiger Fahrt rast der Wagen zur Poliklinik Gemelli. Über Funk fordert Francesco Pasanisi die städtische Polizei auf, den Verkehr auf der Route zum Krankenhaus anzuhalten. Die Fahrt in das Hospital dauert sieben Minuten. Dann wird der Pontifex in die Obhut der Ärzte übergeben. Während man in einer mehrstündigen Operation um das Leben Johannes Pauls II. kämpft, wird dem Sicherheitschef berichtet, wie der Attentäter gefasst worden ist: „Er war von einer Ordensfrau aus dem Franziskanerorden festgehalten worden, die ihn an der Schulter gepackt hatte, und gleich darauf hatten zwei Militärangehörige, Zumbo und Navarro, ihn fest umklammert. Einige Augenblicke hatte man zunächst befürchtet, dass er gelyncht würde, dann konnte er jedoch in die Räume des Polizeipostens abgeführt werden. Einer von den Karabinieri hatte die Pistole sichergestellt, die der Attentäter nach den Schüssen weggeworfen hatte."

Camillo Cibin, der Chef der *Vigilanza**, ist sofort in dem Hospital eingetroffen. Am 15. Mai wird er mit Francesco Pasanisi die Verlegung des Papstes von der Intensivstation des Krankenhauses auf eine normale Station besprechen. Die Sicherheit sollen Beamte der italienischen Staatspolizei (*Polizia di Stato*), der Karabinieri und des päpstlichen Wachkorps gewährleisten; es wird auch beschlossen, auf und an der ganzen Station schusssichere Glasscheiben anbringen zu lassen. In diesen Tagen trifft Camillo Cibin eine weitere Entscheidung — dem Papst seinen sofortigen Rücktritt an-

* päpstliches Wachkorps, später umbenannt in „Gendarmerie"

zubieten. Als Johannes Paul II. und seine unmittelbare Umgebung davon erfahren, weisen sie dieses Angebot mit Entschiedenheit zurück, denn den Chef der *Vigilanza* trifft für den Vorfall auf dem Petersplatz keine direkte Schuld.

Nach dem Abklingen des ersten Schocks über das unerhörte Ereignis richtet sich der Fokus der Sicherheitskräfte auf den Attentäter. Mehmet Ali Agca ist 23 Jahre alt, türkischer Staatsbürger, Muslim, ein fanatischer Fundamentalist und gehörte der rechtsextremen Gruppe der *Grauen Wölfe* an. Am 1. Februar 1979 hatte er Abdi Ipekci, den Chefredakteur der liberalen Tageszeitung *Milliyet*, ermordet. Er wurde zum Tode verurteilt, dann aber das Urteil in eine zehnjährige Haftstrafe umgewandelt. Schon im November 1979 gelang ihm die Flucht aus dem Hochsicherheitstrakt des türkischen Gefängnisses *Kartl Moltepe*.

Agca schweigt zu seinen Motiven und zu eventuellen Komplizen und Hintermännern. Doch eines steht fest: „Ali Agca ist — wie alle sagen — ein professioneller Killer. Das bedeutet, dass das Attentat nicht eine Eigeninitiative seinerseits war, sondern dass jemand anders es geplant, dass ein anderer ihn damit beauftragt hatte", so Stanislaw Dziwisz, der Sekretär des Papstes einige Jahre später.

Die These von der Tat eines Einzelnen wird tatsächlich von Anfang an unisolo ausgeschlossen, „und deshalb suchte man nach einer Struktur und einem Netzwerk" (Glauco Benigni).

Doch wer sind die Hintermänner? Orientiert man sich an der üblichen Frage *cui bono*? - wem nützt es, — scheint die Antwort klar. „Ali Agca war ein perfekter Killer. Er war von denen gesandt worden, die zu dem Schluss gekommen waren, der Papst sei eine Gefahr und ein Störfaktor, von denen, die Angst hatten vor ihm, vor Johannes Paul II., von denen, die bei der Ankündigung, dass ein polnischer Papst gewählt worden war, entsetzt, zutiefst entsetzt waren. Nun? Wie sollte man da nicht an das kommunistische Lager denken? Wie sollte man nicht zu dem Schluss kommen, wenn man über diejenigen nachdachte, die das Attentat beschlossen hatten, wie sollte man nicht zu dem Schluss kommen, zumindest hypothetisch, das dahinter der KGB steckte?", erklärt Stanislaw Dziwisz nach dem Tode Papst Johannes Pauls II.

Tatsächlich brachte die Wahl eines polnischen Papstes die kommunistische polnische Regierung in die Bredouille, zumal gleich die erste Auslandsreise Johannes Pauls II. in das Ostblock-Land führte. Eine Einladung hierzu hatte der neugewählte Pontifex gar nicht erst abgewartet. Parteichef Edward Gierek machte gute Miene zum bösen Spiel und gab dem Besuch seine Zustimmung. Die Reise des Papstes in sein Heimatland glich einem Triumphzug. Die Bevölkerung Polens schöpfte neuen Mut. Wenig später entstand aus dem Streik der Arbeiter auf der Danziger Leninwerft die Gewerkschaft *Solidarnosc*, die sich mit Unterstützung der katholischen Kirche den kommunistischen Machthabern entgegenstellte.

Und wirklich erklärt Agca rund ein Jahr nach seiner Verurteilung zu einer lebenslangen Freiheitsstrafe, der bulgarische Geheimdienst und der KGB hätten das Attentat geplant.

Die Medien und die Geheimdienste jeglicher Couleur greifen die so genannte die „bulgarische Schiene" auf und diskutieren sie ausführlich. Über dieses osteuropäische Land sollen Befehle ausgeführt worden sein, die vom Kreml, von Juri Andropow* und dem KGB**, ausgingen.

Doch ist wirklich alles so einfach? Michail Gorbatschow*** weist später während einer Privataudienz bei Johannes Paul II. eine wie auch immer geartete Verantwortung der Sowjetunion für das Attentat zurück. Auch werden die drei Bulgaren, die aus Agcas Aussage hin angeklagt wurden, 1986 aus Mangel an Beweisen freigesprochen. Der ehemalige Staatspräsident Bulgariens, Petar Mladenov, spricht von einem internationalen Komplott, das die Perestrojka**** in der Sowjetunion habe verhindern wollen und deshalb die so genannte „bulgarische Spur" gelegt habe. Wen er hinter dem „internationalen Komplott" sieht, ist klar: die CIA.

Am 27. Dezember 1983 trifft Papst Johannes Paul II. im Gefängnis von Rebbibia auf Ali Agca. In einer kahlen Zelle hat der Heilige Vater auf einem Stuhl neben seinem Attentäter Platz genommen, den Kopf nach vorn gebeugt, um ihn besser verstehen zu können. Der Papst ist überrascht, als ihm Mehmet Ali Agca immer wieder die gleiche Frage stellt: „Warum sind Sie nicht gestorben?" – „Ich stand einige Meter entfernt und habe diesem Gespräch nicht unmittelbar beigewohnt. Doch mein Eindruck war der, oder ich möchte es so sagen, ich deutete es so, dass Ali Agca in Angst

* 1981 Leiter des KGB; von 1983 bis 1984 Staatsoberhaupt der Sowjetunion

** Komitet Gossudarstwennoi Besopasnosti - Komitee für Staatssicherheit, der sowjetische In- und Auslandsgeheimdienst

*** Von 1985 bis 1991 Generalsekretär des Zentralkomitees der Kommunistischen Partei, von 1990 bis 1991 Staatspräsident der Sowjetunion

**** „Umstrukturierung" des politischen Systems der Sowjetunion

war. Er hatte Angst vor der Tatsache, dass da Kräfte am Werk gewesen waren, die stärker waren als er. Ja, er hatte wirklich genau gezielt, aber das Opfer lebte“, erinnert sich Stanislaw Dziwiz, der Sekretär des Papstes, an dieses seltsame Treffen. Das klingt fast nach einer wunderbaren Begebenheit. Schon kurz nach dem Attentat hatte Johannes Paul II. mit Blick auf das Datum des Anschlags – 13. Mai – einen Zusammenhang mit der Marienerscheinung in Fatima am 13. Mai 1917 hergestellt und mit einer Pilgerreise in den portugiesischen Wallfahrtsort der hl. Jungfrau für seine Rettung gedankt.

Andere Stimmen dagegen sehen statt der übernatürlichen höchst irdische Kräfte am Werk. Francesco Bruno, ein an der römischen Universität *La Sapienza* lehrender Psychopathologe, Dozent für Kriminologie an der Höheren Polizeischule Italiens und von 1978 bis 1987 Beamter in der technisch-wissenschaftlichen Abteilung des *SISDE*, des zivilen Nachrichtendienstes Italiens, lässt nach seinem Ausscheiden aus dem Geheimdienst mit einer Aussage aufhorchen: „Man hat das Attentat bewusst so geplant, dass Johannes Paul II. nur verwundet, nicht aber getötet wurde. Und diese Warnung kam sicherlich nicht aus dem Osten“. Ali Agcas Komplize Celik erklärte bei einem Verhör: „Ali Agca ist ein Meisterschütze. Den Papst hätte er aus dieser Nähe ohne weiteres umbringen können. Er hat ihn nur verwundet, weil so der Auftrag der Leute aus dem Vatikan lautete, die das Attentat organisierten.“

Am 18. Dezember 1992 gibt der ehemalige türkische Universitätsprofessor und Rechtsanwalt Ugur Mumcu, der nach dem Militärputsch in der Türkei (1971) zu einem der bekanntesten Enthüllungsjournalisten des Landes am Bosporus wurde und als einer der besten Kenner der *Grauen Wölfe* gilt, ein vielbeachtetes Interview. Mumcu recherchierte als Erster über die Beziehungen der Organisation Ali Agcas zur *CIA*. Seine Interviewpartner zeigen sich verwundert, als sie die Wohnung ihres türkischen Kollegen betreten. Ugur Mumcu trägt eine Pistole, die er auch während des dann folgenden Gespräches nicht ablegt. In der Türkei habe man schon viele Journalisten ermordet, entschuldigt er sich und erinnert daran, das einer von ihnen Abdi Ipekci gewesen sei, der durch die Hand Ali Agcas starb.

Im Gegensatz zu vielen Pressevertretern zeigt sich Ugur Mumcu von der so genannten „bulgarischen“ Spur nicht überzeugt: „Die CIA und der KGB haben sofort versucht, meine Recherchen zu steuern; beide wollten aus dem Fall ein Propagandainstrument auf internationaler Ebene machen“. Der *CIA*-Chef von Ankara, Paul Henze, habe ihn massiv unter Druck gesetzt. Mumcu wird auch als Zeuge beim Prozess gegen Agca geladen. Vor Gericht erklärt er, dass man den Aussagen des Papstattentäters keinen Glauben schenken dürfe. Aber schon bei den Vorermittlungen hatte er kopfschüttelnd festgestellt, dass der Prozess in eine vorbestimmte Richtung laufen werde: „Die Untersuchungsrichter hielten sich an die Aussagen von Agca, und damit wälzte man alles auf die Bulgaren ab. Natürlich waren die Aussagen so, dass man, ob man es nun wollte oder nicht, auf diese Spur kam. Aber die ‚bulgarische Spur‘ ist falsch.“

Mumcu wird von seinen Interviewpartnern nach einer möglichen „amerikanischen Spur“ gefragt. Der Journalist will sich nicht festlegen, erwähnt aber, dass sich die Erwähnung einer solchen durchaus in den Prozessunterlagen findet. Und er verweist auf ein interessantes Detail. Im Haus des mitangeklagten Bulgaren Serghei Antonov in der Via Pola in Rom hatte vorher ein Türke gewohnt, der in Italien Geschäfte tätigte und Verbindungen zu den *Grauen Wölfen* hatte – Antonov selber war Leiter des *Balkanair-Büros* in Rom und mutmaßlicher Mitarbeiter des rumänischen Geheimdienstes Securitate. Vor allem aber lebte in derselben Straße ein Priester, der dem der *CIA* nahe stehende Dominikaner Felix Morlion, der ungewöhnlich enge Beziehungen zu den Amerikanern hatte: „Ist nun Agca in die Wohnung von Antonov gegangen oder nicht? Oder ging er stattdessen in die Wohnung dieses Priesters? Man hat dies nie aufgeklärt". Als gesichert gelte, dass die *Grauen Wölfe* über Beziehungen zu westlichen Geheimdiensten verfügten, im besonderen zur *CIA*.

Das Interview, das der türkische Journalist Ugur Mumcu am 18. Dezember 1992 gibt, wird sein letztes sein. Knapp zwei Monate später, am Sonntag, den 24. Januar 1993 um 13.15 Uhr, wird er das Opfer eines Bombenanschlags. Er stirbt in den Trümmern seines Fahrzeugs.

Anfang der Neunziger Jahre wird ein enger persönlicher Freund des Papstes, der polnischstämmige Kurienkardinal Andrey Maria Deskur, von der italienischen Wochenzeitung Il Sabato zu den Drahtziehern des Attentates befragt. Er gibt zur Antwort: „Wer war der Anstifter des Komplotts, den Papst zu töten? Der Satan natürlich ... Möchten Sie wissen, ob sich der Satan des KGB oder der CIA bedient hat? Dann müssen Sie auf den Tag des Jüngsten Gerichts warten."

Eine unendliche Geschichte

Der Fall „Emanuela Orlandi"

Wer in den achtziger Jahren in Italien zum morgendlichen Frühstück die Tageszeitung aufschlägt, wundert sich nicht, wenn er Woche für Woche Berichte über Entführungen präsentiert bekommt. Es ist eine unruhige Zeit. Zwei Fälle, oder besser gesagt, einer, der mit dem anderen zusammenzuhängen scheint, erlangt durch seine besonderen Umstände Berühmtheit und wird bis in die Gegenwart immer wieder aufs neue für Diskussionen sorgen. Er wird vielen der Beteiligten wie ein Roman vorkommen, der aus der Feder John le Carrès stammen könnte.

Am 7. Mai 1983, einem Samstag, macht sich um 15.20 Uhr die 16-jährige Mirella Gregori auf, die elterliche Wohnung in der Via Nomentana 91 zu verlassen. Wenige Minuten zuvor hat sie auf die Hausklingel reagiert und an der Türsprechanlage mit einer Person gesprochen. Ihrer Mutter ruft sie beim Hinausgehen noch zu, sie wolle sich mit Freunden an der Porta Pia treffen. Auf dem Weg dorthin macht sie kurz in der Via Volturno, in der *Coppa d'Oro*, der Bar ihrer Eltern, halt und unterhält sich dort mit Sonia de Vito, einer engen Freundin. Fünfzehn Minuten später verlässt Mirella Gregori das Cafè. Dann verliert sich ihr weiterer Weg ins Nichts.

Fünfundvierzig Tage später, am Mittwoch, dem 22. Juni, beendet die 15-jährige Emanuela Orlandi gegen 19.00 Uhr ihren Flötenunterricht im päpstlichen *Musikkonservatorium Ludovico da Victoria* an der Piazza San'Apollinare. Aus dem Haus kommend plaudert sie lebhaft mit einer Freundin. Kurze Zeit später glaubt der Polizist Alfredo Sambuco, der vor dem Palast des Senats Dienst hat, Emanuela zu sehen, wie sie mit einem dunklen, eleganten, gut aussehenden, etwa 35 bis 40 Jahre alten Mann spricht. Dann verschwindet auch sie spurlos.

Als die italienischen Behörden mit der Vermisstenanzeige Orlandis beschäftigt werden, überkommt die damit beauftragten Beamten eine gewisse Nervosität. Der Vorfall enthält eine besondere Brisanz. Emanuela Orlandi ist eine der wenigen Personen, die von Geburt her die vatikanische Staatsbürgerschaft besitzen. Ihre Familie wohnt im Vatikan; der Vater ist ein Angestellter der Präfektur des Päpstlichen Hauses. In den folgenden Tagen werden in Rom Plakate mit dem Bild Emanuelas aufgehängt. Aber noch sind die meisten Leute, die vor den Plakaten stehen, nicht darüber informiert, dass es sich bei dem verschwundenen Mädchen um eine Bürgerin des Vatikanstaates handelt.

Der Vatikan erhält Informationen, die den Papst dazu veranlassen, sich persönlich einzuschalten. Am 3. Juli, nach dem sonntäglichen Angelus-Gebet vor 40.000 Gläubigen auf dem Petersplatz, spricht Johannes Paul II. (1978-2005) davon, dass er die Angst der Eltern Orlandi um ihre Tochter teile, und fordert deren Familie auf, „Vertrauen in die Menschlichkeit derer zu haben, die für das Verschwinden der 15-Jährigen verantwortlich sind". Insgesamt achtmal wird der Papst mit Appellen zu Gunsten einer Freilassung Emanuela Orlandis an die Öffentlichkeit treten.

Am 5. Juli erhalten sowohl die Familie Orlandi als auch das Päpstliche Staatssekretariat Anrufe eines Unbekannten, der mit amerikanischem Akzent die Freilassung des Papstattentäters Ali Agca fordert; im Gegenzug, so verspricht er, werde die Vatikanbürgerin ihre Freiheit wiedererlangen. Die Ermittler sind sich bald sicher, dass der Anrufer kein Amerikaner ist, dass er den Akzent nur vortäuscht. Dennoch wird man von ihm in dem weiteren Verlauf der Untersuchungen als dem „Amerikaner" sprechen.

Die Ermittlungsrichterin Margherita Gerunda will Agca zu den Erpressungsversuchen des vermeintlichen Entführers vernehmen. Aus dem Rebbiana-Gefängnis in Rom wird er zum Verhör auf ein Polizeirevier gebracht. Die Beamtin konfrontiert ihn mit den Forderungen des „Amerikaners". Der Attentäter zeigt sich überrascht; eine Involvierung in die Vorfälle streitet er entschieden ab. Dann geschieht etwas Ungewöhnliches. Ali Agca erhält die Gelegenheit, sich vor den Presse- und Fernsehleuten, die sich auf einen Tipp hin vor dem Gebäude eingefunden haben, zu äußern. Später wird nicht mehr festzustellen sein, wer für diesen Auftritt die Erlaubnis erteilt hat.

Am 17. Juli verlangt der „Amerikaner" vom Vatikan die Einrichtung einer Telefonleitung, die nur er durch einen Code freischalten kann und die ihn direkt mit Kardinalstaatssekretär Agostino Casaroli verbindet. In den folgenden Tagen wird von dieser „sicheren" Telefonverbindung mehrfach Gebrauch gemacht. Im Monat August meldet sich mehrmals eine ominöse Organisation, die sich *Turkesh* (*Türkische Antichristliche Befreiungsfront*) nennt. Auch sie verlangt die Freilassung Agcas – und darüber hinaus jene Serdar Celebis, des Anführers der rechtsextremen türkischen *Grauen Wölfe*. Die *Grauen Wölfe*, die schon 1981 jede Verwicklung in das damalige Papstattentat bestritten haben, weisen eine Verbindung zu dem Entführungsfall empört zurück und beschuldigen die Geheimdienste, bewusst falsche Spuren zu legen.

Der „Amerikaner" ruft am 24. September wieder an, diesmal in der Bar der Gregoris. Mirellas Vater teilt er Details aus dem Privatleben des Mädchens mit, die nur der Familie selbst bekannt sein können. Knapp einen Monat später, am 21. Oktober, erhält Richard Roth, der römische Korrespondent des US-Fernsehsenders *CBS*, zwei Anrufe des „Amerikaners", in denen bekräftigt wird, dass die Entführer Mirellas und Emanuelas ein und die selben seien.

Bis zur Verhandlung gegen Ali Agca im Jahre 1985 werden drei Untersuchungsrichter mit dem Fall beschäftigt sein; jedes Mal, wenn der ermittelnde Richter Zweifel an der „türkischen" Spur äußert, wird er abgelöst. Ende des Sommers 1983 muss Margherita Gerunda den Fall an Domenico Sica abgeben. Sica wird dann zwei Jahre später durch Ilario Martella ersetzt.

Am 15. Dezember 1985 stattet Papst Johannes Paul II. der Pfarrei San Giuseppe an der Via Nomentana einen Pastoralbesuch ab. In den Räumlichkeiten der römischen Pfarrei, genauer gesagt in der *Stanza della Canonica*, hält sich auch Mirella Gregoris Mutter auf. Das Zusammentreffen mit Johannes Paul II. wird für sie zu einem Schock; in der Begleitung des Papstes glaubt sie den Mann zu erkennen, den sie mit ihrer Tochter und deren Freundin Sonia de Vito am Vortag des Verschwindens in ihrer Bar gesehen hat. Die Beschreibung des Unbekannten scheint sich mit der jenes Mannes zu decken, den der Polizist Sambuco am Abend des 22. Juni im Gespräch mit Emanuela Orlandi gesehen haben will: dunkel, elegant, gut aussehend, etwa 35 bis 40 Jahre alt.

Das Augenmerk von Justiz und Presse richtet sich nun verstärkt auf den Vatikan. Laut der katholischen Monatszeitschrift *30Giorni/30Tage* steht für Emanuela Orlandis Vater fest, dass es „im Vatikan einen Informanten geben muss, der Auskunft über die vatikanischen Staatsbürger erteilte und über die Töchter der Angestellten, also auch meine Töchter [...] Vielleicht sogar ein Freund, den wir täglich sahen." Der zuständige italienische Untersuchungsrichter Ilario Martella sieht „Elemente in den Akten, die einen sehr nachdenklich machen [...] eine geheimnisvolle Spur, die ganz nach oben führt [...] eine Spur, die über den Vatikan zur Lösung des Geheimnisses führen könnte."

Die römische Untersuchungsrichterin Adele Rando, seit Anfang des Jahres 1990 mit dem Fall der beiden verschwundenen Mädchen betraut, möchte den Fall nicht zu den Akten legen. Über die italienische Botschaft beim Heiligen Stuhl stellt sie 1993 ein Rechtshilfeansuchen an den Vatikan mit der Bitte, hochrangige vatikanische Würdenträger als Zeugen vernehmen zu dürfen.

Als man Giuseppe Baldocci, dem italienischen Botschafter beim Vatikan, die Unterlagen der Richterin auf den Schreibtisch legt, schüttelt dieser resignierend den Kopf. Er weiß um die Zwecklosigkeit eines solchen Ansuchens; er könnte die Papiere ebenso gut in seinen Aktenvernichter geben. Der Diplomat wird in seinem Pessimismus nicht enttäuscht; dem Ansuchen wird nie stattgegeben. Als Mirella Gregoris Mutter von Adele Rando erneut zu dem Unbekannten aus dem Gefolge des Papstes vernommen wird, revidiert diese ihre Aussage und wird vorsichtiger. Nur wenig später erliegt Vittoria Gregori einem schweren Krebsleiden.

1994 tritt der damals 80-jährige Kurienkardinal Silvio Oddi in das Szenario ein. Im Gespräch mit Journalisten berichtet er von beunruhigenden Vorfällen, von denen er zufällig im Vatikan gehört habe. Oddi erwähnt Gerüchte, Ercole Orlandi habe vor der Entführung seiner Tochter im dritten und vierten Stock des Apostolischen Palastes jemanden gesehen, der dort nichts verloren gehabt habe. Als die italienischen Zeitungen mehr von Oddi erfahren möchten, macht der Kardinal, ansonsten für seine Unerschrockenheit bekannt, einen Rückzieher. Der Presse gibt der Kardinal zu verstehen, der Substitut* des Päpstlichen Staatssekretariates, Erzbischof Giovanni Battista Re, habe ihn eindringlich darum gebeten, nicht mehr über den Fall Orlandi zu sprechen.

1998 gewährt das italienische Parlament den Justizbehörden keine Verlängerung der Ermittlungen mehr. Bei der Justiz und Teilen der Politik bleibt ein Unbehagen. Dass Mitglieder westlicher Geheim- und Sicherheitsdienste — so unter anderem von *SISDE*** und *SISMI**** (beide Italien) und der „Staatsschutzabteilung" des *Corpo di Vigilanza* —

* verantwortlich für die „Allgemeinen Angelegenheiten" dieser Kurienbehörde

** Servizio per le Informazioni e la Sicurezza Democratica

*** Servizio per le Informazioni e la Sicurezza Militare

vor den Entführungen Kontakte zu den beiden Mädchen hatten und in ihrem Umfeld immer wieder auftauchten, gibt ihnen zu denken und sorgt für Spekulationen.

Das neue Jahrtausend bringt dann neue „Erklärungen“ und Hypothesen. Italiens bekanntester Exorzist, Don Gabriele Amorth, behauptet, das Verschwinden der 15-jährigen Vatikanbürgerin sei „ein Verbrechen mit sexuellem Hintergrund“; im Vatikan habe es fragwürdige Feste – regelrechte Sexpartys – gegeben.

2009 wird der Name des römischen Unterwelt-Bosses Enrico De Pedis ins Spiel gebracht. Der Chef der berüchtigten römischen Verbrecherorganisation *Banda della Magliana* habe, so wird kolportiert, im Namen „mächtiger Persönlichkeiten“ die Tochter des Vatikanangestellten entführt, um den Heiligen Stuhl wegen diverser Finanzgeschäfte der Vatikanbank zu erpressen. Später kommt die Behauptung auf, der Leichnam der jungen vatikanischen Staatsbürgerin sei in dem Grab Enrico De Pedis' versteckt worden. Im Mai 2012 wird die Grabstätte De Pedis', die sich pikanterweise und entgegen jeder Norm des Kirchenrechts in einem Gotteshaus befand, das bei dem Ort, an dem Emanuela Orlandi verschwand, gelegen ist, geöffnet. Man findet jedoch einzig und allein die sterblichen Überreste des ermordeten Bandenchefs.

Bei den italienischen Ermittlungsbehörden ist man letztendlich davon überzeugt, dass Orlandi als Faustpfand für irgendeinen, wie auch immer gearteten politischen Deal missbraucht werden sollte. Für den seltsam anmutenden Umstand, dass Beamte der vatikanischen *Vigilanza*, der heutigen Gendarmerie, schon vor den Entführungen aktiv wurden, scheint es eine logische Erklärung zu geben. Nach heute gesicherten Erkenntnissen hatte es damals eine ernsthafte Bedrohung für die Töchter des Kammerdieners des Papstes, Angelo Gugel, und des vatikanischen Sicherheitschefs, Camillo Cibin, gegeben. Möglicherweise wurde Emanuela Orlandi mit einem der beiden Mädchen verwechselt oder ihre Entführung war für die Täter leichter zu bewerkstelligen gewesen.

Pietro Orlandi, der Bruder Emanuelas, aber lässt nicht locker. Er will das Schicksal seiner Schwester aufgeklärt wissen. Als Papst Franziskus im März 2013 Sant'Anna, der Pfarrkirche des Vatikans, einen Besuch abstattet, kann er dem Pontifex sein Anliegen vortragen. „Emanuela ist im Himmel", tröstet ihn der Pontifex. Die Worte des Papstes sind für Pietro Orlandi kein Trost. Im Gegenteil. Sie führen ihn zu den heiklen Fragen: Weiß der Papst mehr? Wie kann Franziskus sicher ein, dass Emanuela tot ist? Seitdem versuchen er und seine Freunde, bei Generalaudienzen und Angelusgebeten Franziskus mit Spruchbändern und Plakaten auf den „Fall Orlandi" hinzuweisen.

Im Herbst 2017 wird ein weiteres Kapitel der *Causa Orlandi* mediengerecht aufgeschlagen. Der italienische Enthüllungsjournalist Emiliano Fittipaldi veröffentlicht ein vorgebliches Schreiben aus dem Vatikan, das den Beleg dafür erbringen soll, dass der Kirchenstaat durch hochrangige Persönlichkeiten in die Entführung seiner 15-jährigen Staatsbürgerin verwickelt gewesen sei. Fittipaldi ist kein Unbekannter für den Vatikan. Er war in die Vatileaks-Zwei-Affäre verwickelt, kam vor das Tribunal der Vatikanstadt, musste jedoch aus Mangel an Beweisen freigesprochen werden.

Das besagte „Dokument", das aus der Feder des damaligen Präsidenten der Güterverwaltung des Apostolischen Stuhls, Kardinal Lorenzo Antonetti, stammen soll, enthülle, so Fittipaldi, die geheime Unterbringung Emanuela Orlandis im Ausland und ihre spätere Rückführung in die Vatikanstadt. Gerichtet an die im vatikanischen Staatssekretariat tätigen Kurienbischöfe Re und Tauran und datiert vom 28. März 1998 listet es die Kosten der Operation (in heutiger Währung etwa eine viertel Million Euro) auf, ebenso die Namen der an der Angelegenheit beteiligten Personen des Vatikans: unter anderen Renato Buzzonetti, Leibarzt Johannes Pauls II., und Camillo Cibin, damals Generalinspektor der *Vigilanza*.

Das „Dokument" sieht sich als „Summarische Aufstellung der vom Vatikanstaat für die Staatsbürgerin Emanuela Orlandi getätigten Kosten". Es benennt Geldbeträge für die Unterbringung in London, die Untersuchung in einer Gynäkologie-Abteilung und Klinikaufenthalte. Ferner finden sich erhebliche Summen angegeben, die zur Vertuschung und zum Legen falscher Fährten Verwendung fanden. Im Zusammenhang mit der Rückführung in den Vatikan wird von einer Erledigung (*disbrigo*) mit finalen Praktiken (*pratiche finali*) gesprochen.

Der Pressesaal des Heiligen Stuhls lässt verlauten, das Päpstliche Staatssekretariat dementiere die Echtheit des „Dokuments" – und zwar „mit Nachdruck", wie es Greg Burke, der Pressesprecher des Vatikans, formuliert. Die in dem Schreiben enthaltenen Informationen seien „durchweg falsch und ohne jede Grundlage". Kardinal Giovanni Battista Re, damals Substitut im Päpstlichen Staatssekretariat, heute Dekan des Kardinalskollegiums, gibt gegenüber einem italienischen Fernsehsender an, das betreffende Schreiben nie zu Gesicht bekommen zu haben. Auch Kardinal Jean-Louis Tauran, 1998 Sekretär für die Beziehungen zu den Staaten im vatikanischen Staatssekretariat, negiert die Echtheit des „Dokuments".

Der Umstand, wie das Schreiben veröffentlicht wurde, und das Schreiben selbst — nicht zuletzt durch für den kurialen Schreibstil ungewöhnliche Formulierungen — dürften als klare Indizien für eine Fälschung anzusehen sein. Doch schon allein die mediale Aufmerksamkeit für das neue Kapitel in diesem tragischen Kriminalfall verlangt vom Vatikan ein Höchstmaß an Anstrengungen in dem Bemühen um eine Aufklärung des Verbrechens, oder zumindest eine gut untermauerte Widerlegung der Vorwürfe. Denn zu sehr lassen die aktuellen Schlagzeilen ein El Dorado für all jene entstehen, die der katholischen Kirche nicht wohlgesonnen sind.

So war auf *Spiegel online* zu lesen: „Vatikan soll Unterhalt für vermisstes Mädchen gezahlt haben". *Die Welt* brachte einen Beitrag unter der Schlagzeile „Eine Frau als Geisel im Vatikan". Die *Augsburger Allgemeine* stellte die Frage: „Ließ der Vatikan die 15-jährige Emanuela Orlandi verschwinden?" Und Andrea Tornielli, einer der renommiertesten italienischen Vatikanisten, schreibt in seinem Internet-Blog, wenn Fittipaldis Andeutungen wahr wären, der Vatikan nicht reformiert, sondern einfach dichtgemacht werden müsse.

„Es gibt Fälle, von denen glaubt man, dass sie für alle Zeiten in einem tiefen Grab ruhen, doch dann schaufelt sie irgendjemand wieder frei". Diesen Satz gab ein genervter römischer Monsignore von sich, als er nach seiner Einschätzung vorgeblich neuer Erkenntnisse im Fall der 1983 verschwundenen Vatikanbürgerin Emanuela Orlandi befragt wurde. Ein Jahr später bedauert der Geistliche seine Worte, haben sie doch im Herbst 2017 einen makaberen Beigeschmack bekommen.

Im alten Ägypten trat der Nil alljährlich wie ein ehernes Gesetz über die Ufer, und seit jeher sind Ebbe und Flut kalkulierbare Gegebenheiten. Ähnlich verhält es sich mit den Nachwehen des mysteriösen Verschwindens jenes bedauernswerten Mädchens. In einem scheinbar unvermeidbaren Zyklus tauchen Gerüchte, Vermutungen und angebliche „Beweise" zu ihrem Schicksal auf. Was mit ihr geschehen ist, blieb und bleibt — zumindest für die breite Öffentlichkeit — ein Rätsel. So auch, ob sie noch lebt oder bereits tot ist. Doch auch wenn man ihrem Leben ein Ende bereitet hat, so lässt sich die Tragik des Geschehens nicht wie ein einfaches Grab zuschaufeln.

Ende Oktober 2017 werden auf exterritorialem Gebiet des Vatikanstaates nahe dem Sitz der Botschaft des Heiligen Stuhls bei der Republik Italien Knochen menschlicher Provenienz gefunden. Anlässlich von Renovierungsarbeiten an einem Nebengebäude der diplomatischen Vertretung waren sie zu Tage getreten. Wie zu erwarten, wird der ungewöhnliche Fund umgehend mit Emanuela Orlandi in Verbindung gebracht. Zwar gibt es eine Reihe von Hypothesen, die sich mit der Herkunft des makaberen Fundes beschäftigen, doch für die Medien ist die verlockendste diejenige, die in dem Skelett die sterblichen Überreste Emanuelas sieht.

Italiens bekanntester Exorzist, Don Gabriele Amorth, behauptete noch kurz vor seinem Tod im Jahre 2016, das Verschwinden der jungen Vatikanbürgerin sei „ein Verbrechen mit sexuellem Hintergrund"; im Vatikan habe es fragwürdige Feste — regelrechte Sexpartys — gegeben. Damals erntete Amorth für seine Worte ein mitleidiges Lächeln; Journalisten kommentierten sie mit entsprechender Süffisanz und verwiesen die Äußerungen des Priesters ins Reich der Fantasie. Heute beginnt man in Rom dem verstorbenen Exorzisten Abbitte zu leisten, hat sich doch in zumindest einem Fall eine Sex- und Drogenparty auf dem exterritorialen Boden des Vatikans, und zwar ausgerechnet im Palast des Heiligen Offiziums, als bittere Realität erwiesen.

Die Handhabung der beiden Vatileaks-Affären, die für so gut wie niemanden zufriedenstellend aufgeklärt erscheinen, die Missbrauchskrise, die zu Recht für ein Erdbeben in der katholischen Kirche gesorgt hat und in die nachweislich sogar Bischöfe und Mitglieder des Kardinalskollegiums als Täter involviert waren und sind, tun ein weiteres, um tiefes Misstrauen zu säen. Die Mailänder Tageszeitung *Il Giornale* spricht im Fall der Emanuela Orlandi von einer *„inestricabile crime-story in salsa vaticana"*, einer „unentwirrbaren Kriminalgeschichte in einer vatikanischen Soße". Anfang 2019 können die Wissenschaftler im Fall der Knochen auf dem Botschaftsgelände des Heiligen Stuhls Entwarnung geben; sie stammen von zwei Männern, die in einem Zeitraum zwischen dem 90. und 230. Jahr nach Christus lebten. Die römische Staatsanwaltschaft stellt daraufhin ihre Ermittlungen ein.

Unmittelbar danach aber wird ein weiteres, skurriles

Kapitel in der Causa aufgeschlagen. Nun soll eine neue Spur auf den deutschen Friedhof im Vatikan führen. Die Familie von Emanuela Orlandi vermutet die sterblichen Überreste auf dem *Campo Santo Teutonico*. Laura Sgrò, die Anwältin der Familie, forderte im Gespräch mit der Mailänder Tageszeitung *Corriere della Sera* die Öffnung einer Grabstätte auf dem Friedhof. In einem Brief habe sie ein Bild des Engels über dem Grab des Adelsgeschlechts der Hohenlohe erhalten mit dem Hinweis, in der Richtung zu suchen, in die der Engel weist. Nach Recherchen der Juristin sei das Grab aus dem 19. Jahrhundert zwischenzeitlich mindestens einmal geöffnet worden. Zudem würden zum Andenken an die verschwundenen Mädchen Blumen auf dem Grab abgelegt. Um Klarheit zu erhalten, habe sie sich an Kardinalstaatssekretär Pietro Parolin und an die Staatsanwaltschaft des Vatikans gewandt, um Einsicht in sämtliche das Grab betreffende Akten sowie dessen Öffnung zu erwirken.

Wie erwartet, verlief auch diese „Spur“ ins Leere.

Ein undurchdringliches Gespinst

Die „Bank des Vatikans“ und ihre Geheimnisse

Fotografen bevorzugen die Morgen- oder Abenddämmerung, wenn sie die Objektive ihrer Kameras auf den Nikolausturm des Papstpalastes richten. Denn so lassen sich Aufnahmen vom Sitz der Vatikanbank, des *IOR*, am besten in Szene setzen, und geben ihnen den nötigen Anstrich des Geheimnisvollen.

Wer in den vergangenen Jahrzehnten den Schalterraum des *IOR* betrat, konnte sehen, dass sich dieser kaum von dem einer deutschen Kleinbank unterschied. Weder die Kunden noch das Personal benahmen sich auffällig. Niemand trug dunkelgetönte Augengläser oder versuchte, verdächtig aussehende Umschläge den Angestellten der Bank zu übergeben. Ungewöhnlich war eher, dass sich an der Wand ein Kruzifix und ein Bild des Papstes befanden. Der freundliche Schalterbeamte, der Ordensschwestern beim Ausfüllen von komplizierten Formularen half, wusste jedoch schon seit den siebziger Jahren, dass die Institution, in der er arbeitete, unter Beobachtung stand. Sowohl seitens des obersten Dienstherrn, des Papstes, als auch seitens der Öffentlichkeit. Heute ist der Fokus auf die Bank so scharf eingestellt, dass man sogar den Publikumsverkehr in ihr — so weit wie möglich — zurückgedrängt hat.

Es gibt nur wenige aktuelle Mafiathriller, Verschwörungsromane und Kinofilme mit „Vatikantouch“, in denen der *IOR* keine Rolle spielt. Fernsehanstalten und Zeitungen sparen nicht an Sendeminuten und Zeilen, wenn es darum geht, über das geheimnisumwitterte Geldinstitut des Heiligen Vaters zu berichten.

Ursprünglich verbarg sich hinter dem *IOR*, dem *Istituto per le Opere di Religione* (Institut für die Werke der Religion), der so genannten „Bank des Vatikans“, eine durch und durch fromme Einrichtung. 1887 setzt Papst Leo XIII. eine Kardinalskommission *ad pias causas* ein. Die Purpurträger sollen sich unter Mitwirkung fachkundiger Laien um die Verwahrung der Gelder kümmern, die aus Testamenten, Schenkungen und Stiftungen an den Heiligen Vater geflossen sind. Mit nur geringfügigen Änderungen – 1904 und 1908 lässt Pius X. die Statuten verbessern – besteht diese Kommission bis zum Sommer des Jahres 1942. Als Italien im Dezember 1941 den USA den Krieg erklärt, geraten die italienischen Ordensgemeinschaften in große finanzielle Bedrängnis. Sie haben all ihr Geld bei italienischen Banken angelegt; es gibt für sie nun keine Möglichkeiten mehr, Gelder ins Ausland zu transferieren. Dies trifft mit besonderer Härte die weltweit wirkenden Missionsgemeinschaften.

Um Abhilfe zu schaffen, entschließt sich Pius XII. am 27. Juni 1942 den *Istituto per le Opere di Religione / IOR* als eine auf dem Gebiet des neutralen Vatikanstaates ansässige Bank zu gründen. Als autonome juristische Körperschaft soll sie unabhängig von jeglichem Einfluss der Kurie sein und nur dem Heiligen Vater Rechenschaft schulden. Der Gründung eines vatikanischen Bankinstitutes liegt auch die Sorge zu Grunde, dass nach einem Sieg des faschistischen Italiens das Regime eine Konfiszierung von Kirchenbesitz durchführen könnte. Die gleiche Gefahr hätte bei einer Kriegsniederlage durch eine linksorientierte oder kommunistische Regierung bestanden.

Konten beim *IOR* dürfen eröffnen: Behörden der Römischen Kurie, Bistümer, Pfarreien, Ordensgemeinschaften, religiöse Stiftungen, Bürger des Vatikanstaates und Bedienstete der Kurie, beim Heiligen Stuhl akkreditierte Diplomaten sowie einige wenige Privatpersonen. Das vatikanische Bankinstitut nimmt Einlagen entgegen, ermöglicht den Transfer auf ausländische Konten und investiert oder reinvestiert in Verwahrung genommene Depots; erst in den folgenden Jahrzehnten steigt es dann verstärkt in den Devisen- und Aktienmarkt ein und erweitert den Kundenkreis.

Bis in die Mitte der Siebziger Jahre wirkt der *IOR* unauffällig und effizient; erst dann gerät er in die Schlagzeilen. Michele Sindona, ein Bankier aus Patti (Sizilien), hilft in den fünfziger Jahren Franco Marinotti, dem Vorstandsvorsitzenden der *Snia Viscosa,* des größten Textilunternehmens Italiens, in den USA eine bedeutende Reihe von Patenten äußerst gewinnbringend zu verkaufen. Als Gegenleistung macht ihn Marinotti mit dem römischen Adligen und *IOR*-Chef Massimo Spada bekannt. Und so gelingt es Sindona, bereits 1958, erste Kontakte zum Vatikan zu knüpfen. Mit der Zeit kann sich der Bankier immer mehr das Vertrauen des Heiligen Stuhls sichern.

Als Papst Paul VI. (1963-1978) und seine Berater beschließen, die Investitionen des Vatikans in Italien aufzulösen, ist Michele Sindonas Stunde gekommen. Verkauft werden unter anderen auch die Beteiligungen an der *Società*

Generale Immobiliare, der unter anderem das Watergate-Gebäude in Washington gehört, das dem größten politischen Skandal in den USA seinen Namen gab. Rund ein Drittel der Aktien des Unternehmens gehören der *APSA,* der päpstlichen Behörde, die das Immobilienvermögen des Vatikans verwaltet. Der Verkauf dieser Aktien wird für Sindona ein einträgliches Geschäft. Doch 1975 bricht das Bankenkonsortium des Michele Sindona aufgrund geschäftlicher Fehlentscheidungen und krimineller Machenschaften zusammen. Sindona hat sich geschickt seiner Beziehungen zu den Verantwortlichen des *IOR* bedient und sie missbraucht. Die Vatikanbank, die an vier Geldinstituten Sindonas beteiligt war, verliert fast 50 Millionen US-Dollar. Der Ex-Bankier Sindona stirbt in einem italienischen Hochsicherheitsgefängnis, nachdem er einen mit Zyankali vergifteten Kaffee zu sich genommen hat.

Für den *IOR* wird es aber noch dramatischer. Es kommt zum Konkurs einer bekannten, der Kirche nahe stehenden Mailänder Bank, der *Banco Ambrosiano.* Ihr Generaldirektor, Roberto Calvi, hat in aller Welt ein unüberschaubares Netz von Schein- und Briefkastenfirmen aufgebaut und sich zahlreicher Vergehen schuldig gemacht. Er führt die Bank in den unvermeidlichen Ruin. Der Konkurs bringt den *IOR* in beträchtliche Kalamitäten. Eine vatikanische Untersuchung kommt zur der Ansicht, dass dem *IOR* zwar keine rechtliche Mitschuld anzulasten sei, empfiehlt jedoch aus einer moralischen Verpflichtung heraus „freiwillige Leistungen" an die Gläubigerbanken in Höhe von 240 Millionen US-Dollar.

Doch Calvi und der *IOR* haben nicht nur geschäftliche

Verbindungen, sie sind auch gemeinsam in Angelegenheiten verwickelt, in denen Geheimdienste mitmischen.

1978 ist in Südamerika ein Grenzstreit zwischen Argentinien und Chile ausgebrochen. Um den Beagle-Kanal droht es zu kriegerischen Auseinandersetzungen zu kommen. Es ist der Heilige Stuhl, dem dann durch die Aushandlung eines Abkommens eine Beilegung des Konflikts gelingt. Der Papst hat Kardinal Antonio Samoré als seinen persönlichen Emissär entsandt; der Purpurträger erreicht im Zusammenspiel mit den Apostolischen Nuntien in den beiden Ländern, Monsignore Pio Laghi (Argentinien) und Monsignore Sebastiano Baggio (Chile), dass seine Mission zu einem diplomatischen Erfolg des Vatikans wird.

In geheimen Verhandlungen, die die Militärs der beiden Länder parallel unternehmen, kommt man überein, Argentinien für den Verzicht auf seinen territorialen Anspruch auf den Beagle-Kanal zu entschädigen. An diesem Punkt angelangt, betritt vermutlich Roberto Calvi die Bühne des Geschehens. Er finanziert wohl 1980 die Lieferung von Raketen und Patrouillenbooten an Argentinien. Die Quelle der Gelder, die dann fließen, wird offiziell unbekannt bleiben. Die erworbenen Waffen kommen zwei Jahre später im Krieg um die Falkland-Inseln gegen die britischen Streitkräfte zum Einsatz. Argentinien erleidet eine Niederlage. Wenige Tage später tritt General Galtieri Castelli, der Präsident Argentiniens, zurück. Am selben Tag ereilt Roberto Calvi in der Hauptstadt Großbritanniens unter mysteriösen Umständen der Tod.

Dreizehn Tage zuvor hatte der Banker einen Brief an den Papst geschrieben: „Eure Heiligkeit, ich habe in diesen

Tagen sehr, sehr viel nachgedacht und begriffen, dass es nur einen Weg gibt, um die grauenhafte Situation zu beenden, durch die ich gemeinsam mit dem IOR in eine Reihe tragischer Geschehnisse verwickelt bin, die sich immer weiter verschlimmern und die mich mitzureißen drohen [...] Ich habe die schwere Last der Fehler und Verschuldungen der heutigen und ehemaligen Verantwortlichen des IOR auf mich genommen [...] Ich habe auf Anordnung Ihrer ehrwürdigen Vertreter umfangreiche Finanzierungen zugunsten vieler Länder und politischer und religiöser Organisationen im Westen und im Osten vorgenommen."

Unverhohlen droht Calvi, um vom Vatikan Hilfe zu erpressen: „Viele machen mir verlockende Angebote und sichern mir unter der Bedingung Hilfe zu, dass ich von meiner Tätigkeit im Interesse der Kirche berichte; sehr viele möchten von mir wissen, ob ich einigen südamerikanischen Regimen Waffen oder andere Mittel geliefert habe, um unsere gemeinsamen Feinde zu bekämpfen, oder ob ich Solidarnosc finanzielle Unterstützung geleistet habe oder anderen Organisationen in östlichen Ländern Waffen und Finanzierungen habe zukommen lassen. [...] Nun bleibt mir nichts anderes übrig, als auf ihren Anruf zu hoffen, damit ich Ihnen die wichtigen Unterlagen, die sich in meinem Besitz befinden, zur Verfügung stellen und Ihnen selbst persönlich berichten kann, was alles vorgefallen ist und vorfällt, natürlich ohne ihr Wissen". Die auf dem amerikanischen Kontinent und in Europa agierenden Geheimdienste horchen auf, werden im Vatikan durch Mittelsmänner vorstellig und dürften – auf welche Weise auch immer – gehandelt haben.

Der Leichnam Calvis wird am 18. Juni 1982 um 7.25 Uhr in der Früh von dem Postangestellten Anthony Huntley auf dem Weg zu seiner Arbeitsstätte entdeckt. Er baumelt an einem Seil von der Black-Friars-Bridge. Für die Ermittlungen vor Ort ist zunächst nicht *Scotland Yard* oder die *Metropolitan Police* zuständig, sondern die *City of London Police,* die Stadtpolizei von London. In den Taschen von Calvis Anzug finden sich ein Ausweis, hohe Geldbeträge — und Ziegelsteine. Der Ausweis ist auf „Gianberto Calvini" ausgestellt. Calvis echter Ausweis war von Italien im Zuge der Finanzermittlungen gegen ihn eingezogen worden. Dann kommt es zu einem merkwürdigen Vorfall. Die Polizei informiert unverzüglich den Herzog von Kent, einen Cousin der Königin. Der mit *„Your Royal Highness* — Eure Königliche Hoheit" anzusprechende Duke of Kent steht als Großmeister der *United Grand Lodge of England* den englischen Freimaurern vor. Die genauen Umstände, die dazu führten, dass man ausgerechnet den Herzog von dem Leichenfund in Kenntnis setzt, werden im Dunkeln bleiben.

Die sterblichen Überreste Calvis bringt man zum *Guy's-Hospital.* Die Leichenschau wird in großer Eile vorgenommen. Polizei und Justiz verkünden umgehend, dass sich der Banker selbst das Leben genommen hat. Nicht jeder stimmt dem Urteil zu; selbst führende Mitarbeiter des britischen Auslandsgeheimdienstes nicht. Ein hoher Beamter des *MI6* notiert in einem internen Bericht an seine Vorgesetzten: „Seltsam, dass jemand mehr als vier Meilen von seiner Unterkunft im Hotel *Chelsea Cloisters* zum Ort des Suizids läuft, mit Steinen in den Anzugtaschen, und unterwegs einen Strick findet, an dem er sich in einer akrobatischen

Leistung, die man sonst nur von erfahrenen Zirkusartisten kennt, im Dunklen aufknüpft." Auch in Italien erkennt die Justiz zunächst auf Selbstmord. Kaum jemand scheint davon Notiz zu nehmen, dass exakt zum Todeszeitpunkt Calvis dessen Sekretärin Graziella Corrocher aus einem Fenster der Mailänder Bank fällt und ums Leben kommt. Erst ein Jahrzehnt später wird der Fall Calvi trotz politischer Widerstände von Italien neu aufgerollt. Nach eingehenden Erhebungen und nicht zuletzt dank der Forensik lautet das Urteil: Mord.

Die Skandale rund um den *IOR* verunsichern gläubige und kirchentreue Katholiken. Niemand vermag zu verstehen, wie teils mit internationalen Steckbriefen gesuchte Verbrecher im Schatten von Sankt Peter agieren können. Das irdische Ende der beiden betrügerischen Bankiers, das sich einer medialen Aufbereitung geradezu anbietet, trägt nicht zur Beruhigung der Gläubigen bei. Zudem erfahren die Affären immer wieder Fortsetzungen. So macht sich Flavio Carboni, der Ex-Sekretär Calvis, auf, aus dem Tod seines Chefs Kapital zu schlagen. Der Sarde ist ein *faccendiere* (Geschäftemacher), der über Kontakte zu den Geheimdiensten, Licio Gelli, dem Großmeister der *Loge P2,* dem Mafia-Boss Pippo Calò und Armando Corona, dem Großmeister des *Grande Oriente d'Italia,* verfügt. Hinter Carboni steht der römische Financier Giulio Lena, eine ebenfalls dubiose Gestalt.

Flavio Carboni gaukelt drei frommen, dem Papst ergebenen Geistlichen vor, durch Dokumente aus der Aktentasche Roberto Calvis und mit Hilfe einer Pressekampagne den Vatikan und den *IOR* vom Vorwurf verbrecherischer

Aktivitäten entlasten zu können. Es sind der gebürtige Slowake Bischof Pavel Hnilica (1921-2006) sowie die Jesuiten Kazimierz Przydatek und Virginio Rotondi. Hnilica wurde im September 1950 im Geheimen zum Priester geweiht und bereits im Januar 1951, ebenfalls geheim, zum Bischof. Er selbst weihte wiederum Untergrundpriester und erteilte im August 1951 dem späteren Kardinal Jan Korec die Bischofsweihe. Ende desselben Jahres muss er aus der Tschechoslowakei fliehen und geht nach Rom. Dort schweigt er über seinen hohen Weihegrad. Während des Zweiten Vatikanischen Konzils (1962-1965) wird Paul VI. über die geheime Weihe Hnilicas zum Bischof informiert. Am 13. Mai 1964 bestätigt sie der Papst und macht sie öffentlich bekannt.

Der Montini-Papst schätzt den Slowaken und betraut ihn immer wieder mit Aufgaben. Auch Johannes Paul II. hält viel von dem tiefgläubigen und bescheiden auftretenden Prälaten. Zum polnischen Papst und dessen Privatsekretär Stanislaw Dziwisz entwickelt sich schon bald ein fast freundschaftliches Verhältnis. Auch die Patres Kazimierz und Rotondi verkehren in den päpstlichen Appartements und werden oft zu heiklen vatikanischen Missionen herangezogen.

Carboni gelingt es, die drei Jesuiten davon zu überzeugen, einen Rückkauf der Dokumente zu finanzieren, um den Vatikan von dem Vorwurf der Verwicklung in die kriminellen Geschäfte der *Banco Ambrosiano* reinzuwaschen. Er verlangt von Hnilica hohe Geldbeträge. Der Bischof stimmt zu, und der Ex-Sekretär Calvis erhält die entsprechenden Anweisungen. Zwei der Blanko-Schecks werden auf je 600 Millionen Lire (jeweils circa 310.000 Euro) ausgestellt. Carboni übergibt sie Giulio Lena, der sie bei zwei italienischen Banken einreicht. Die hohen Summen machen eine Überprüfung nötig. Zunächst erteilt der *IOR* sein Placet, dann jedoch weigert sich die Bank des Vatikans, die Schecks zu honorieren.

Der ganze Vorgang landet schließlich vor der ersten Kammer des Strafgerichts von Rom. Flavio Carboni, Pavel Hnilica und Giulio Lena sind der Hehlerei angeklagt. Am 23. März 1993 werden sie jeweils zu fünf, drei und zwei Jahren Haft verurteilt. Der Bischof muss jedoch nicht ins Gefängnis. Begründet wird dies durch eine sofort eingereichte Berufung. Ein Beobachter des Verfahrens spricht hingegen von einer *sorta dell'immunità diplomatica* – Art von diplomatischer Immunität. Am 6. Juli 1994 annulliert ein Appelationsgericht das Urteil von 1993. Aber erst der 8. Dezember 2000 bringt für den Bischof in einem zweiten Prozess einen endgültigen Freispruch.

Zu den schicksalhaften Jahren der Ereignisse rund um den *Banco Ambrosiano* gibt Monsignore Hnilica an: „Obwohl ich in Italien lebte, schenkte ich den Schlagzeilen über die Skandale der *Banco Ambrosiano* keine Beachtung. Erst ab jenem Augenblick, als ich von den schwerwiegenden Angriffen gegen die Vatikanbank und sogar gegen den Heiligen Vater hörte, interessierte ich mich dafür. Ich konnte nicht glauben, dass der Vatikan und seine Mitarbeiter jene Betrüger wären, als die man sie in den Zeitungen darstellte. So fühlte ich mich verpflichtet, die Kirche zu verteidigen."

Über seine Begegnung mit Carboni erzählt er: „Als ich ihn traf, versicherte er mir, genau zu wissen, dass der Vatikan der *Banco Ambrosiano* nie Schaden zugefügt hätte. Deshalb ermutigte ich ihn, in der Presse eine Gegenkampagne zur Verteidigung der Kirche zu beginnen. Viele Artikel erschienen zugunsten der Kirche und des Heiligen Stuhls, und die Stimmung in der Öffentlichkeit änderte sich tatsächlich. In diesem Zusammenhang bat mich Flavio Carboni, ihm Geld zu leihen, um die Kampagne zugunsten des Vatikans voranzutreiben. Wie versprochen, gab er mir die geliehene Summe wieder zurück, was mein Vertrauen in diesen fähigen Mann stärkte. Deshalb war ich dann auch bereit, ihm Blankoschecks auszuhändigen, denn verständlicherweise erklärte er mir, er wisse nicht immer im Voraus, welche Summe er den Journalisten zahlen müsse. Ich wusste ja, dass es sich dabei nicht um große Beträge handelte, und so hatte ich keine Bedenken. Zudem hatte ich nie viel Geld auf dem Konto, da größere Spenden immer sofort in die Mission weitergeleitet worden waren. Als ich dann aber von der Vatikanbank informiert wurde, dass zwei Schecks mit meiner Unterschrift eingegangen seien, mit denen man weit mehr Geld abheben wollte, als auf dem Konto war, flog der Schwindel auf."

Das Gericht hatte im Prozess festzustellen, ob der Bischof zu seinem Handeln vom Vatikan autorisiert war. Mehrfach bekräftigte Monsignore Hnilica vor Gericht: „Ich hatte keinerlei Auftrag!" Dieser Versicherung wollte der zuständige Untersuchungsrichter Mario Almerighi nicht vertrauen; er ließ in den Akten festhalten: „Aus den Unterlagen geht hervor, dass die kirchlichen Vorgesetzten Hnilicas über sein Tun sehr wohl unterrichtet waren, und es ist außerdem nicht denkbar, dass ein Mann mit festem Glauben wie der Bischof sich so leichtfertig über die Anweisungen seiner Vorgesetzten hinweg gesetzt haben soll." Und Pater Kazimierz Przydatek SJ, der nicht angeklagt ist, äußert sich über die Rolle, die er selbst in der „Aktentaschen-Affäre" gespielt hat, im Gespräch mit dem katholischen Monatsmagazin *30Giorni*: „Gauben Sie, dass ein armer Jesuit auf eigene Faust handeln kann? Diese Geschichte ist größer als ich."

Der Sprecher des Heiligen Stuhls, Joaquin Navarro-Valls, tritt mit einer Mitteilung an die Presse und erklärt: „Angeblich aus der Aktentasche Roberto Calvis stammende Dokumente sind nie in den Vatikan gelangt. Im Übrigen hat der Heilige Stuhl kein Interesse an diesen Dokumenten und hat auch nie Geldsummen bezahlt, um an sie heranzukommen". Ein Journalist kommentiert dies mit den Worten: „Ein interessanter Schritt, die mutmaßliche, aber nicht ganze Wahrheit zu sagen und gleichzeitig die eigenen Leute im Regen stehen zu lassen."

1992 unterstrich Flavio Carboni, welche Bedeutung Roberto Calvi der Sammlung seiner Akten zumaß: „Calvi hatte eine Unmenge von Unterlagen. Er kopierte sämtliche Briefe, die er empfing oder selbst verschickte. Er sagte mir, er habe die wichtigsten Unterlagen schon seit langem in Banksafes in Zürich, Panama und New York deponiert. Er sagte mir, darunter sei auch die Liste der schwarzen Fonds, aus denen der *Banco Ambrosiano* dem ehemaligen Diktator von Nicaragua, Anatasio Somoza, und *Solidarnosc* sowie ihrem Chef Lech Walesa Geld gegeben habe." Doch welche Rolle spielt dabei die verschwundene Aktentasche des Bankiers?

Über die Leute, die während des Prozesses im Gerichtpalast einhergehen, äußert sich einer der Staatsanwälte: „Es wimmelt hier geradezu von Mafiosi, Framassoni* und Geheimdienstlern." Dem Journalisten und Vatikanisten Andrea Tornielli soll Giulio Lena noch vor der Urteilsverkündigung im März 1993 gesagt haben: „Eines ist sicher, in dieser Aktentasche waren keine brisanten Dokumente mehr, die hatten sich schon andere genommen." Auf die Frage, ob es stimme, dass Calvi die Gewerkschaft *Solidarnosc* finanziert habe, antwortete er: „Das weiß doch jeder. Die kompromittierenden Papiere, die aus der Aktentasche verschwunden sind, betrafen doch diese Angelegenheit und sie sind nicht wieder aufgetaucht." Bei dem Interview führt der römische Financier eine Zigarette zum Mund und zeigt dabei ohne Scheu einen Ring mit Winkelmaß und Zirkel, den Symbolen der Freimaurer.

1987 beginnt man mit einer Umstrukturierung des vatikanischen Bankinstitutes. Konstruktive Vorschläge kamen von Kardinal Josef Höffner, dem Erzbischof von Köln. Höffner, der ein Doktorat in Wirtschaftswissenschaften vorweisen konnte, schlug vor, die Geschäftsleitung des *IOR* in die Hände erfahrener Laien zu legen sowie die Geschäftsführung und den Haushalt des Institutes regelmäßig durch unabhängige Stellen prüfen zu lassen.

Doch trotz vieler Anstrengungen kommt der *IOR* nicht aus den Schlagzeilen heraus. Benedikt XVI. (2005-2013) beginnt, Missstände in der Arbeit des *IOR* abzustellen und durch konkrete Maßnahmen Verfehlungen in der Zukunft

* Freimaurer

erst gar nicht entstehen zu lassen. Echte und angebliche Skandale ernähr[t]en viele „Enthüllungsjournalisten" – bis hin zu Gianluigi Nuzzi. „Finanzvergehen sind die illegitimen Kinder einer jeden Bank und werden sich nie vermeiden lassen", bemerkt einer der Kardinäle im Aufsichtsgremium der Bank, „aber im Ambiente der Kirche können wir uns dies nicht leisten".

Ettore Gotti Tedeschi, geboren 1945 in Pontenure (Piacenza), italienischer Bankmanager und Finanzethiker mit Lehrstühlen in Turin und Mailand, löst im September 2009 Angelo Caloia als Präsident des *IOR* auf Druck von Papst Benedikt XVI. ab, der zudem den gesamten Aufsichtsrat absetzt. Ziel der Bestellung Gotti Tedeschis ist es, den *IOR* auf sichere Füße zu stellen, mehr Transparenz zu schaffen und die innerhalb der EU geltenden Regelungen zur Verhinderung von Geldwäsche einzuhalten. Der Bankier ist auch Berater von Papst Benedikt XVI. bei der Abfassung der Sozial-Enzyklika *Caritas in veritate.*

Am 24. Mai 2012 geschieht Seltsames. Gotti Tedeschi muss nach einem einstimmigen Misstrauensvotum des Vorstandes als Präsident der Vatikanbank *IOR* zurücktreten. Der Pressesaal des Vatikans teilt als Begründung mit, er habe „grundlegenden Anforderungen" nicht genügt und trotz wiederholter Mahnungen „bestimmte Aufgaben von vordringlicher Wichtigkeit nicht ausgeführt". Am folgenden Tag erfolgt die Festnahme des päpstlichen Kammerdieners Paolo Gabriele, der verdächtigt wird, Whistleblower des vom Vatikan als illegal angeprangerten Sachbuchs *Sua Santita* (Seine Heiligkeit – Die Geheimpapiere von Benedikt XVI.) zu sein, das in jener Woche erschienen ist.

Italienische Medien berichteten von einem Machtkampf innerhalb der Spitze der Kurie. Dieser habe zur Ausgrenzung Gotti Tedeschis geführt, der in den vorangegangenen Monaten immer wieder mit dem vatikanischen Staatssekretär Kardinal Tarcisio Bertone in Konflikt geraten sei. Tedeschi habe Dossiers an den Papst vorbereitet, worin er die Missstände in dem Finanzinstitut des Vatikans beschrieb. Demnach hätten sowohl Politiker als auch Vermittler und Strohmänner der organisierten Kriminalität chiffrierte Konten bei dem *Institut für Religiöse Werke* gehabt. Gotti Tedeschi beginnt um sein Leben zu fürchten. Er gibt an, seine Probleme beim *IOR* hätten begonnen, als er Fragen nach den Namen hinter gewissen Nummernkonten stellte.

Später, 2018, spricht Ettore Gotti Tedeschi bei einem Kongress über die „globalistischen Eliten“. Die Vertreter der Agenda einer *Neuen Weltordnung* hätten ihren Einfluss bis in die höchsten Ebenen des Vatikans ausgedehnt, erklärt Gotti Tedeschi und verweist auf die ständig wiederkehrenden Themen Armut, Migration und Umweltzerstörung, auf die Papst Franziskus immer wieder zu sprechen komme. Die Maßnahmen zur Bevölkerungskontrolle der vergangenen Jahrzehnte hätten das Ziel, eine Reihe ökonomischer, geopolitischer und sozialer Katastrophen auszulösen. In diesen Krisen würden die Menschen eine globale „politische Vision“ akzeptieren, welche die Souveränität der Nationalstaaten eliminieren und einen „gnostischen Umweltschutz“ als universale Religion einführen wolle.

Das Vorgehen seiner Bank lässt Papst Benedikt XVI. 2012 durch *Moneyval*, eine auf die Vermeidung von Geldwäsche spezialisierte Institution des Europarates überprüfen. Zudem stellte der Vatikan den Schweizer Anti-Geldwäschespezialisten René Brülhart ein. 2013 wird der renommierte deutsche Bankier Ernst von Freyberg Präsident des Aufsichtsrates und Generaldirektor des *IOR*. Im Juni desselben Jahres setzt der Papst eine Untersuchungskommission zur Vorbereitung von grundlegenden Reformen des Institutes ein. Im Oktober beginnt man Konten von Kunden zu kündigen, die nicht zum satzungsgemäßen Kreis der Bankkunden gehören.

Ende 2012 verfügen 5200 katholische Institutionen und 13700 Einzelpersonen über ein Konto; das *IOR* zahlt zu diesem Zeitpunkt die Pensionen und Gehälter von rund 5000 im Dienst des Heiligen Stuhls und des Vatikanstaates stehenden Personen aus. Doch alles Bemühen um Transparenz und Sauberkeit bleibt Stückwerk, ja es versandet in undurchsichtigen Verhältnissen. Ein Kurienprälat spricht unverblümt von einer „unendlichen Geschichte", die scheinbar nie ein Ende finden werde. Die Direktoren des *IOR* und des Aufsichtsrates geben einander bis zum heutigen Tage die Klinke in die Hand, vor allem wenn sie sich ehrlich um Aufklärung und Beseitigung von Missständen bemühen. „Wir sind in den Händen von Finanzjongleuren, dem Organisierten Verbrechen und diversen Geheimdiensten", erklärt einer der Geschassten mit einem tiefen Seufzer der Resignation.

Im September 2020 wird von Papst Franziskus der Sturz des Kardinals Angelo Becciu, des einst mächtigen Substituten im Päpstlichen Staatssekretariat, eingeleitet. Becciu verliert sein Amt als Präfekt der Kongregation für die Heiligsprechungsverfahren und büßt den Großteil seiner Rechte und Privilegien als Kardinal ein. Dem sardischen Purpurträger wird die maßgebliche Verstrickung in eine Reihe von finanziellen Unstimmigkeiten und rechtswidrigen, zumindest jedoch halbseidenen, Geschäften vorgeworfen.

Im Mittelpunkt eines der vatikanischen Finanzskandale steht die sardische Geschäftsfrau Cecilia Marogna, die in Slowenien eine äußerst undurchsichtige Firma besitzt, die sich als aktiv im Geheimdienstmilieu darstellt und entsprechende „Dienstleistungen" anbietet. Im Oktober 2020 berichten italienische Nachrichtenagenturen, dass Cecilia Marogna in Mailand aufgrund eines internationalen Haftbefehls, den der Vatikanstaat über Interpol ausgestellt hatte, von den italienischen Finanzbehörden festgenommen wurde. Es war bekannt geworden, dass Marogna von 2018 bis 2019 mehr als eine halbe Million Euro vom Päpstlichen Staatssekretariat unter der Verantwortung des ehemaligen Substituten Becciu erhalten habe.

Marogna versicherte, dank ihrer zahlreichen Kontakte zu Geheimdiensten in Italien, im Nahen Osten und in Afrika habe sie die Apostolischen Nuntiaturen vor Terrorangriffen geschützt und mit islamistischen Terroristen über die Freilassung entführter katholischer Missionare verhandelt. Die Medien berichten jedoch, die „Dame des Kardinals", so ein ihr von den italienischen Zeitungen verliehener Titel, habe einen beträchtlichen Teil der über 500.000 Euro für Luxusartikel (unter anderem Handtaschen von *Chanel* und *Prada*) ausgegeben. Zwei Wochen nach ihrer Verhaftung wurde sie wieder auf freien Fuß gesetzt. Der italienische Kassationsgerichtshof als oberste Berufungsinstanz des Landes hatte die Maßnahme als ungerechtfertigt bezeichnet. Der Pass der 39-Jährigen blieb jedoch einbezogen und ihr wurde auferlegt, sich regelmäßig bei den Behörden zu melden.

Im Fall der Cecilia Marogna zeigt sich auch eine verblüffende Paralelle zu einer fast vier Jahrzehnte alten vatikanischen Affäre. Publik wurden Beziehungen der „Dame des Kardinals" zu Flavio Carboni, dem umtriebigen *faccendiere* in der Causa Calvi.

Ein unblutiger Anschlag auf den Nachfolger Petri

„Vatileaks" und der Rücktritt eines Papstes

Seit dem Jahre 2011 gelangen immer häufiger Interna aus dem Vatikan — vertrauliche Schreiben und Gesprächsnotizen — an die Öffentlichkeit. Pater Federico Lombardi SJ, der Pressesprecher des Heiligen Stuhls, nennt die „Dokumentenflucht" in Anspielung auf *WikiLeaks* scherzhaft *Vatileaks* — und kann nicht ahnen, dass er mit dieser Bezeichnung einer der schwerst wiegenden Affären in der jüngeren Kirchengeschichte seinen Stempel aufgedrückt hat.

Anfang des Jahres 2012 präsentiert der Buchautor und Fernsehmoderator Gianlugi Nuzzi auf dem Sender *La7* Dokumente aus dem Vatikan, die den Vermerk „Vertraulich" tragen. Vor allem Briefe des ehemaligen Sekretärs des Governatorates des Vatikanstaates*, Erzbischof Carlo Maria Viganò, an den Papst und Kardinalstaatssekretär Tarcisio Bertone sorgen für Aufruhr. In diesen Schriftstücken bringt der Diplomat seine „Beförderung" zum Apostolischen Nuntius in Washington in Zusammenhang mit seiner Kritik an der Führung und dem Finanzgebaren des Kirchenstaates.

In der zweiten Februarhälfte interviewt Nuzzi in einer weiteren Fernsehsendung seinen „Maulwurf" aus der Papststadt. Für die Zuschauer unkenntlich gemacht, mit Sonnen-

* Die weltliche Verwaltung des Vatikanstaates

brille und verfremdeter Stimme, enthüllt der Zuträger aus dem Vatikan, dass er nicht der einzige sei, der „Unerhörtes" aus dem Zentrum der Christenheit zu berichten wisse. Zwanzig Personen fühlten sich ihrem Gewissen verpflichtet, es ihm gleichzutun. Die Sendung wird zu einem Quotenhit des italienischen Fernsehens

Das Päpstliche Staatssekretariat ordnet eine gründliche Untersuchung an, die alle Organismen des Heiligen Stuhls umfasst. Die Hauptlast der Ermittlungen kommt den Gendarmen des Papstes zu. Eine undankbare Aufgabe, „die Arbeit der ‚Häscher' im Vatikan ist schwierig", schreibt Jörg Bremer in der *Frankfurter Allgemeinen Zeitung*. Vor den Ermittlungen der Gendarmen scheinen sich die *corvi** zu fürchten. Eine Diffamierungskampagne nimmt ihren Anfang. Der Chef der Gendarmerie muss auf Verdächtigungen gegen ihn und seine Männer eingehen. Generalinspektor Domenico Giani verwahrt sich gegen die Darstellung, man schneide auf der Suche nach den Tätern die Gespräche mit, die über die Diensttelefone geführt werden, und höre sie stichprobenartig ab.

Ende April setzt der Papst zusätzlich eine Kommission aus drei im Ruhestand lebenden Kardinälen ein, die Licht in die Vatileaks-Affäre bringen sollen. Die Tatsache, das der Papst auch drei Kardinäle mit der Behandlung der Vatileaks-Affäre beauftragt, lässt aufhorchen. Wenn in Großbritannien Angehörige des *House of Lords* Kapitalverbrechen begingen, wurden sie nicht der normalen Justiz überantwortet, sondern der Gerichtsbarkeit des Oberhauses unterstellt.

* Raben

Da die kriminalpolizeilichen Ermittlungen in den Händen der vatikanischen Gendarmerie liegen, die das vollste Vertrauen des Papstes besitzt und sich bisher außerordentlich bewährt hat, drängt sich die Annahme auf, dass die Purpurträger ihre Blicke auf Personen in Augenhöhe oder nur wenig darunter zu richten haben. Beteuerungen von Mitgliedern des Kardinalskollegiums, in ihren Reihen gäbe es keine Übeltäter, erinnern an die von der Heiligen Schrift belegten Schwüre der Apostel, keiner von ihnen würde jemals Christus verraten. Die drei Ruhestandskardinäle legen ihren Bericht dem Papst vor; ihre Erkenntnisse finden jedoch keine Veröffentlichung.

In der dritten Maiwoche kommt ein Teil der Dokumente, die Gianluigi Nuzzi zugespielt wurden, in schriftlicher Form auf den italienischen Buchmarkt: *Sua Santità. Le carte segrete di Benedetto XVI.* Nuzzi ist mit seinem „Werk“ ein Mediencoup gelungen. Der Fokus richtet sich nun weltweit auf Vatileaks. Die Sprengkraft der Publikation aber liegt im Grunde nicht in den Dokumenten selber. Es ist die Tatsache an sich, die erschreckt – dass vertrauliche Papiere den Apostolischen Palast verlassen und in unbefugte Hände geraten können.

Im Vatikan besteht Handlungsbedarf. Ein Mann in den Privatgemächern des Heiligen Vaters nimmt die Dinge in die Hand. Paul Badde berichtet in der *Welt* darüber, dass die Enthüllung des *corvo* – besser gesagt: die seines Namens – letztendlich der Initiative des päpstlichen Privatsekretärs zu verdanken sei. Georg Gänswein stößt bei seinen Recherchen auf ein vertrauliches Schreiben, das von seinem Schreibtisch stammt und nie verschickt wurde. Dieses Papier konnte nur noch eine oder einer der engsten Mitarbeiter(in) des Papstes entwendet, fotografiert oder gescannt haben.

Am 21. Mai ruft der Privatsekretär des Heiligen Vaters dessen unmittelbaren Haushalt – in den Medien zumeist „päpstliche Familie“ genannt – im dritten Stock des Apostolischen Palastes zusammen: den zweiten Privatsekretär, Prälat Alfred Xuereb, Schwester Birgit Wansing, die Gemeinschaft der *Memores Domini** und den *Aiutante di Camera* Paolo Gabriele. Einer oder eine von ihnen muss zu den *corvi* gehören.

Im Protokoll des Untersuchungsrichters wird es später heißen: „Nachdem Monsignore Georg Gänswein berichtet hatte, dass in dem Buch vertrauliche Dokumente enthalten waren, fragte er jeden der Anwesenden, ob er Dokumente an den Journalisten übergeben habe … Angesichts der Verneinung aller Anwesenden erinnerte Monsignore Georg Gänswein Gabriele daran, dass zwei Briefe, die im Buch veröffentlicht wurden, ganz sicher durch seine Hände gegangen sind, da er, Gänswein, ihn gebeten habe, eine Antwort vorzubereiten, und die Briefe nicht aus dem Büro herausgekommen sind“. Prälat Gänswein wörtlich: „Als ich ihm vor allen Anwesenden sagte, dass dies zwar kein Beweis sei, aber doch einen starken Verdacht gegen ihn habe entstehen lassen, habe ich als Antwort eine entschiedene und absolute Verneinung des Tatbestands bekommen.“

Der *Aiutante di Camera* ist der erste Kammerdiener des Papstes und steht den zum direkten Dienst beim Papst

* Vereinigung unverheirateter katholischer Laien

bestimmten Personal vor. *Aiutante di Camera* ist Paolo Gabriele, geborener Römer, 46 Jahre alt, verheiratet und Vater von drei Kindern. Er wird als ein frommer Katholik geschildert, mit einer besonderen Verehrung für die polnische Mystikerin und Ordensfrau Faustina Kowalska und deren Visionen des barmherzigen Jesus. Vom Pfarrer der in Vatikannähe gelegenen Kirche Santo Spirito in Sassia, wo die Verehrung des barmherzigen Heilands besonders gepflegt wird, hatte er ein überschwängliches Empfehlungsschreiben erhalten.

Es bahnte ihm zu Zeiten Johannes Pauls II. den Weg in den Vatikan, zunächst nur als einfache Putzkraft im Petersdom. Später wechselt Gabriele in den Dienst der Präfektur des Päpstlichen Hauses, bis er dann 2006 Nachfolger des altgedienten Kammeradjutanten Angelo Gugel wird. Es gibt viele im Vatikan, die Paolo Gabriele schätzen. Mitglieder des päpstlichen Haushalts beschreiben ihn als einen gläubigen und frommen Mann, der jeden Tag mit Andacht die Morgenmesse mit dem Papst feiere und viel bete. Er sei vertrauenswürdig, aber auch sehr verschlossen.

Am 23. Mai schreiten die päpstlichen Gendarmen zur Durchsuchung der Wohnung des *Aiutante di Camera* – und seiner Verhaftung. Die Uhr zeigt 15.00 Uhr an. Gut acht Stunden halten sich die Ordnungshüter in den Räumlichkeiten auf. Sie werden fündig und holen Abertausende Fotokopien und Originaldokumente hervor. In dieser enormen Menge von Schriftstücken finden sich außer den Dokumenten, die aus den Appartements des Heiligen Vaters entwendet worden sind, unter anderen Recherchen zu esoterischen Themen, der Freimaurerei, der *Loge P2*, Roberto Calvi, Silvio Berlusconi und dem *IOR* (Vatikanbank).

Des Weiteren werden diverse Computer, Hard-Discs, viele USB-Sticks und Memory-Cards sowie ein iPad und eine PlayStation beschlagnahmt. Zu ihrer Überraschung können die Gendarmen auch einen Spendenscheck über 100.000 Dollar, ausgestellt auf den Heiligen Vater von der *Universidad Catolica San Antonio di Guadalupe,* Edelmetall (Gold, ein Geschenk von Guido de Castillo, dem Direktor der *ARU* von Lima, Peru) und eine wertvolle Aeneas-Ausgabe aus dem Jahre 1581, dem Papst dediziert von den *Famiglie di Pomezia**, sicherstellen. Der Fund füllt 82 Schachteln, die in Anwesenheit Paolo Gabrieles von den Gendarmen akribisch versiegelt werden. Das Arbeitszimmer des Verdächtigen wird anschließend von der Gendarmerie verschlossen.

In einem der Verhöre bekennt Gabriele: „Als ich das Böse und die Korruption überall in der Kirche sah, bin ich an einen Punkt gelangt, an dem es kein Zurück mehr gab. Ich war mir sicher, dass ein Schock, auch in den Medien, dabei helfen würde, die Kirche auf den rechten Weg zurückzubringen. Überdies war ich immer an Fragen des Geheimdienstes interessiert. Auf gewisse Weise dachte ich, dass diese Rolle mir vom Heiligen Geist zugedacht war, von dem ich mich erfüllt fühlte." Ein anderes Mal spricht Gabriele direkt von Missständen in der Verwaltung des Vatikanstaates und von einem daher rührenden „Skandal für den Glauben". Wörtlich: „Mir wurde bewusst, dass der Papst über einige Punkte nicht oder nur schlecht informiert war. Mit

* Familien von Pomezien

der Hilfe anderer Personen wie Nuzzi dachte ich, die Dinge klarer sehen zu können."

Am 29. September beginnt in der Vatikanstadt das Verfahren gegen Paolo Gabriele. Die Richter des Tribunals setzen für die erste Oktoberwoche vier Verhandlungstage an. Paolo Gabriele, gekleidet in einem grauen Anzug mit weißem Hemd und Krawatte, ist mit seiner Anwältin Cristiana Arru im Gerichtssaal erschienen. Zu Beginn des Prozesses beantragt Arru, das Tribunal des Vatikanstaates für ihren Mandanten als nicht zuständig zu erklären. Da dieser gegen das so genannte „päpstliche Geheimnis" verstoßen habe, sei das Verfahren nach kanonischem* Recht zu führen und nicht nach dem Zivilrecht des Staates der Vatikanstadt. Die Richter weisen den Antrag zurück.

Vor dem Tribunal erklärt sich Paolo Gabriele als „unschuldig im Sinne der Anklage", jedoch als schuldig, weil er das Vertrauen des Papstes missbraucht habe, den er liebe wie ein Sohn den Vater. Er gibt nach wie vor an, ein Einzeltäter zu sein, der bei dem Diebstahl, dem Kopieren und Weitergeben der vertraulichen Papiere keine Komplizen gehabt habe, nennt dann aber bei seiner Aussage Namen von Personen, die für ihn ein „Umfeld" darstellten, das ihn „beeinflusst" habe. Zu diesem Umfeld gehören unter anderen sein Beichtvater, die Kardinäle Angelo Comastri und Paolo Sardi, ein früherer Mitarbeiter des Päpstlichen Staatssekretariates, Monsignore Francesco Cavina und die ehemalige Haushälterin Kardinal Ratzingers, Ingrid Stampa. In welcher Weise ihn dieses „Umfeld" beeinflusst habe,

* kirchliches Recht

dazu macht Paolo Gabriele seltsamerweise keine Angaben.

Als Prälat Georg Gänswein als Zeuge aufgerufen wird, bietet sich den im Gerichtssaal Anwesenden ein seltsames Schauspiel: Als der Privatsekretär des Heiligen Vaters den Raum betritt, erhebt sich Paolo Gabriele als Zeichen einer vorgeblichen Reverenz von seinem Stuhl und deutet einen Gruß an — was der Prälat mit Bedacht ignoriert. Im Gericht kommt es bei der anschließenden Vernehmung der Gendarmen zu einer heftigen Auseinandersetzung über die Haftbedingungen des Angeklagten. In den Tagen unmittelbar nach seiner Verhaftung habe man in seiner Zelle Tag und Nacht das Licht brennen lassen, beschwert sich Gabriele. Er habe nicht die Möglichkeit gehabt, sich auszustrecken und in der ersten Nacht ohne Kopfkissen auskommen müssen. Auf die Frage seiner Anwältin, ob man auf ihn psychologischen Druck ausgeübt habe, bejaht der Angeklagte.

Die Gendarmerie weist die Vorwürfe energisch und mit aller Entschiedenheit zurück. Das Licht sei von Nöten gewesen, um einen eventuellen Suizid zu verhindern, der Schlaf Gabriele durch die Aushändigung einer Augenmaske ermöglicht worden. Der Angeklagte habe seine Speisen gemeinsam mit den Gendarmen, die ihn bewachten, zu sich nehmen können. Seine Familienangehörigen und Rechtsbeistände habe er sehen können, wann er wollte — ohne Zeitlimit. Auch der Besuch der heiligen Messe sei ihm ermöglicht worden. Man habe den Inhaftierten mit „Samthandschuhen" angefasst, erklärt einer der Gendarmen. Gabriele selbst habe sich bei der Vatikanpolizei für die Behandlung bedankt, die er und seine Familie erfahren hätten.

Am 6. Oktober erfolgt der Richterspruch: Paolo Gabriele

wird zu anderthalb Jahren Haft und der Übernahme der Prozesskosten verurteilt. Der Papst, so Pater Lombardi, habe jetzt alle Elemente in der Hand, um eine eventuelle Begnadigung auszusprechen. Lombardi: „Ich kann sagen, dass die Möglichkeit der Begnadigung sehr konkret und auch wahrscheinlich ist, aber ich kann natürlich nichts über einen Zeitrahmen oder Modalitäten sagen. Der Papst wird nun die Unterlagen studieren. Höchst wahrscheinlich denkt er an eine Begnadigung, das kann ich sagen, ohne zu fürchten, dass ich ins Unrecht gesetzt werde."

Die Medienvertreter reagieren verblüfft und verärgert auf Lombardis Ausführungen. Sie sehen sich nach dem Ablauf des Verfahrens in ihren Befürchtungen bestätigt, die sie bereits im Vorfeld geäußert hatten. Der *Repubblica*-Autor Marco Ansaldo vermutet, dass der Prozess ein abgekartetes Spiel war. Franca Giansoldati, die Vatikankorrespondentin des römischen *Messaggero*, bezeichnet das Verfahren als „Witz". Und Tilmann Kleinjung vom *ARD*-Hörfunkstudio Rom ist sich sicher: „Mit diesem Urteil dürfte es kaum gelingen, einen Schlussstrich unter diese Affäre zu ziehen, die Lombardi ‚Vatileaks' getauft hatte … Am Ende des Prozesses stehen mehr Fragen als Antworten". Der Vatikankorrespondent der Würzburger *Tagespost* kommentiert: „Gabriele hat oder hatte nicht die psychische Statur, um der ‚Kopf' und das ‚Hirn' hinter ‚Vatileaks' zu sein". Er stellt sich die Frage „Wer hat Gabriele manipuliert?"

Am 22. Dezember geschieht das Unfassbare. Paolo Gabriele kommt frei. Papst Benedikt XVI. besucht seinen ehemaligen Kammerdiener in dessen Zelle, um ihm persönlich die Begnadigung mitzuteilen. Das Gespräch des Pontifex mit Gabriele dauert 15 Minuten — der *Osservatore Romano* bringt ein Bild des Zusammentreffens. Es handle sich „um eine väterliche Geste gegenüber einer Person, mit der der Papst für einige Jahre einen täglichen familiären Umgang gehabt hat", heißt es in einem Kommuniqué des Staatssekretariates. Der „Rabe" verbleibt in päpstlichen Diensten, jedoch nicht im Vatikan, sondern auf dem exterritorialen Gebiet der Basilika Sankt Paul vor den Mauern. Es mutet wie ein Treppenwitz der Geschichte an, dass Paolo Gabriele dort seine Arbeit an einem Kopiergerät verrichtet.

Der Ansicht von Pater Federico Lombardi, des päpstlichen Pressesprechers, damit sei „dieses traurige und schmerzhafte Kapitel abgeschlossen", vermochten sich jedoch nicht einmal kirchennahe Medien anzuschließen. Am letzten Februartag des Jahres 2013 tritt Benedikt XVI. als Papst zurück. Vor dem Kardinalskollegium nennt er als Gründe für diesen Schritt die Last des Alters und seinen Gesundheitszustand. Kenner des Vatikans — aber nicht nur sie — schütteln den Kopf. Sie vermuten, dass Ereignisse dafür verantwortlich seien, deren Verlauf in der Vatileaks-Affäre mündet und ihr öffentliches Fanal ist.

Aus der Umgebung des emeritierten Papstes lässt eine Bemerkung aufhorchen: „Benedikt XVI. war nicht mehr in Lage, mit einer der wichtigsten Personen im Vatikan im gleichen Raum zu verweilen. Sie nahm ihm, wie es der Heilige Vater selber formulierte, die Luft zum Atmen."

Von allerlei Spionage

Eine Blütenlese

„Monachi duo Iustiniano Principi Semen dedere, vermis vnde sericus“ wird ein flämischer Holzschnitt beschrieben, der um das Jahr 1636 entstand. Er dokumentiert die Einführung der Seidenraupenzucht unter Justinian I., dem oströmischen Kaiser, im 6. Jahrhundert n.Chr.

Der byzantinische Historiker Prokop notiert hierzu: „In diesem Jahre [552] erfuhren einige Mönche, die aus Indien gekommen waren, es sei Kaiser Justinianus darum zu tun, dass die Rhomäer [Römer] die Seide nicht mehr von den Persern kaufen müssten. Sie begaben sich zum Kaiser und versprachen, die Seidenfrage so zu regeln, dass die Rhomäer die Seide nie mehr von den feindlichen Persern oder von irgendeinem anderen Volke einhandeln müssten. Als der Kaiser sie unablässig ausfragte, sagten die Mönche, dass eine Art von Raupen Produzenten der Seide seien, wobei die Natur ihre Lehrmeisterin sei und sie zu ununterbrochener Arbeit zwinge. Allerdings sei es unmöglich, die Raupen lebend hierher zu transportieren, wohl aber gehe es ganz leicht und mühelos mit dem Produkt. Das Produkt einer jeden dieser Raupen seien zahllose Eier. Diese Eier bedecken die Leute lange Zeit, nachdem sie so gelegt sind, mit Mist, wärmen sie auf diese Art genügend lange und bringen sie so zum Leben.“

An die Mönche erging nun der Befehl, eine weitere Reise zu unternehmen, um die außergewöhnlichen „Seidenproduzenten“ nach Konstantinopel zu holen. In ihren ausgehöhlten Wanderstäben schafften sie eine Anzahl von Eiern nach Byzanz, wo es erfolgreich gelang, sie auszubrüten und zu vermehren, so dass schon bald in Konstantinopel, Athen, Korinth und weiteren Städten Seidenmanufakturen entstanden. Dem in feindlichen Händen befindlichen Monopol des kostbaren Stoffes war nun ein Ende gesetzt — durch die Spionage und Agententätigkeit von Männern der Kirche.

Gut tausend Jahre später werden katholische Ordensleute als päpstliche Kundschafter tätig. Bartolomeo de Las Casas, der Bischof von San Cristobal (Mexiko), beschreibt in seiner berühmten Geschichte der Indianer, was zwei Kundschafter des Christopher Columbus, die zugleich auch in den Diensten des Papstes standen, auf Ferdinandia, dem heutigen Kuba, erlebten: „Die Indianer haben eine Pflanze, deren Rauch sie mit Entzücken und Wonne einatmen. Dieses Kraut wickeln sie in ein trockenes Blatt, zünden es an einem Ende an und saugen am anderen, um den Rauch mit ihrem Atem einzuziehen, wodurch eine Beruhigung im ganzen Körper entsteht“. Das trockene Blatt, das als Rauchrohr diente, nannten die Indianer *tabago*.

Eine frühe Nachricht über den medizinischen Gebrauch des Tabaks findet sich auch in dem Bericht eines Eremitenmönches, Frà Romano Pane, an Papst Alexander VI. Der Ordensmann war Christopher Columbus auf seiner zweiten Reise von dem Borgia-Papst mitgegeben worden. Und zwar nicht im Geheimen, sondern in offizieller Mission, um

Augen und Ohren offenzuhalten für alles, „was für Uns von Interesse und zum Nutzen sein kann." Das tat Pane auch und berichtete, er habe auf der Insel Hispaniola, dem heutigen Haiti, beobachtet, wie die indianischen Priester und Medizinmänner den Tabak als Wundkraut benutzten.

Gut ein halbes Jahrhundert später gelangte der erste Tabaksamen in den Kirchenstaat. Der Anbau der Pflanze diente zunächst der Gewinnung als Medizin. Doch noch im 16. Jahrhundert wurde aus ihr das heutige Genussmittel. In den Marken, in Chiaravalle, erzeugten Mönche des Zisterzienserordens aus den getrockneten Blättern mit einfachen Steinmühlen ein Pulver, aus dem Schnupftabak gewonnen wurde. Bald danach fanden dann nicht zermahlene, sondern klein geschnittene Blätter Verwendung in einer neuartigen Erfindung, der Pfeife.

Wirtschaftlich wurde die Tabakindustrie im Kirchenstaat eine päpstliche Erfolgsgeschichte, ihre Produkte wurden als Erzeugnisse von höchster Qualität angesehen und gepriesen. So soll ein einflussreicher Earl bei einer Sitzung des *House of Lords* dem Duke of Norfolk, dem Vorzeigekatholiken im anglikanischen England, trotz der Vorbehalte gegenüber dem Papst und der katholischen Kirche, zugeraunt haben: „Vom Tabak aber, da versteht euer römischer Oberpriester sehr viel!".

1851 hatte Kardinalstaatssekretär Giacomo Antonelli im Namen Pius' IX. die Verordnung erlassen, den Tabakkonsum im Herrschaftsgebiet des Papstes nicht zu behindern. 1852 wurde in den Päpstlichen Staaten die Aktiengesellschaft der *Regia del tabacco* gegründet; die Leitung war einem Beamten der Römischen Kurie anvertraut worden. Die päpstliche Regierung hielt die Mehrheitsanteile der Gesellschaft. Acht Jahre später verfügte Pius IX. den Bau einer neuen großen Tabakmanufaktur in der Ewigen Stadt; nach dem Ende des Kirchenstaates (1870) dienten die Baulichkeiten im Stadtviertel Trastevere der Generaldirektion der *Autonomen Verwaltung der italienischen Staatsmonopole.*

Im Jahre 1779 erteilte Papst Pius VI. dem deutschen Kaufmann Peter Wendler die Konzession für eine Tabakmanufaktur in Rom; in ihr wickelte man die berühmten *bastoni di tabacco* („Tabakstäbe"). Ein Jahr später verfasste Wendler eine vielbeachtete Anleitung für die Kultivierung des Tabaks im Kirchenstaat (*Istruzione per la coltivazione del Tabacco nello Stato Pontificio,* Roma 1780). 1831 führte Papst Gregor XVI. die Kultivierung des Tabaks in ein Staatsmonopol über. Seitdem wurden die Verantwortlichen angehalten, „Betriebsgeheimnisse" vor neugierigen Augen zu schützen.

Auf dem Weg vom *Campo Santo Teutonico* zum vatikanischen Gästehospiz Santa Marta liegt, ein wenig verträumt, eine international geschätzte Institution, die vor allem in den Diensten der Dombauhütte von Sankt Peter steht. Es sind die Mosaikwerkstätten des Papstes. In den Jahren 2018 und 2019 verblüfft Dr. Veronika Seifert, eine Mitarbeiterin der Güterverwaltung des Apostolischen Stuhls und Dozentin am päpstlichen Institut *Claretianum,* durch Vorträge in Dresden und Rom.

Das Institut für Romanistik der *Technischen Universität Dresden* kündigte ihren Vortrag mit der Mitteilung an: „Ausgehend vom Übertritt August des Starken in die katholische Kirche und dem darauffolgenden Wunsch des Papstes nach einem katholisch geprägten Kirchenbau im protestantischen Sachsen entstand unter Kurfürst Friedrich August II. (1733-1763) der Wunsch, die geplante Hofkirche mit Mosaiken auszuschmücken, wie man sie seit kurzem mit Erfolg im Petersdom in Rom verwendete. Der Vortrag stellt die Beweggründe der Sachsen vor und zeigt im Einzelnen auf, wie man mit großem Aufwand versuchte, an die strenggehüteten vatikanischen Geheimrezepte für die Herstellung der Glaspasten heranzukommen.

Diese Einblicke in die Ambitionen der sächsischen Auftraggeber und die handwerklichen Herausforderungen wurden ermöglicht durch die Auffindung der Geheimrezeptbücher für die Herstellung der Glaspasten, die von dem sächsischen Maler Siegmund Gottreich Striebel (1700-1753) in Zusammenarbeit mit seinem Sohn Friedrich Gottreich (1721-1757) verfasst wurden. Der Beitrag stellt das Schicksal des in Sachsen und Rom tätig gewordenen Künstlers vor und erklärt, weshalb die genannten ‚sächsischen' Dokumente schließlich in den Besitz des Vatikans gekommen sind. Ausgehend von den ‚sächsischen' Geheimrezeptbüchern kam es zu Neuerkenntnissen“.

Die Chorkapelle des Papstes, für gewöhnlich *Cappella Sistina* genannt, geht auf die römische *Schola Cantorum* zurück, die von Papst Gregor dem Großen im 6. Jahrhundert für die liturgische Gestaltung der päpstlichen Zeremonien gegründet worden war. Sie versah ihren Dienst bei der jeweiligen Residenz des Papstes und begleitete ihn zu den liturgischen Feiern. Unter Bonifatius VIII. erlangte sie eine kaum zu übertreffende künstlerische Vollendung. In der

Zeit des Exils von Avignon verkam die *Schola Cantorum* des Papstes jedoch zur Bedeutungslosigkeit; Urban V., der nur vorläufig nach Rom zurückkehrte, hob sie sogar auf. Mit Gregor XI., der den päpstlichen Sitz nach Rom verlegte, traten auch die päpstlichen Sänger wieder auf – im Vatikan. Seinen heutigen Namen erhielt der Chor von seiner späteren Hauptwirkungsstätte, der Sixtinischen Kapelle im Apostolischen Palast.

Von großer Bedeutung für die päpstliche Chorkapelle waren deren Leiter und Komponist Giovanni Pierluigi da Palestrina (1525-1594) und Gregorio Allegri (1582-1652). Von Gregorio Allegri stammt die Vertonung des Psalms *Miserere,* der in den Liturgien der Karwoche dargebracht wurde. Johann Wolfgang von Goethe findet die Liturgie der Trauermetten „undenkbar schön", und Madame de Stael wird bei ihr von einem „süßen, reinen Gefühl" ergriffen. Hippolyte Taine fühlt sich vom *Miserere* so berührt, dass er „jene drei Stunden, die ich stehend warten musste" vergisst. Chateaubriand schreibt: „Ich war davon [dem *Miserere*] so erschüttert, wie selten in meinem Leben."

Das Kopieren der Partitur steht unter der Strafe der Exkommunikation, so dass Gregorio Allegris *Miserere* in der damaligen Welt zu einem Mythos wurde. Der 14-jährige Wolfgang Amadeus Mozart dürfte das Werk 1770 bei einem Romaufenthalt am Mittwoch der Karwoche gehört und später aus dem Gedächtnis aufgeschrieben haben. Auf einer seiner Reisen übergibt er es dem englischen Musikhistoriker und Komponisten Charles Burney, der es mit nach London nimmt und dort 1771 veröffentlicht. Diese Publikation enthält jedoch nicht die reichen Ornamentierungen, für die das Werk noch heute bekannt ist. Für den Juli 1770 gibt es dann Interessantes zu berichten. Der junge Mozart wird vom Papst mit dem *Orden vom Goldenen Sporn,* der Ritterwürde der *Militia Aurata,* ausgezeichnet – einer Ehre, die – so die Mozartexpertin Geneviève Geffray – bis dato vor ihm nur einem Musiker, Orlando di Lasso – zuteil wurde.

Das päpstliche Breve ist im Orginal nicht mehr ehalten, nur in einer Abschrift. Die teilt ihrem Leser mit: „[...] Deshalb wollen Wir wegen Deiner aufrichtigen und treuen Ergebenheit gegen Uns und denselben Stuhl Deine Verdienste mit würdiger Gunstbezeugung Unserer Gnade und Wohltätigkeit begleiten. Indem Wir im Hinblick darauf von allen Strafsentenzen der Exkommunikation, des Interdiktes und anderen kirchlichen Verurteilungen, Zensuren und Strafen, die von einem Menschen oder von Recht irgendwie verhängt worden sind, wenn Du solche dir etwa zugezogen hast, Dich lossprechen und also davon losgesprochen erklären, sind Wir geneigt, Dein durch andere Uns überreichtes Bittgesuch zu erfüllen. Wir ernennen und machen Dich, von dem Wir wissen, dass Du von frühester Jugend an in süßester Weise im Cembalospiel Dich ausgezeichnet hast, kraft der Autorität des Apostolischen Stuhles mit gegenwärtigem Breve zum Ritter des goldenen Sporns und reihen Dich gern in die Zahl der Ritter dieses Ordens ein [...].“

Mit dem Datum vom 1. Januar 1852 führten die Päpstlichen Staaten erstmals Briefmarken ein. Dieser Schritt war schon viel früher beschlossen worden, doch es gab Befürchtungen, dass es zu Fälschungen und nicht autorisierten Drucken der *„francobolli* – Briefmarken“ kommen könne.

Daher mussten besondere technische Vorkehrungen getroffen werden; den Druck übernahm dann die *Tipografia della Reverenda Camera Apostolica,* die Druckerei der Apostolischen Kammer, bekannt für die hohe Qualität ihrer Arbeit und die absolute Verschwiegenheit ihrer Mitarbeiter.

Seit dem späten Mittelalter verfügte die Apostolische Kammer über eigene Tribunale und daher auch über eine Anzahl von Sbirren (Polizeisoldaten). Da ihr der Druck hochwichtiger Dokumente anvertraut wurde, darunter päpstliche Erlasse, Enzykliken und Kopien von Exkommunikationsbullen, stand sie unter Beobachtung; in ihr versahen auch Drucker ihre Arbeit, die vom *Bargello,* dem Hauptmann der Sbirren, als „Undercover-Informanten" angeworben worden waren und ihm Verdächtiges zu melden hatten. Ob noch heute das vatikanische Gendarmeriekorps ein wachsames Auge auf die Druckerei hat, daüber schweigen sich die Verantwortlichen aus. Ein Gendarm verriet, dass in unseren Tagen vertrauliche Informationen eher durch andere, höher angesiedelte Quellen vorzeitig an die Öffentlichkeit gelangen.

Angelo Secchi, geboren am 29. Juni 1818 in Reggio Emilia, hat sich bereits im Alter von 15 Jahren dem Jesuitenorden angeschlossen. Dem hochbegabten Studenten erlaubte man neben dem üblichen philosophisch-theologischen Studiengang auch das Studium der Astronomie. Er lehrt schon bald als Professor für Mathematik und Physik in Loreto. 1850 wird ihm die Leitung der päpstlichen Sternwarte übertragen. Angelo Secchi ist ein Universalgelehrter in den Diensten des Papstes. In der Voraussage des Wetters kommt er durch seine Untersuchungen derart weit, dass er größere Orkane und Meeresstürme auf zwei Tage voraussagen und Schiffe telegrafisch vor dem Auslaufen warnen kann. Ihm wird es zu verdanken sein, dass schon im Jahre 1854 in Rom die *Telegraphisch-meterologische Correspondenz für den Kirchenstaat* erscheint, die später Vorbild für die *Correspondenz* von Paris wird.

Im April des Jahres 1865 bittet Angelo Secchi darum, einen Monat lang auf der *Immacolata Concezione,* dem Flaggschiff der kleinen päpstlichen Flotte, Experimente zur Bestimmung der Sichtweite in Gewässern durchführen zu dürfen. Nur wenige Tage braucht der Ordensmann, um seine neue Erfindung präsentieren zu können: die nach ihm benannte „Secchi-Scheibe". Es handelt sich um eine kreisförmige (Keramik-)Scheibe von 25-50 Zentimeter Durchmesser, die in vier Sektoren, abwechselnd schwarz und weiß lackiert, unterteilt ist. Auf der Rückseite findet sich unter ihrem Mittelpunkt ein Gewicht angebracht. An der Oberseite wird am Mittelpunkt eine Schnur mit einer Längenmarkierung befestigt. An dieser Schnur wird die Scheibe in waagrechter Lage in ein Gewässer abgesenkt und dabei bis zu ihrem visuellen Verschwinden beobachtet. Die Tiefe des Verschwindens wird an der Maßeinteilung der Schnur abgelesen und als „Sichttiefe" oder „Secchi-Tiefe" notiert. Je länger die Scheibe zu sehen ist, desto klarer und damit besser ist das Wasser.

In den Hafenkneipen von Civitavecchia berichten die päpstlichen Matrosen, schon etwas angeheitert, von der Erfindung des Jesuiten — und beschreiben sie ausführlich. Die Seeleute anderer Nationen hören aufmerksam zu und stellen interessiert Nachfragen zu dem neuartigen Gerät. Sie werden gewissermaßen zur „Spionage“ eingeladen. Die „Secchi-Scheibe“ eweist sich als ein einfaches, aber sehr effizientes und nützliches Instrument. Vor allem in den Vereinigten Staaten von Amerika tritt es einen regelrechten Siegeszug an. In amerikanischen High-Schools und Colleges, wie auch in den Marine-Schulen der *US-Navy* ist es bis zum heutigen Tag ein nicht wegzudenkendes Unterrichtsutensil.

Zu Beginn des 19. Jahrhunderts erhält der Waffenmeister Gaetano Mazzocchi vom Generalschatzmeister der Heiligen Römischen Kirche das Privileg, für die päpstliche Waffenkammer exklusiv Waffen herzustellen. In späteren Jahren wird dieses Vorrecht vom Heiligen Stuhl an die Söhne Mazzocchis weitergegeben. Von 1850 an sind die Werkstätten in der Engelsburg untergebracht, später wechseln sie zu Örtlichkeiten nahe bei Sankt Peter. Dort werden 62 Männer beschäftigt, die bei Bedarf von zwei Dutzend weiteren Arbeitern unterstützt werden können. Die *Fratelli Mazzocchi* verschaffen der Waffenproduktion in den Päpstlichen Staaten weltweites Renomee.

In den sechziger Jahren suchen die päpstlichen Autoritäten nach einem Revolver mit spezifischen Anforderungen für eine Verwendung durch die päpstliche Polizei. Als Vorlage soll ein Modell des Franzosen Laurent De Ville, ein 9-mm-Chamelot-Revolver, dienen. Die Anforderungen sind unter anderen: Festigkeit und Einfachheit des Systems und des Mechanismus (darunter Reduzierung des Mechanismus auf sechs Komponenten), Verkürzung der Lauflänge auf 95 mm, Anwendung mit einer Hand, geringes Gewicht und einfache Entnahme aus dem Halfter. Den Mazzocchis gelingt die Anpassung mit Bravour. Am 21. Februar 1868 werden sie beauftragt, 2.500 Stück des neuen Revolvers mit einer wöchentlichen Lieferung von 40 Exemplaren herzustellen. Der modifizierte Revolver wird als „römisches Modell" oder „Modell 1868" bezeichnet, und die päpstliche Polizei umgehend damit ausgerüstet.

Monsignore Lorenzo Randi, der Polizeidirektor von Rom, hat ein wachsames Auge auf die Waffenfabrik des Kirchenstaates. Er weiß, dass die berechtigte Gefahr besteht, dass die Werkstätten der Mazzocchis ausspioniert werden. Seine Informanten berichten ihm von Fremden, darunter einem preußischen Staatsbürger, die verdächtig oft dort gesichtet werden und Kontakt zu den Arbeitern suchen. Der Prälat sorgt vor. Nicht nur, dass er die Gegend unter Beobachtung gestellt hat, es ist ihm auch gelungen, einen seiner Leute *undercover* in der Fabrik unterzubringen. Aber sind solche Vorsichtsmaßnahmen überhaupt notwendig? Sie sind es. Denn selbst ein in der Waffentechnik so hochentwickeltes Land wie Preußen ist daran interessiert, über jede noch so geringe Verbesserung in diesem Metier informiert zu sein.

Nach seiner ersten erfolgreichen Überquerung des Nordpols im Jahre 1926 hat der italienischen General und Forscher Umberto Nobile für das Frühjahr 1928 eine erneute Expedition geplant. Das für die Expedition eigens gebaute Luftschiff – es besitzt eine Länge von 104 Meter, ist 18,50 Meter breit und weist eine Höhe von 19,60 Meter auf – wird von drei Maybach-Motoren zu je 245 PS angetrieben und erreicht eine Höchstgeschwindigkeit von knapp 120 km/h. Nobiles erste Fahrt hatte durch Messungen der elektrischen Leitfähigkeit der Luft zur Erforschung des Polarlichtes entscheidend beigetragen, und auch diesmal sind wissenschaftliche Untersuchungen geplant. Die Expedition hat aber noch eine weitere Mission: Sie führt ein vom Papst geweihtes Kreuz mit, das am Nordpol aufgerichtet werden soll.

Pater Giuseppe Gianfranceschi (1875-1934), Jesuit, Rektor der *Päpstlichen Universität Gregoriana*, erster Direktor von *Radio Vatikan* und Präsident der *Päpstlichen Akademie der Wissenschaften*, begleitet die Nordpolexpedition. Da der Heilige Stuhl zu diesem Zeitpunkt noch über keine offiziellen Beziehungen zu Italien verfügt — es ist ein Jahr vor der Aussöhnung mit dem Königreich und der Gründung des Vatikanstaates — , fährt Gianfranceschi nominell als Kaplan des Versorgungsschiffes *Città di Milano* mit, das einen Großteil der Expeditionsmitglieder und das benötigte Equipment nach King's Bay (Kongsford) auf Spitzbergen bringt.

Doch es soll anders kommen. Am Vorabend des Polarfluges erfährt Pater Gianfranceschi, dass er nicht mitfahren wird. General Nobile erklärt dem Jesuiten, es sei unmöglich, ihn im Luftschiff mitzunehmen. Er verspricht jedoch, ihn genau in dem Augenblick zu verständigen, in dem das päpstliche Kreuz feierlich aufgerichtet werde. Warum er nicht mit an Bord darf, wird dem Geistlichen nicht zufriedenstellend erläutert. Auf Spitzbergen nimmt Pater Gianfranceschi wahr, dass man hinter seinem Rücken von ihm als „Spion“ spricht. Hat man Angst, dass der Jesuit als herausragender Wissenschaftler zu viele neue Erkenntnisse erwirbt? Oder ist die Anschuldigung bloß die Bemerkung eines kirchenfeindlichen, nationalgesinnten Italieners? Letztendlich wird der Pater noch dankbar sein, den Flug mit der *Italia* nicht angetreten zu haben.

Das Luftschiff stößt am Nordpol auf eine Nebelbank. Zwei Stunden kreist man über dem Pol. Eine Landung ist nicht möglich. Nobile telegrafiert nach Spitzbergen, dass er Punkt 1.30 Uhr das Kreuz hinablassen wird. Später berichtet er: „Mehr konnten wir nicht tun. Gleichwohl war es eine schöne Feier. Ich rief alle zusammen, einer nach dem anderen küssten wir das Kreuz, dann ließen wir es an einem Tau herab, damit es aufrecht bleibe. Leider hinderte uns der Nebel, es mit den Blicken zu verfolgen".

Auf ihrer Rückfahrt gerät die *Italia* in eine Schlechtwetterfront. Am Morgen des 25. Mai verliert das Schiff rapide an Höhe. Es schlägt auf dem Eis auf, so dass die Gondel augenblicklich abreißt. Sechs Mann der Besatzung befinden sich im Kielgerüst und bei den Motoren. Sie treiben, ohne je wiedergesehen zu werden, mit der führungslosen Schiffshülle weg. Die restlichen zehn Besatzungsmitglieder bleiben auf dem Packeis zurück: einer tot, vier verletzt, darunter Umberto Nobile. Mehr als 1.500 Männer mit 16 Schiffen und 21 Flugzeugen machen sich auf die Suche nach Nobile und seiner Mannschaft. Der berühmte Polarforscher Roald Amundsen (1872-1928) wird bei der Rettungsoperation ums Leben kommen.

Als Papst Franziskus im Oktober 2017 in einer Video-Schalte mit den Astronauten der internationalen Raumstation *ISS* sprach, kommentiert die *DPA* ihre Berichterstattung mit der Bemerkung: „Generell ist der Vatikan mittlerweile auch der Astronomie gegenüber aufgeschlossen". Eine Fehleinschätzung par excellence. Die Präsenz der Päpste am Himmelsgewölbe besaß schon im Pontifikat Gregors XIII. Bedeutung und hatte zur Festsetzung unseres heutigen Kalenders geführt. Seit damals ist die Beobachtung der Gestirne durch päpstliche Sternwarten zu einem Markenzeichen der wissenschaftlichen Forschungen des Vatikans geworden.

Im 18. und 19. Jahrhundert fanden die von den Päpsten gewünschten astronomischen Beobachtungen und Forschungen im *Collegio Romano* der Jesuiten ihre Fortsetzung. Nach dem Ende des alten Kirchenstaates (1870) errichtet Leo XIII. im Jahre 1891 inmitten der Vatikanischen Gärten ein neues Observatorium, denn, so der Papst, „die Kirche und ihre Priester sind nicht gegen die wahre und gründliche Wissenschaft, sondern sie wollen sie mit allen Mitteln pflegend fördern". Die Fähigkeiten der päpstlichen Astronomen werden in aller Welt so hoch eingeschätzt, dass dem Vatikan ein Sektor am Himmel (+50-+64 Grad) vom *Ständigen Komitee für die Bildung der Himmelskarte* zugewiesen wird. Das Werk, das die Vatikanische Sternwarte dann berühmt machen soll, ist der *Atlas Stellarum Varabilium,* ein Verzeichnis der veränderlichen Sterne in neun Bänden.

1931 verfügt Pius XI. die Verlegung der Sternwarte in die päpstlichen Besitzungen bei Castel Gandolfo, denn die Großstadt Rom mit ihrer Straßenbeleuchtung und den zahlreichen nächtlichen Lichtern erschwert immer mehr eine sinnvolle Beobachtung des Himmels. 1948 überträgt die *Internationale Astrographische Union* der Päpstlichen Sternwarte die Erstellung eines Atlanten für molekulare Spektren. Die Astronomen des Vatikans schlagen Papst Johannes Paul II. die Verlegung des Observatoriums auf die zwei- bis dreitausend Meter hohen Berge Arizonas (USA) vor. Der Papst stimmte zu, da nun auch der Himmel über Castel Gandolfo keine sinnvollen Beobachtungen mehr erlaubt. Seit 1981 arbeiten päpstliche Astronomen in Tucson/Arizona. Die Sternwarte des Papstes verfügt daher heute über zwei Standorte: Die Beobachtungen und Forschungen finden in den USA statt, die Leitungs- und Verwaltungsaufgaben in Castel Gandolfo.

In jedem zweiten Jahr gibt es in der ehemaligen päpstlichen Sommerresidenz für Universitätsstudenten aus aller Welt die *Summer School in Astronomy and Astrophysics*. Heute ist der Vatikan auch in die Erforschung des vierten Planeten des Sonnensystems involviert. Die vatikanische Sternwarte in Castel Gandolfo befindet sich im Besitz einer der größten Meteoritensammlungen der Welt (1020 Meteoriten von 448 verschiedenen Fundorten). Einer der Steine, der seine Heimat auf dem Mars hat, diente auf Grund seiner besonderen Struktur dazu, die Kamera für die *Pathfinder-Mission* der *NASA* auf dem roten Planeten zu kalibrieren.

„Die Kirche hat in der Geschichte der astronomischen Forschung eine Spur hinterlassen", ist sich der päpstliche Astronom Pater José Gabriel Funes SJ sicher. Dies würden nicht nur die vielen wissenschaftlichen Arbeiten belegen, sondern auch die etwa 30 Mondkrater und die große Zahl von Asteroiden, die nach päpstlichen Astronomen benannt worden seien. „Spionage zu unseren Erkenntnissen ist nicht nötig", heißt es aus dem Vatikan, „wir teilen sie gerne zum Nutzen der Wissenschaft und zum Wohle der Menschheit."

Operation Pontifex

Der Bonustrack zum Buch auf EWTN

Über die spannende Geschichte geheimdienstlicher Tätigkeit im Schatten von St. Peter spricht Robert Rauhut in der 2-teiligen **EWTN-Dokumentation *Operation Pontifex*** mit dem Theologen und Vatikanexperten Ulrich Nersinger.

Folgen Sie dem Link!

https://ewtn.de/mediathek/operation-pontifex

LITERATUR (in Auswahl)

Monographien

Almerighi, M., La borsa di Calvi, Milano 2015.

Alvarez, D., Spie in Vaticano. Spionaggio e Complotti da Napoleone all'Olocausto, Roma 2003 (Orig.: Spies in the Vatican, Kansas 2002)

Bartolini, B., Le orrechie del Vaticano, Firenze 2012.

Benigni, G., Die Schutzengel des Papstes. Ein spannender Einblick in den Sicherheitsapparat des Vatikans, Leipzig 2005 (Orig.: Gli angeli custodi del papa, Trino 2004).

Bernstein, C. / Politi M., Seine Heiligkeit. Johannes Paul II. und die Geheimdiplomatie des Vatikans, München 1997 (Orig.: His Holiness, New York 1996).

Blet, P., Papst Pius XII. und der Zweite Weltkrieg. Aus den Akten des Vatikans, Paderborn-München-Wien-Zürich 2000 (Orig.: Pie XII e la Seconde Guerre mondiale d'aprés les archives du Vatican, Paris 1997).

Canosa, R. I servizi segreti del Duce: i persecutori e le vittime, Milano 2000.

Cardinali, R., I briganti e la corte pontificia, Livorno 1862

Catananti, C., La Gendarmeria Vaticana. Dalle origini ai nostri giorni, Cimiello Balsamo 2017.

Catananti, C., Il Vaticano nella tormenta 1940-1944, La prospettiva inedita dall'Archivio della Gendarmeria Pontificia, Milano 2020.

Cooper, J., The Queen's agent. Francis Walsingham at the court of Elizabeth I, London 2011.

Cornwell, J., Wie ein Dieb in der Nacht. Der Tod von Johannes Paul I., München 1991 (Orig.: A thief in the night. The death of Pope John Paul I., London 1989).

Derry, S., The Rome Escape Line. The story of the British organization in Rome for assisting escaped prioners-of-war 1943-44, New York 1960.

Eickholt, K. A., Roms letzte Tage unter der Tiara. Erinnerungen eines römischen Kanoniers aus den Jahren 1868-1870, 2. u. 3. Aufl., Freiburg im Breisgau 1918.

Falicot, R. / Kauffer, R., Éminences Grises, Paris 1992.

Filippone, G., Le relazioni tra lo Stato Pontificio e la Francia rivoluzionaria, Milano 1961.

Fiorentino, C. M., All'Ombra di Pietro. La Chiesa Cattolica e lo spionaggio fascista in Vaticano 1929-1939, Firenze 1999.

Fleming, Br., The Vatican Pimpernel. The Wartime exploits of Monsignor Hugh O'Flaherty, London 2008.

Franceschini, Ch. / Wegener Friis, Th. / Schmidt-Eenboom, E., Spionage unter Freunden. Partnerdienst und Westaufklärung der Organisation Gehlen und des BND, Berlin 2017.

Franzinelli; M., I tentacoli dell' Ovra: agenti, collaboratori e vittime della polizia politica fascista, Torino 1999.

Gallagher, J.P., Scarlett Pimpernel of the Vatican, New York 1968.

Gasbarri, C., Quando il Vaticano confinava con il Terzo Reich, Padova 1984.

Gerard, J., Meine geheime Mission als Jesuit, Luzern 1924

Herbigny, M. d', L'aide pontificale aux enfants affamés de russie, Roma 1925.

Herbigny, M. d' / Deubner, A., Eveques russes in exil: douze ans d'épreuves (1918-1930), Roma 1931.

Hesemann, M., Der Papst, der Hitler trotzte. Die Wahrheit über Pius XII., Augsburg 2008.

Hieronymus (Pseud.), Vatikan intern, Stuttgart 1973.

Hummer, F., Bischöfe für den Untergrund, Wien 1981.

Huxley, A., Grey Eminency, London 2019

Jedin, H., Lebensbericht, Mainz 1984.

Jung-Inglessis, E.M., Meine Jahre im Campo Santo Teutonico 1943-1947, Manuskript, Rom, im März 1985 (von Gudrun Sailer dankenswerterweise zur Verfügung gestellt).

Kahn, D., The Codebreakers: The Story of Secret Writing, New York 1967.

Kulle, St., Habemus Papam. Von Johannes Paul II. zu Benedikt XVI. Die Entscheidung im Vatikan, Köln 2005.

Lehnert, P., Ich durfte ihm dienen. Erinerungen an Pius XII., 5. Auflage, Würzburg 1983.

Lesourd, P., Entre Rome e Moscou: le jésuite clandestine, Paris 1976.

Lotherington J. (Ed.), The Tudor years, London 1994.

Martens, K., Die Pulververschwörung 1603-1606, Leipzig 1922.

Matheus, M., / Heid, St. (Ed.), Der Campo Santo Teutonico und der Vatikan 1933-1945, Freiburg im Bresgau 2015.

Meister, A., Die Geheimschrift im Dienste der Päpstlichen Kurie von ihren Anfängen bis zum Ende des XVI. Jahrhunderts, Paderborn 1906.

Michel, J., Avignon et ses suisses, Avignon 1983.

Molfenter, A. / Strempel, R., Über die weiße Linie, Köln 2014.

Neale, J. E., Elisabeth I., München 1967.

Nersinger, U., Leben im Rom der Päpste, Bonn 2005.

Nersinger, U., Die Päpste zu Lande, zu Wasser und in der Luft, Bonn 2006.

Nersinger U., Tiara und Schwert. Die Päpste als Kriegsherren, Augsburg 2011.

Nersinger, U., Die Gendarmen des Papstes. Im Kampf gegen Räuber, Revolutionäre und Vatileaks, Bonn 2013.

Nersinger, U., Tatort Konklave, Künzell 2013.

Nuzzi, G., Seine Heiligkeit. Die geheimen Briefe auf dem Schreibtisch von Papst Benedikt XVI., München 2012 (Orig.: Sua Santità. Le carte segrete di Benedetto XVI, Milano 2011).

Nuzzi, G., Alles muss ans Licht. Das geheime Dossier über den Kreuzweg des Papstes, München 2016 (Orig.: Via Crucis, Milano 2015).

Nuzzi, G., Erbsünde. Papst Franziskus einsamer Kampf gegen Korruption, Gewalt und Erpressung, München 2018 (Orig.: Peccato Originale. Conti segreti, verità nascoste, ricatti: Il blocco di potere che cantacola la rivoluzione di Francesco, Milano 2017).

Pallenberg, C., Die Finanzen des Vatikans, München 1973.

Rachwald, A. R., In search of Poland: Solidarnosc, Standford 1990.

Raffalt, R., Wohin steuert der Vatikan? Papst zwischen Religion und Politik, München 1975.

Riccardi, A., Der längste Winter. Die vergessene Geschichte der Juden im besetzten Rom, Darmstadt 2017 (Orig.: L'inverno più lungo, 1943-44. Pio XII., gli ebrei e i nazisti a Roma, Bari 2008)

Salamon, J. de, Erlebnisse des Internuntius in Paris während der Französischen Revolution, München 1891.

Santini, A., Pietro a Mosca, Milano 1991.

Schad, M., Gottes mächtige Dienerin. Schwester Pascalina und Pius XII., München 2004.

Scrivener, J., Inside Rom with the Germans, New York 1945.

Sharpe, J., Remember, remember, the fifth of November. Guy Fawkes and the gunpowder plot, London 2005.

Simon, C., Pro Russia. The Russicum and Catholic Work for Russia, Roma 2009.

Singh, S., Geheime Botschaften. Die Kunst der Verschlüsselung von der Antike bis in die Zeiten des Internet, 14. Auflage, München 2017 (Orig.: The Code Book. The Science of Secrecy from Ancient Egypt to Quantum Cryptography, London 1999).

Stählin, K., Sir Francis Walsingham und seine Zeit, Heidelberg 1908.

Stehle, H., Geheimdiplomatie im Vatikan. Die Päpste und die Kommunisten, Zürich 1993.

Stehle, H., Graue Eminenzen - dunkle Existenzen, Düsseldorf 1998.

Sterling, C., Wer schoß auf den Papst? Das Attentat auf Johannes Paul II., München 1985.

Tittmann, H. H., Inside the Vatican of Pius XII. The Memoir of an American Diplomat during World War II, New York 2004.

Yallop, D. A., In God's name, London 1984.

Vaillé, E., Le Cabinet Noir, Paris 1950.

Wenger, A., Catholiques en Russie d'apres les archives du KGB 1920-1960, Paris 1998.

Winter, Ed., Rom und Moskau, Wien 1972.

Zizola, G., Il Conclave, Roma 1994

Artikel

Amadori, G., L'incontro segreto della dama di Becciu per creare la rete degli 007 del Papa, in: La Verità, 20 Ottobre 2020.

Axtmann, W., Wie Hitler Pius XII. ermorden lassen wollte, in: Kirche intern, 7/1993, 22-23.

Badde, P., Der Papst-Vertraute Gänswein kam dem Verräter auf die Spur, in: Die Welt, 31. Mai 2011.

Berger, A., Hohe Schule der Diplomatie, in: Junge Freiheit, 49/2006, 1. Dezember 2006.

Bornmann, M., / Genten, E., / Wibbeke, I., Doppelmord im Vatikan. Was wird da vertuscht?, in: Express, 7. Mai 1998, 4.

Cardinale, G., Eine Spur. Made in USA, in: 30Tage, Dezember 1992, 13-15.

Cubeddu, G., Wehe dem, der Wölfe jagt, in: 30Tage, Februar 1993, 34-36.

Englisch, A., / Link, A., Der Krimi um Benedikt XVI. Mit diesem Papier überführte der Papst-Sekretär den Vatikan-Spion, in: Bild, 31. Mai 2012, 7

Giansoldati, Fr., La difesa del corvo. innocente ma ho tradito il Santo Padre, in: Il Messaggero, 3 Ottobre 2012, 8.

Graham, R., Spie naziste attorno al Vaticano durante la seconda guerra mondiale, in: Civiltà Cattolica, 1 / Gennaio 1970 21-31.

Graham, R., Valigie pronte in Segreteria di Stato, in: 30Giorni, N. 3, Marzo 1988, 44-45.

Grynberg, St., Der Feind liest mit, in: History Illustrated, 4-2010, 20-24.

Horst, G., Mord im Vatikan, in: Deutsche Tagespost, Nr. 56, 7. Ma 1998, 3.

La Rocca, O., Il giudice del Vaticano: „Non tutto è chiarito“, in: 11 maggio 1998

Nersinger, U., „Im festesten Turme sitzt der berühmte Gasparone und schreckliche Bandit“, in: Vatican-Magazin, Nr. 8-9 (2008), 52-55.

Nersinger, U., Nuntiaturen im Fadenkreuz, in: Deutsche Tagespost, Nr. 12. 29. Januar 2009.

Nersinger, U., Schüsse in St. Paul vor den Mauern, in: Deutsche Tagespost, Nr. 15, 5. Februar 2009, 10.

Nersinger, U., Bequem und luftig gut versorgt. Das „Domus Sanctae Marthae“: Die Unterkunft der Kardinäle für die Dauer des Konklave, in: Die Tagespost, Samstag 9. März 2013, Nr. 30, 5.

Nersinger, U., Kirchenkrimis der neuen Art, in: Die Tagespost, Samstag, 21. Oktober 2017, Nr. 126, 12.

Nersinger, U., Viele Hypothesen - Emanuela Orlandi, in: Die Tagespost, 8. November 2018, 31.

Nersinger, U., Ein Himmelfahrtskommando, in: Vatican-magazin, 11/2019, 14-15.

Nersinger, U., Die Päpste und der Tabak, in: L'Osservatore Romano, dt. Wochenausgabe, 12. Juni 2020, Nr. 24/25, 5.

Nogara, A., Quello notte del 1944, in: L'Osservatore Romano, Mercoledi 6 luglio 2016, 4.

Otto, F., / Pioch, J., Postüberwachung, 1628: Kabinett der Spione, in: Geo Epoche Nr. 67: Geheimdienste, 06/2014, 50-51.

Peterfi, W. O., Lateinamerikanische Diplomaten während des Zweiten Weltkrieges, in: L'Osservatore Romano, Wochenausgabe in deutscher Sprache, Nr. 3, 19. Januar 1973, 8-9.

Rahn, R., Quell'ordine ci fu. Ed io ..., in: 30Giorni, N. 7, Luglio 1991, 65.

Ricci, T., Catturatelo. Ordine del Führer, in: 30Giorni, N. 7, Luglio 1991, 61-65.

Ricci, T., Aspettando il Blitz, in: 30Giorni, N. 7, Luglio 1991, 62-63.

Robotti, F., La manifattura del tabacco nella Roma Pontificia, in: Panorama Numismatico, 06/2016, 47-53.

Sarazanini, F., Emanuela Orlandi, i familari al Vaticano: „Verificate una tomba al cimitero teutonico“, auf www.corriere.it (4 marzo 2019).

Stegher, M., Reginald Pole, der „engelsgleiche Kardinal", in: Kirchliche Umschau, Nr. 10, Oktober 2016, 30-40.

Stremel, England, 1586: Kampf den Verschwörern, in: Geo Epoche Nr. 67: Geheimdienste, 06/2014, 34-49.

Tornielli, A., Tasche oder Leben, in: 30Tage, Nr. 4 / 1993, 39-41.

Tornielli, A., 007 - Operation Sixtina, in: 30Tage, Nr. 12 / 1993, 40-42.

Tornielli, A., Ein Warnschuss Kaliber Neun, in: 30Tage, Nr. 2 / 1994, 18-20.

Zunino, C., Hacker e controlli sulle mail cosi gli 007 della Santa Sede vanno a caccia dei corvi, in: La Repubblica, 29 Maggio 2012, 13.

* * *

Letzte Ölung - Dann ab nach Rußland, in: Der Spiegel, 11. August 1949, 16-17.

Bitterer Kaffee, in: Der Spiegel, 13/1986, 161.

Pingpong für Spione, in: Der Spiegel, 8/1992, 96-97.

Maulwurf in Rom, in: Der Spiegel, 42/1996, 180-181.

Untersuchungsbericht über das Attentat auf Oberst Estermann, in: Der Exgardist, Nr. 67/1999, 94-101; Nr. 68/2000, 130-136.

Aus einem fernen Land, um aus der Nähe zu spionieren, Interview von Giovanni Cubeddu mit dem Historiker Jan Zaryn, in: 30Giorni, 07-08/2005

„ ... Niemals habe ich so schöne Dinge sagen hören", Interview von Stefania Falasca mit Miguel Arranz SJ, in: 30Giorni, 06-07/2006

Drei-Päpste-Jahr 1978: „August-Konklave" war die Hölle, Gudrun Sailer im Gespräch mit Ulrich Nersinger, 3. August 2018, auf: www.vaticannews.va

Hebisch, U., Verschlüsselung nach Caesar, 08.06.2010, auf: www.mathe.tu-freiberg.de

Bremer, J., Vatikan: Wo krähen die Raben?, 13.03.2012, auf: www.faz.net

Benne, S:, „Die Zehn Gebote verbieten Spionage", Margot Käßmann zur Abhöraffäre, 02.11.2013, auf: www.haz.de

Hagenkord, B., Vatileaks und Wahrheit. Lieber Herr Nuzzi, 14. Juni 2012, auf: blog.radivatikan.de

Kleinjung, T., Prozess beendet - doch die Affäre geht weiter, 06.10.12, auf:

www.tagesschau.de

Marchese Ragona, F., Le tecnologie per proteggere il Conclave, 11 marzo 2013, auf: wired.it

O'Toole, Th., U.S. blessed with OSS Spy in Vatican .August 3, 1980, auf: www.washingtonpost.com

Schwibach, A., Paolo Gabriele und der Heilige Geist, 4. September 2012, auf: www.kath.net

Troendle, St., Wanzen hinter den vatikanischen Mauern, 07/03/2013, auf: www.tagesschau.de

* * *

Behauptungen von Ex-DDR-Agenten sorgen für Eklat in Italien, 15. November 2002, auf: derstandard.at

Non Angli sed Angeli, auf: kath.net/news/24779 (03.12.2009)

Neuer Anschlag auf die Apostolische Nuntiatur in Venezuela, Donnerstag, 5. Februar 2009, auf: www.fides.org

Vatileaks: Auszüge aus den Verhörprotokollen, 2012-08-26, auf: www.radiovatikan.de

Audiovisuelle Medien

The Scarlet and the Black (Im Wendekreis des Kreuzes), Great Britain / USA 1983; DVD (deutsch): Der Priester und der Standartenführer. Im Wendekreis des Kreuzes, Itv / KSM 2012.

Wie wird der Papst gewählt, Ein Film von Martin Blachmann, WDR 2003.

Habemus Papam, Ein Film von Jürgen Erbacher und Andreas Klinner, ZDF 2005.

Discovering the Vatican / Alla scoperta del Vaticano, TVP Warsaw/Roma 2006.

Dunkle Wolken über Rom. Pius XII. und die Ewige Stadt 1943-1944, Ein Hörbuch von Ulrich Nersinger, Kehl Audio, Fulda 2009.

Russicum - I giorni del diavolo, Video: Tri-Star Pictures 1989, DVD: RCA / CG Entertainment 2014.

Mythos Konklave. Machtkampf im Vatikan. Ein Film von Andrea Oster und Volker Schmidt-Sondermann, Tellux-Film, ZDF 2011.

Alla Scoperta del Vaticano, Eine Dokumentation von Alberto Angela, 6 DVDs, CTV / la Repubbica / L'Espresso / Rai 1014

Il Mirino, M. Almerighi, La borsa di Calvi, TeleAmbiente 2015

Schüsse auf dem Petersplatz - Wer wollte den Papst ermorden? Ein Film von Moritz Enders und Werner Kohne, zdfinfo 2015.

Entführung aus dem Vatikan. Der Fall Emanuela Orlandi, Ein Film von Raffaele Brunetti und Alessandra Bruno, B & B Film Canada 2018 / zdfinfo 2018.

Der Vatikan, sein Geld und seine Probleme, eco spezial SRF 2018.

Queen Elizabeth und ihre Geheimagenten. Die Entstehung des ersten Geheimdienstes der Welt, BBC London 2016 / Polyband Medien 2019.

Gunpowder. Hinter jeder Verschwörung steht ein Genie, ein Film von J. Blakeson, Kudos Film & Television 2017.

Wendepunkte der Kirchengeschichte. Folge 13 - Das Attentat auf Papst Johannes Paul II. Robert Rauhut im Gespräch mit Ulrich Nersinger EWTN 2020.

Weitere Bücher von Ulrich Nersinger im Verlag Petra Kehl

Tatort Konklave

Hinter verschlossenen Türen und unter strengster Geheimhaltung vollzieht sich in der katholischen Kirche die Wahl eines neuen Papstes. Ulrich Nersinger, bestens vertraut mit der Geschichte des Vatikan und mit dessen Sicherheitsbehörden, gewährt einen Blick auf die weniger frommen Vorgänge rund um die Papstwahl in Geschichte und Gegenwart: auf Intrigen, Verrat, Bestechung und ungeklärte Todesfälle, aber auch auf die seltsam verschlungenen Wege des Heiligen Geistes.

Gebunden, 160 Seiten

Sitting Bull und der Papst

Kurioses aus päpstlichen Gefilden

Wer sich mit dem Papsttum, dem Heiligen Stuhl und dem Vatikan beschäftigt, hat nicht nur Wirklichkeiten unserer Zeit vor sich, sondern lebendig gebliebene Geschichte, Weltgeschichte. Er tritt in ein gut 2000 Jahre altes Universum ein, das einen fast unerschöpflichen Fundus von historischen Geschehnissen und Gegebenheiten in sich birgt. So manches davon erscheint „kurios“ und vermag sogar den Historiker in Staunen zu versetzen.

Broschiert, 208 Seiten

Dem Glauben auf der Spur

Auf Pilgerschaft in der Ewigen Stadt

Keine andere Stadt besitzt eine so überwältigende Zahl von Heiligenstatuen und Madonnenbildern, keine verfügt über einen derart großen Reliquienschatz und keine weist so viele dem christlichen Gottesdienst geweihte Stätten auf wie Rom, die Ewige Stadt.
Aus dieser Fülle hat Ulrich Nersinger jene Orte ausgewählt, die auf die eine oder andere Weise das Evangelium eindrucksvoll verlebendigt haben - und es noch immer tun. Dazu greift er auf historische Erkenntnisse, kirchliche Überlieferungen und altehrwürdige Legenden zurück.

Broschiert, 125 Seiten

Die Arche Petri

Von großen und kleinen Tieren im Vatikan

Ob Elefanten, Krokodile und Pferde oder Schlangen, Läuse und Rüsselkäfer - Ulrich Nersinger erzählt aus dem schier unerschöpflichen Fundus seiner intimen Kenntnisse des Papsttums und der Kirchengeschichte Historien und Histörchen über große und kleine Tiere im Vatikan.

Broschiert, 94 Seiten

Sollten Sie diese Titel bei Ihrem Buchhändler nicht erhalten, so wenden Sie sich direkt an den Verlag: info@verlag-kehl.de oder per Post: Rhönstraße 3, 36093 Künzell